RUSSIE
UN VERTIGE
DE PUISSANCE

Remerciements
Jean Radvanyi tient à remercier tous ceux qui l'ont encouragé dans ce projet et ont contribué à l'écriture du livre par leurs conseils, commentaires et relectures. Annie Radzynski, ma première lectrice, Michel Foucher, Marlène Laruelle, Silvia Serrano, Élisabeth Berthon, Anne Duruflé, Jean Arnault.

Cartes
Toutes les cartes du chapitre 1 ainsi que les cartes des pages 124-125, 132, 138, 146-147, 150 et 152 ont été réalisées par Sophie Pauchet, que nous remercions vivement pour son aide. Les cartes p. 44, 58-59,60, 62, 71, 72, 73-74, 80, 88, 89, 93, 96, 102, 108, 113, 115, 121, 141, 164 sont de Philippe Rekacewicz et ont été reproduites ici avec l'autorisation de l'auteur.

Direction éditoriale
Dominique Carré

Conception et réalisation graphique
Graphisme in situ, Lawrence Bitterly

Relecture
Jeanne El Ayeb

Photogravure
Fotimprim, Paris

34 rue des Bourdonnais, 75001 Paris
ISBN 978-2-348-07762-3

JEAN RADVANYI

RUSSIE UN VERTIGE DE PUISSANCE

UNE ANALYSE CRITIQUE ET CARTOGRAPHIQUE 1986–2023

La Découverte

INTRODUCTION

L'agression russe lancée par Vladimir Poutine le 24 février 2022 contre l'Ukraine, un État européen souverain, constitue un véritable séisme mondial. Américains mis à part, le geste a surpris la plupart des observateurs et des dirigeants politiques, tant il paraissait improbable et contre-productif pour la Russie elle-même. Même si le but initial annoncé (renverser le gouvernement ukrainien légitime au moyen d'une guerre préventive éclair) a échoué, les conséquences de cette décision sont dramatiques pour tous les Ukrainiens. Malgré une résistance héroïque due à la détermination de son peuple et à l'aide de ses alliés occidentaux, le pays agressé est déjà en partie détruit et sa population forcée à fuir des régions entières. De son côté, l'agresseur, mis en échec, a dû reculer sur plusieurs fronts. Sanctionné par la majorité de ses partenaires traditionnels, il est déjà affaibli alors même que l'issue de cette guerre demeure incertaine.

Comment expliquer cette insupportable tragédie ? Rien ne permettra jamais de justifier la décision des dirigeants russes. Néanmoins, pour en comprendre les ressorts, il est fondamental de revenir sur les facteurs qui ont présidé à cette décision. Nous proposons d'analyser dans cet ouvrage la spirale des tensions qui, depuis la fin de l'Union soviétique, ont conduit à ce drame. Les plus évidentes résultent des décisions des dirigeants russes qui se sont succédé à Moscou, avant même la chute de l'URSS, depuis Mikhaïl Gorbatchev jusqu'à Vladimir Poutine. Mais il est indispensable de prendre en compte simultanément les actions des principaux États occidentaux, en premier lieu les États-Unis d'Amérique. En effet, si cette guerre est d'abord celle qui oppose une Russie néo-impériale et son ancienne possession, l'Ukraine, elle est aussi l'aboutissement d'un conflit entre grandes puissances pour la redéfinition des équilibres mondiaux.

Il existe une logique commune aux grandes puissances. Elles défendent leurs acquis par tous les moyens disponibles sous peine de perdre et leur statut et leur rang. Depuis le XIXe siècle, les États-Unis exercent une attraction peu contestable. Dans son célèbre ouvrage *De la démocratie en Amérique*[1], Alexis de Tocqueville en a d'emblée pointé certains éléments. Sans illusion sur les risques de dérive qu'elle comportait, il souligne les spécificités de la démocratie parlementaire américaine, le rôle des associations ou de la presse. La fascination pour ce modèle de société et ses réussites économiques et technologiques est pour beaucoup dans l'afflux de migrants que ce pays a connu dès le XIXe siècle et qui a été un facteur essentiel de sa montée en puissance. L'engagement américain dans les deux conflits mondiaux, de même que l'absence de conflit armé sur son propre sol depuis la fin de la guerre civile (1865), contribueront au renforcement du modèle américain. Au terme de la Seconde Guerre mondiale, face à l'autre grand vainqueur – l'URSS de Staline, profondément affaiblie –, c'est Washington qui parviendra à dicter les conditions de fonctionnement du système économique mondial, une position quasi hégémonique dans le monde restée sans partage jusqu'à aujourd'hui. En vertu de cet acquis, un des objectifs permanents de la politique étrangère américaine durant la guerre froide sera de s'opposer à toutes les actions extérieures de l'URSS afin d'en contenir les avancées. Cette stratégie, désignée sous le vocable « d'endiguement » *(containment)*, recourait aux moyens les plus divers, depuis des aides ciblées à ses alliés en difficulté jusqu'aux nombreux coups tordus de la CIA, sans exclure des interventions armées sur tous les continents.

Tout autres sont les fondements de la puissance russe. En dehors de quelques brèves périodes, le modèle de société développé en Russie, tant tsariste que stalinien, a toujours reposé sur la peur et la contrainte. Dans un ouvrage non moins célèbre, *La Russie en 1839*[2], le marquis de Custine avait déjà noté les effets de ce gouvernement de la peur imposé par la bureaucratie impériale sur le fonctionnement de la société russe de son temps. Depuis le XVIIIe siècle, l'expansion russe s'est appuyée sur deux

1. Alexis de Tocqueville, *De la démocratie en Amérique*, deux volumes publiés en 1835 et 1840.

2. Astolphe de Custine, *Lettres de Russie ou La Russie en 1839*, publié en 1843.

mouvements concomitants mais contradictoires. D'un côté, cet empire ancestral n'a cessé d'élargir ses frontières au prix de longues guerres de conquête et de la soumission des peuples de régions entières. Dans le même temps, il a subi lui-même des attaques et des invasions qui l'ont fait chanceler à plusieurs reprises. En Europe centrale, d'où sont venues les principales agressions au XIXe et au XXe siècle, la stabilisation des frontières fut acquise en créant une sorte de glacis territorial où la Russie imposait des régimes auxquels la majorité des populations concernées n'adhéra jamais réellement. Cette contradiction, constatée en Pologne dès l'époque tsariste, se confirmera en s'amplifiant après la révolution d'octobre 1917 et avec le partage de l'Europe en 1945. Les idéaux socialistes ont un temps attiré de larges segments d'opinion dans de nombreux pays. Mais cette attractivité s'est dissipée au fur et à mesure que le régime stalinien s'imposait avec son cortège de contraintes et de terreur. Ce modèle utopiste a vite suscité autant de craintes et de rejet que de fascination.

Dans son célèbre télégramme envoyé de Moscou en 1946[3], George Kennan souligne, de son point de vue culturaliste, les effets de ce sentiment d'insécurité : *« Au fond de la vision névrotique du Kremlin sur les affaires mondiales se trouve le sentiment d'insécurité russe traditionnel et instinctif. À l'origine, c'était l'insécurité d'un peuple d'agriculteurs pacifiques essayant de vivre sur de vastes plaines exposées au voisinage de farouches nomades. À cela s'est ajoutée, au fur et à mesure que la Russie est entrée en contact avec l'Occident économiquement avancé, la crainte de sociétés plus compétentes, plus puissantes, plus organisées dans cette région. Mais ce dernier type d'insécurité était celui qui affligeait plutôt les dirigeants russes que le peuple russe ; car les dirigeants russes ont invariablement senti que leur règne était relativement archaïque dans sa forme, fragile et artificiel dans ses fondements psychologiques, incapable de supporter la comparaison ou le contact avec les systèmes politiques des pays occidentaux. Pour cette raison, ils ont toujours craint la pénétration étrangère, craint le contact direct entre le monde occidental et le leur,*

3. George Kennan, « The Long Telegram », Moscou, 22 février 1946. Diplomate et historien, Kennan fut en poste à Moscou au milieu des années 1930 puis de 1944 à 1946. https://nsarchive2.gwu.edu/coldwar/documents/episode-1/kennan.html

craint ce qui se passerait si les Russes apprenaient la vérité sur le monde extérieur ou si les étrangers apprenaient la vérité sur le monde intérieur. Et ils ont appris à rechercher la sécurité uniquement dans une lutte patiente mais mortelle pour la destruction totale du pouvoir rival, jamais dans des pactes et des compromis avec lui. »

La perte en 1989-1990 du glacis protecteur que formaient les pays du camp socialiste européen, suivie par l'éclatement de l'URSS elle-même en 1991, a considérablement ravivé chez les Russes ce sentiment de fragilité spatiale. À différentes époques, les pouvoirs en place ont d'ailleurs joué sur ce sentiment d'insécurité. Le thème de la forteresse assiégée est, jusqu'à aujourd'hui, un des principaux ferments mobilisateurs développé avec succès en Russie, que ces craintes soient justifiées ou pas. À la fin des années 1980, le monde a pu espérer qu'une nouvelle logique succéderait à celle de la guerre froide. En Occident, les théoriciens de la transition escomptaient que les réformes engagées par Gorbatchev amèneraient son pays à rejoindre peu à peu le chemin de la démocratie libérale et feraient, à terme, de la puissance russe une sorte de *junior partner* d'un Occident définitivement vainqueur de cet affrontement.

De son côté, s'il souhaitait réellement intégrer l'URSS dans la communauté internationale sur de nouvelles bases, le président soviétique, confronté au délitement économique de son pays, n'a pas réussi à contrôler le mouvement de réformes, la *perestroïka,* qu'il avait lui-même engagé. Il aborda les négociations concernant la réunification allemande et le devenir du pacte de Varsovie en position de faiblesse face à des dirigeants américains de plus en plus convaincus de leur suprématie. Les détails de ces négociations, tels qu'en rend compte Mary Sarotte dans un remarquable ouvrage[4], montrent un dirigeant russe hésitant et manipulable. Soucieux d'une situation interne qu'il contrôle de moins en moins, il ne demande pratiquement aucune contrepartie autre qu'une aide financière à son accord pour la réunification d'une Allemagne membre de l'Alliance atlantique (OTAN). Les promesses de James Baker et de Hans-Dietrich Genscher (respectivement chef

4. Mary E. Sarotte, *Not one Inch. America, Russia, and the Making of Post-Cold War Stalemate*, Yale University Press, 2021.

de la diplomatie des États-Unis et ministre fédéral des affaires étrangères de la République fédérale d'Allemagne), selon lesquelles l'OTAN ne bougerait « *pas d'un pouce vers l'Est* » furent vite enterrées. Trop préoccupé par la dégradation de la situation économique de son pays, mal préparé au changement de paradigme que représentaient les bouleversements mondiaux en cours, Gorbatchev ne demandera jamais que ces engagements soient formulés en détail et consignés par écrit.

Dès l'été 1990, plusieurs pays de l'Est envoient des émissaires au siège de l'OTAN, à Bruxelles, pour discuter des formes que pourrait prendre un rapprochement avec l'Alliance. L'éclatement de l'URSS, fin 1991, va provoquer une accélération de ces demandes d'association et renforcer ainsi la position des dirigeants américains, qui entendent bien profiter de cette situation pour consolider leur influence sur tout le continent européen. En engageant une stratégie visant à repousser *(rollback)* la puissance russe à l'intérieur même des frontières de l'ex-URSS, l'Alliance atlantique rompt avec l'hypothèse, pourtant discutée avec Gorbatchev, de l'élaboration d'un nouvel équilibre sécuritaire en Europe fondé sur un retrait parallèle des forces de l'OTAN et de celles du pacte de Varsovie et un rôle accru de l'OSCE (Organisation pour la sécurité et la coopération en Europe). Comme l'écrit Mary Sarotte, « *les États-Unis avaient réalisé non seulement qu'ils pouvaient gagner [la fin de la guerre froide] mais qu'ils pouvaient gagner davantage*[5] ». Boris Eltsine puis Vladimir Poutine invoqueront ces promesses américaines, jamais confirmées au plus haut niveau de l'État, pour étayer leurs accusations de manquement de la parole donnée des Occidentaux.

Après 1991, d'autres occasions se présenteront de dégager un compromis susceptible d'éviter la spirale des incompréhensions et la montée des tensions. En élargissant les réformes libérales entamées timidement sous Gorbatchev tout en misant sur un réel pluralisme politique, Boris Eltsine parvient à susciter un courant de sympathie auprès de ses interlocuteurs occidentaux. Lui et Bill Clinton se rencontrent pas moins de 18 fois ! Il renforce pourtant la méfiance de ses partenaires

5. *Ibid.*

en cherchant à tout prix à conserver la maîtrise des marges de son nouveau pays. Au sein de la Communauté des États indépendants (CEI), que Moscou désigne comme « l'étranger proche », il multiplie les pressions envers les ex-républiques soviétiques. Pour les dirigeants russes, ces nouveaux États indépendants ne pouvaient guère être que des vassaux à qui on concédait, au mieux, quelques faveurs. Plus préoccupant encore, Eltsine n'hésite pas à faire bombarder son propre Parlement entré en opposition (4 octobre 1993) ni à lancer une guerre totale en Tchétchénie contre un des peuples de son propre pays. Comment s'étonner dans ces conditions que les États de l'Europe de l'Est, à peine sortis de la doctrine de « souveraineté limitée » imposée par Brejnev, cherchent obstinément et sans qu'on doive les y inciter à se rapprocher au plus vite de l'Union européenne et de l'OTAN ?

L'emploi de la force militaire est une constante de la politique des grandes puissances. Sans remonter aux multiples interventions des États-Unis en Amérique latine dans la seconde moitié du XXe siècle (rappelons que George W. Bush était le directeur de la CIA alors que celle-ci menait l'opération Condor[6]), on peut rappeler l'intervention militaire en Irak au début du XXIe siècle. Celle-ci a provoqué plusieurs centaines de milliers de victimes civiles et ne sera sans doute jamais soumise au tribunal international de La Haye, dont les États-Unis récusent la juridiction. De leur côté, les dirigeants soviétiques n'ont jamais non plus hésité à recourir à la force, tant à l'intérieur de leur propre pays qu'à l'étranger, comme à Prague ou en Afghanistan. Mis en difficulté dans sa tentative de réformer son pays, Gorbatchev lui-même donna pratiquement carte blanche, fin 1990, au KGB pour user de la violence contre les indépendantistes baltes en Lituanie et en Lettonie. Ce sera, dès cette époque, un élément décisif de la méfiance des Occidentaux. Boris Eltsine, premier président démocratiquement élu du nouvel État russe, fera de même en lançant la première guerre tchétchène. Au Caucase et en Transnistrie, il soutiendra systématiquement les territoires sécessionnistes en y multipliant les « conflits gelés ».

6. L'opération Condor est une campagne de déstabilisation et de terreur engagée en 1975 par les dictateurs des États du cône sud-américain afin d'éliminer les menaces de leurs opposants de gauche. Elle fut clandestinement soutenue par les États-Unis.

S'appuyant sur une décennie de croissance économique, son successeur désigné, Vladimir Poutine, va parvenir à stabiliser la situation sociale et renforcer le rôle de l'État. Mais la dérive autoritaire croissante dans laquelle il s'enferme va durablement priver son pays de toute attractivité auprès de ses voisins, toujours plus déterminés à chercher la protection du monde occidental. D'emblée, il fait de la seconde guerre en Tchétchénie un des éléments essentiels de mobilisation de l'opinion russe lors de sa première campagne électorale début 2000. Avec le roque des présidents en Russie qui voit l'élection de Dimitri Medvedev (2 mars 2008) et l'élection de Barack Obama à la présidence américaine (4 novembre 2008), une nouvelle fenêtre de coopération semble se rouvrir. Des pourparlers s'engagent sur la réduction des armes stratégiques (traité New Start) mais, très vite, les révolutions arabes brouillent les cartes, suscitant en Russie et en Occident des interprétations contradictoires. Sortis grands vainqueurs de la guerre froide, les États-Unis semblent considérer que leur modèle de démocratie libérale doit s'appliquer partout dans le monde sans trop se soucier des conditions locales, ce qui suscite de fortes incompréhensions. De son côté, le pouvoir russe s'élève contre le soutien qu'apportent les États occidentaux au renversement de régimes autoritaires dont plusieurs sont des alliés de Moscou. Profitant de la volte-face d'Obama, qui, après en avoir fait une « ligne rouge », ne réagit pas à l'usage d'armes chimiques par le pouvoir de Damas, la Russie n'hésite pas à soutenir le régime clanique de Bachar el-Assad au prix de destructions massives et de multiples crimes de guerre. Cet épisode, suivi par la tentation exprimée par Donald Trump d'un désengagement des États-Unis de la défense européenne, puis par le repli chaotique de l'armée américaine d'Afghanistan, a certainement été interprété à Moscou comme un signe de faiblesse alimentant le désir d'intervenir en Ukraine.

Le 24 février 2022, Poutine déclenche une « guerre totale » contre ce pays. L'agression russe en Ukraine n'est pas la première guerre en Europe depuis 1945. On peut rappeler le long conflit britannique en Irlande du Nord ou les guerres de

Yougoslavie. Mais, en lançant au XXIe siècle une guerre de conquête territoriale sur le continent européen, Poutine rompt définitivement avec les accords de Minsk de décembre 1991, marquant la dissolution de l'URSS et qui affirmaient l'intangibilité des frontières. Il se place ainsi lui-même au banc des accusés.

On peut analyser cette guerre sur plusieurs plans et l'appréhender à plusieurs échelles[7]. C'est d'abord un conflit local, qui se mène sur le terrain avec la perpétration systématique de crimes de guerre et d'atrocités inouïes. Une guerre de reconquête impériale visant à restaurer ce que Jules Sergei Fediunin[8] appelle « l'Empire national russe », qui entend rassembler sous sa tutelle toutes les terres peuplées de Russes et, au-delà, toutes les terres ayant appartenu un jour à la Russie. Le peuple ukrainien mène ici une guerre de libération nationale avec l'aide d'une partie de la communauté internationale. C'est un défi lancé à l'Europe qui, après la Seconde Guerre mondiale, s'est constituée en communauté européenne avec comme principe de base, outre le libéralisme économique et des fonctionnements institutionnels communs, l'idée fondamentale du « plus jamais ça ! » et l'exclusion théorique de la guerre comme moyen de résoudre les différends sur notre continent. C'est aussi un nouvel épisode de la rivalité entre puissances pour le contrôle du monde ou d'une de ses parties majeures, mettant aux prises essentiellement la Russie et les États-Unis, sous l'œil des nouvelles puissances montantes que sont la Chine et l'Inde. C'est enfin, comme le souligne Michel Eltchaninoff [9], une guerre de civilisation. C'est en tout cas la façon dont le pouvoir russe la présente, en multipliant les déclarations pour affirmer que la Russie serait le dernier rempart du monde civilisé, une sorte d'Arche de Noé. Avec le soutien du patriarche Cyrille, le chef de l'Église orthodoxe, qui n'a pas hésité à déclarer cette guerre « sainte » et à promettre le paradis à ses victimes russes, Poutine a engagé une sorte de croisade pour la défense des valeurs conservatrices, de la famille traditionnelle et des fondements de la civilisation occidentale, qu'il estime bafoués par un Occident décadent.

7. Michel Foucher, « Ukraine. Les échelles d'une guerre de libération nationale », *in Ramses 2023*, Dunod.

8. Jules Sergei Fediunin, « L'instrumentalisation du nationalisme par le régime de Poutine », Journées de Mauprévoir, août 2022.

9. Michel Eltchaninoff, « Poutine mène une guerre de civilisation », *Le Monde*, 31 mars 2022.

Suite aux déclarations de Poutine niant l'existence même de l'Ukraine comme État indépendant, une intense machine de propagande est mise en place en Russie pour justifier l'agression, avec force déclarations scandaleuses. Début avril 2022, l'agence de presse officielle RIA Novosti publie un article qui énonce clairement le point de vue des supporters radicaux de Poutine. Timofeï Sergeïtsev y propose son plan pour l'Ukraine[10]. Selon lui, « l'ukronazisme » (le nationalisme ukrainien assimilé au nazisme) représente une menace pour le monde bien plus grave que la version hitlérienne du nazisme allemand. Il appelle donc à établir un régime de terreur visant à éliminer tous les opposants. Il appelle à supprimer le nom même de l'Ukraine une fois son territoire occupé et à le « désukrainiser » puisqu'il est *« impossible que l'Ukraine existe en tant qu'État-nation »*. Alors que la guerre s'installe dans la durée, plusieurs dirigeants de premier plan multiplient les propos inquiétants. Le 27 avril, Margarita Simonian, la dirigeante de RT, évoque avec fatalisme dans le talk-show le plus regardé de la télévision d'État la possibilité d'utiliser l'arme nucléaire : *« Le plus probable est que tout se termine par une frappe nucléaire. Cela m'horrifie mais nous sommes tous destinés à mourir. »* Et le responsable de l'émission d'ajouter : *« Nous irons tous au paradis. »*[11] Le 7 juin, l'ex-président de la Russie, aujourd'hui vice-président du Conseil de sécurité, Dimitri Medvedev écrit sur Telegram : *« On me demande souvent pourquoi mes messages sont si durs. La réponse est que je les déteste [les patriotes ukrainiens]. Ce sont des bâtards et des dégénérés. Ils veulent la mort pour nous, la Russie. Et tant que je vivrai, je ferai tout pour les faire disparaître. »* Le 13 juin, Dmitri Rogozine, le responsable de Roscosmos, écrit lui sur Twitter : *« Ce qui a émergé à la place de l'Ukraine est une menace existentielle pour le peuple russe, l'histoire russe, la langue russe et la civilisation russe. [...] Alors, finissons-en ! Une fois pour toutes. »* Et le 23 novembre, Piotr Tolstoï, vice-président de la Douma, invité sur BFMTV, n'hésite pas à affirmer : *« La Russie ne vise pas la population civile de l'Ukraine, elle vise son infrastructure. L'infrastructure de l'Ukraine sera démolie et l'Ukraine sera renvoyée au XVIIIe siècle. »*

10. Timofeï Sergeïtsev, *Que devrait faire la Russie avec l'Ukraine*, RIA Novosti, 3 avril 2022.

11. Cité par *Newsweek*, 27 avril 2022.

Cette guerre interpelle directement les Occidentaux sur la conception des valeurs démocratiques au moment où plusieurs États autoritaires remettent en cause leur universalité. Plus préoccupant encore, cette remise en question est largement diffusée dans le reste du monde. Dans de nombreux pays du Sud, ces valeurs apparaissent souvent comme l'injonction des anciennes puissances coloniales cherchant à maintenir leur domination dans un monde toujours plus inégalitaire. Moscou comme Pékin utilisent cet argument pour asseoir leur critique de cet « Occident collectif » dont le pouvoir russe dénonce le rôle face au « Sud global », qui devrait résister à ses pressions. Cette lutte idéologique renouvelée explique en partie le refus de nombreux États d'appliquer les sanctions occidentales contre la Russie quand bien même ils ont condamné l'agression.

En déclarant le 24 février 2022 cette guerre au nom d'une prétendue dénazification de l'Ukraine contemporaine, Poutine semble défier toute rationalité. Il est d'autant plus nécessaire de déployer une analyse minutieuse de cette situation, de ses origines et de ses conséquences. Seule la clarification patiente et sans concession de tous les facteurs qui ont conduit à cette nouvelle donne qui bouleverse l'ensemble des équilibres mondiaux permettra de dégager une réponse adéquate à ce défi. Dans ce contexte mouvant, l'outil de l'analyse géopolitique et cartographique nous est apparu le plus pertinent.

BIÉLORUSSIE
RUSSIE
POLOGNE
Pripet
Tchernihiv
Volhynie
Rovno
KIEV (Kyiv)
Jitomir
Lviv
Galicie
Kharkov (Kharkiv)
Capitale jusqu'en 1934
Dniepr
Poltava
Donets
SLOVAQUIE
Tcherkassy
Oujhorod
Ruthénie
Podolie
Louhansk
HONGRIE
Tchernivtsi
Bukovine
Dniestr
UKRAINE
Dniepropetrovsk
Donetsk
Bessarabie
Transnistrie
Don
Prout
Tauride
Marioupol
(Jdanov)
Rostov-sur-le-Don
Mikolaïv
Kichinev (Chisinau)
Kherson
Odessa
MOLDAVIE
ROUMANIE
Boudjak
Mer d'Azov
RUSSIE
Crimée
Simféropol
Bouches du Danube
Sébastopol
Mer Noire
BULGARIE
GRÈCE
TURQUIE
0
100
200 km

UKRAINE, UNE « NATION INATTENDUE »

Le 24 février 2022, l'armée russe entre en Ukraine. Imaginé comme une guerre éclair, le conflit s'est installé pour durer, mettant en lumière à la fois les erreurs stratégiques du pouvoir russe et la capacité de résistance du peuple ukrainien, qui façonne son unité dans cette tragédie. Les conséquences de cette guerre sont dévastatrices en Ukraine et vont déstabiliser à long terme la Russie et l'Union européenne. Kiev reçoit un soutien exemplaire de ses alliés occidentaux mais de nombreux pays refusent d'appliquer les sanctions occidentales, ce qui offre un tableau saisissant des contradictions du monde que cette guerre contribue à accentuer.

La formation du territoire ukrainien

- Limites approximatives de la 1re république d'Ukraine en 1921
- Territoire de la république soviétique d'Ukraine de 1922 à 1939
- Territoires acquis par l'URSS en 1939-1940 dans le cadre des accords secrets du pacte germano-soviétique et définitivement rattachés à l'Ukraine soviétique après 1945
- Territoires rétrocédés par l'URSS à la Pologne en 1945, parfois revendiqués par les Ukrainiens
- Ruthénie transcarpatique prise sur la Tchécoslovaquie en 1945
- Territoire prélevé sur l'Ukraine en 1924 pour constituer la « république autonome de Moldavie », rattaché à la Moldavie en 1945
- Crimée, transférée en 1954 de la RSFSR à l'Ukraine par Khrouchtchev

Une guerre de conquête en Europe au XXIe siècle

À l'aube du 24 février 2022, les forces armées russes attaquent l'Ukraine simultanément sur trois fronts. À 5 heures du matin, les premiers bombardements visent les environs de Kiev, touchant des cibles aussi bien militaires (aérodromes) que civiles. On dénombre les premières victimes. Depuis la Biélorussie, des colonnes de blindés se dirigent sur la capitale, précédées par des attaques aériennes et des tirs d'artillerie. À l'est, l'armée russe et les milices des deux régions sécessionnistes du Donbass (la « république populaire » de Donetsk – DNR – et celle de Louhansk – LNR) marchent sur Kharkiv et les autres villes du Donbass encore contrôlées par les Ukrainiens. Au sud, les troupes russes venues de Crimée et précédées par d'intenses bombardements forcent rapidement le Dniepr et prennent la grande ville de Kherson (2 mars). Cette avancée permet aux Russes de détruire, fin février, le barrage que les Ukrainiens avaient construit en 2014 pour fermer le canal de Crimée du Nord, canal qui alimentait une grande partie de la péninsule en eau potable et en eau d'irrigation.

Toutefois, la prise de Kherson sera la seule victoire réelle de ce qui devait être une offensive éclair. Très vite, les images d'une colonne de blindés immobilisés le long d'une route au nord de Kiev font le tour du monde, témoins des difficultés de l'armée russe. Élément majeur de cette guerre moderne, l'usage généralisé de missiles à longue portée et de tirs d'artillerie à distance fait autant de victimes civiles que de victimes militaires et l'on commence à parler de crimes de guerre – comme ce fut le cas lors des offensives américaines en Afghanistan ou en Irak. Mais, en Ukraine, l'aviation russe se heurte à une défense aérienne plus efficace que prévu et ne parviendra jamais à obtenir le contrôle total de l'espace aérien. Dès le 22 mars, l'armée ukrainienne lance une contre-offensive au nord de la capitale et reprend une à une les villes occupées. Présenté comme un redéploiement organisé de ses forces, le retrait annoncé fin mars des troupes russes de la région de Kiev est une première victoire des Ukrainiens.

Si les forces russes parviennent, au prix de longs engagements et de lourdes pertes de part et d'autre, à élargir la zone qu'elles contrôlent dans les régions de Donetsk et de Louhansk, elles perdent la bataille de Kharkiv, la grande ville du Nord-Est. Début mai, une contre-offensive ukrainienne rejette les forces russes vers la frontière. En dépit de bombardements renouvelés et destructeurs

Qui décide de la guerre en Russie ?

Qui décide de la guerre dans le régime politique que Vladimir Poutine a mis en place depuis son arrivée au pouvoir, en 2000 ? Concernant l'Ukraine, la Douma a été consultée. Le Conseil de sécurité s'est réuni le 21 février 2022, mais les images qui nous ont été montrées sont particulièrement inquiétantes*. On y voit des membres tenus à bonne distance d'un président qui torture véritablement son chef des renseignements extérieurs, Sergueï Narychkine, devant une assistance consternée. Selon diverses sources, la décision a été prise par un cercle restreint de conseillers du président, qui s'est lui-même isolé pendant la période du COVID, restreignant les interactions avec l'extérieur. Les motivations avancées par le Kremlin sont pour la plupart surréalistes, elles reposent sur de fausses informations proches des théories complotistes (l'Ukraine nazie appuyée par l'OTAN est sur le point d'agresser la Russie), répétées à satiété dans des médias presque entièrement contrôlés par le pouvoir. Aucun débat public n'a pu avoir lieu, la Douma ayant voté l'interdiction de prononcer le mot guerre. Il n'est pas nécessaire de remonter très loin dans le temps pour trouver un usage officiel de théories complotistes martelées par des médias. Le forcing de Donald Trump refusant de reconnaître sa défaite en est un exemple. Mais, dans le cas américain, l'équilibre des pouvoirs a fonctionné. En Russie, la « verticale du pouvoir » voulue par Poutine a permis de mettre au pas toute opposition politique, de marginaliser les corps intermédiaires, de réduire au silence les médias critiques. Dans ces conditions, une décision stratégique a peu de chances d'être contestée, même si elle repose sur des erreurs d'appréciation évidentes.

* https://www.youtube.com/watch?v=n03z_lnY-Qg

LES FRONTS D'UNE GUERRE INDÉCISE

- Limite de l'offensive maximale russe en février-mars 2022
- Contre-offensive ukrainienne
- Territoires reconquis par l'armée ukrainienne
- XXXX Régions dans lesquelles la Russie a organisé des référendums d'annexion (23-27 septembre 2022)
- Territoires contrôlés par la Russie avant février 2022
- Batailles principales
- Principales cibles de missiles et drones russes
- Cibles attaquées par l'Ukraine
- Zones de combats en décembre 2022

État des combats à la mi-décembre 2022.

La communauté internationale ne reconnaît pas l'annexion de la Crimée par la Russie.

jusque dans le centre-ville, la grande cité du Nord largement russophone (elle fut la capitale de l'Ukraine soviétique de 1919 à 1934) ne sera jamais occupée. De la même façon, après le succès remporté à Kherson, l'avancée russe marque le pas au Sud. Début avril, les forces russes doivent renoncer à prendre le port stratégique de Mikolaïv, et la prise de la grande ville métallurgique de Marioupol, sur la mer d'Azov, n'est obtenue qu'après un long siège (du 24 février au 20 mai). Des milliers de victimes civiles sont empêchées de fuir, et la ville est soumise à des bombardements aveugles. La résistance du régiment Azov, réfugié dans les sous-sols de l'usine Azovstal, marque les esprits.

Cette guerre est loin d'être achevée et nombre de ses aspects restent soumis au secret militaire, il n'est donc pas question ici d'en faire une analyse définitive. Tout au plus tenterons-nous de lancer quelques pistes à partir des éléments rendus publics et de l'observation des données disponibles[1]. Une constatation liminaire – elle est fondamentale – concerne la répression et le *black-out* complet que le pouvoir russe impose dans son pays concernant ce conflit. Alors que des protestations s'élèvent contre la guerre (manifestations, pétitions suivies de nombreuses arrestations), la Douma (le Parlement russe) vote le 4 mars une loi punissant d'une peine pouvant aller jusqu'à quinze ans de prison toute personne qui diffuse *« de fausses informations concernant l'engagement des forces armées russes »*. Les termes de « guerre » ou « d'agression » sont interdits. Une propagande effrénée, masquant complètement la réalité des combats, se développe à la télévision russe alors que les derniers médias libres comme la radio Ekho Moskvy, la télévision Dojd' ou le quotidien *Novaïa Gazeta* sont obligés de se saborder, tout en tentant parfois de diffuser des informations depuis l'étranger. Poursuivant la logique de la dérive autoritaire démarrée en 2012, le régime fait un pas de plus vers une phase réellement totalitaire.

Un conflit annoncé, des justifications inconsistantes

En dépit de multiples avertissements, aussi bien russes qu'américains, la plupart des analystes ne croyaient pas à la possibilité de cette guerre, tant elle paraissait contre-productive pour la Russie elle-même. On sait comment, à la veille de l'invasion, le président Emmanuel Macron pensait encore pouvoir l'éviter en proposant un ultime entretien Poutine-Biden. Dès octobre 2021, les services américains préviennent Joe Biden de la réalité de cette menace[2]. Ils sont d'autant plus en alerte que, après le sommet des deux leaders à Genève le 16 juin 2021, le président russe a publié en juillet un étonnant article intitulé « Sur l'unité historique des Russes et des Ukrainiens[3] ». Retraçant l'histoire de cette relation ancienne, il insiste sur le fait que les deux pays sont un seul et même peuple. Selon lui, c'est la politique nationale soviétique qui a scindé la *« grande nation russe, un peuple trinitaire composé de Grands Russes, de Petits Russes (les Ukrainiens) et de Biélorusses »*. L'Ukraine moderne serait entièrement le *« fruit de l'ère soviétique, [...] créée dans une large mesure aux dépens de la Russie historique »*, qui aurait ainsi été dépouillée d'une partie de ses territoires. Le texte entier reflète une des tendances profondes qui agitent la pensée politique russe depuis la disparition de l'URSS en 1991, une sorte de revanchisme néo-impérial.

Les services de renseignement américains ne croient pas que la concentration de plus de 100 000 soldats russes aux frontières de l'Ukraine à l'été 2021 soit une simple réponse aux manœuvres OTAN-Ukraine *(Defender Europe 21)* engagées au même moment de la mer Noire à la Baltique ou à celles prévues début 2022 en Norvège *(Cold Response)*. Selon eux, le pouvoir russe voit dans la période qui s'ouvre alors une fenêtre d'opportunité, alors que les États-Unis sont critiqués pour leur retrait chaotique d'Afghanistan. L'Union européenne demeure méfiante envers

Washington après quatre années de trumpisme. Elle est affaiblie par le départ d'Angela Merkel et par la présidence de l'Union d'Emmanuel Macron, perturbée par la campagne électorale française. Les Américains prennent donc très au sérieux les éléments recueillis de diverses sources. En novembre, le chef de la CIA, William Burns, est envoyé à Moscou pour mettre en garde Vladimir Poutine contre toute aventure en Ukraine. De son côté, le secrétaire d'État Antony Blinken alerte le président ukrainien Volodymyr Zelensky ainsi que les principaux alliés de Washington. Mais les dirigeants ukrainiens, tout comme leurs homologues européens, doutent longtemps de cette menace. Beaucoup considèrent que ce serait un pari insensé de la part de Poutine et chacun garde en mémoire les mensonges proférés par les Américains pour forcer des décisions stratégiques.

Côté russe, les dirigeants tiennent un double langage. Ils affirment que les troupes massées aux frontières de l'Ukraine se retireront dès leurs manœuvres achevées et qu'ils n'ont aucune intention d'envahir le pays. On sait que le pouvoir russe ne s'est pas privé lui non plus de la tactique du mensonge pour masquer ses intentions. En 1999, Poutine affirmait qu'il ne voulait pas envahir la Tchétchénie une semaine avant de lancer la seconde guerre contre cette petite république sécessionniste. En 2014, il s'accordait avec Angela Merkel sur la nécessité de protéger l'intégrité territoriale de l'Ukraine quelques jours avant de lancer les opérations pour le contrôle de la Crimée. Et il niait l'intervention de soldats russes dans la préparation du référendum du 16 mars 2014 dans la péninsule. Tout en cherchant à rassurer leurs interlocuteurs, les dirigeants russes multiplient les déclarations pour réaffirmer que le rapprochement de l'Ukraine et de l'OTAN constitue pour eux une ligne rouge énoncée depuis des années et qu'ils sont prêts à utiliser tous les moyens à leur disposition pour l'empêcher. Courant février 2022, les choses se précipitent. Le 21, la Russie reconnaît les deux régions sécessionnistes du Donbass. Le 22, la Douma autorise l'utilisation de l'armée russe hors de ses frontières et, à l'aube du 24, le président Poutine annonce le début d'une *« opération militaire spéciale »*.

La première justification présentée est donc *« l'expansion du bloc de l'OTAN vers l'Est, qui rapproche son infrastructure militaire des frontières de la Russie »*. Selon Poutine, l'Alliance atlantique place sous son *« contrôle extérieur total »* les terres historiques de la Russie pour y créer *« une anti-Russie ennemie »* et soutient en Ukraine un pouvoir ultranationaliste et néonazi. D'où la nécessité d'organiser une sorte de guerre préventive contre les forces qui, selon lui, s'apprêtent à attaquer la Russie (il parle même d'un *« génocide contre les millions de Russes vivant là-bas »*). Il évoque alors le traité d'assistance qui lie son pays aux deux républiques populaires (DNR et LNR) qu'il vient tout juste de reconnaître. Le but ultime de cette opération, *« démilitariser et dénazifier l'Ukraine »*, implique que Moscou renverse le gouvernement de Kiev et le remplace par un régime fantoche soumis à la Russie. Il s'adresse enfin aux soldats ukrainiens, à qui il demande, au nom de la lutte commune contre l'agresseur hitlérien, de déposer les armes et de rentrer chez eux.

---

1. Une des principales sources en français est la frise chronologique « Repères chronologiques et documents historiques (1991-2022) » publiée par le CERCEC (Centre d'études des mondes russe, caucasien et centre-européen). https://chrono.cercec.fr/. À lire aussi, Anna Colin Lebedev, *Jamais frères ? Ukraine et Russie : une tragédie postsoviétique*, Seuil, 2022.

2. Shane Harris, Karen DeYoung, Isabelle Khurshudyan, Ashley Parker and Liz Sly, « As Russia prepared to invade Ukraine, U.S. struggled to convince Zelensky, and allies of threat », *Washington Post* (16 août 2022).

3. Traduit par l'ambassade de Russie à Paris : https://france.mid.ru/fr/presse/russes_ukrainiens/

Très vite, les dirigeants occidentaux condamnent cette invasion et réfutent point par point les arguments avancés par Poutine. Une aide sans précédent s'organise pour soutenir l'Ukraine, mais nombre de pays se refusent à sanctionner la Russie. On peut noter ici qu'Américains et Russes se rejoignent sur un point essentiel : l'Ukraine représente un enjeu stratégique majeur pour Moscou comme pour Washington. Dans un article remarqué[4], Zbigniew Brzezinski, conseiller à la sécurité de Jimmy Carter, avait fait cette observation : *« On ne le dira jamais assez, sans l'Ukraine, la Russie cesse d'être un empire alors qu'avec une Ukraine subornée et subordonnée, elle est automatiquement un empire. »*

Des objectifs changeants, une résistance imprévue

Les objectifs de l'opération – si tant est qu'ils aient été réellement énoncés – n'ont cessé de changer au fil des semaines. Dans son allocution du 24 février, Poutine affirme : *« Nos plans n'incluent pas l'occupation de territoires ukrainiens. Nous n'avons pas l'intention d'imposer quoi que ce soit à qui que ce soit par la force. »* De ce qu'on sait des échanges entre militaires russes interceptés durant les premiers jours de la guerre, l'état-major tablait sur un effondrement rapide de l'armée ukrainienne (qui se rallierait au projet russe) et l'acceptation, voire l'adhésion de la population au renversement du président Zelensky[5], présenté contre toute évidence comme le chef d'un régime nazi. Alors qu'apparaissent les premières difficultés, ces objectifs sont ramenés au contrôle total du Donbass russophone et à celui des régions du Sud, qui permettent de le relier par voie terrestre à la Crimée, annexée en mars 2014. En septembre 2022, les Russes organisent à la va-vite à Kherson et Zaporijjia des référendums d'annexion de quatre régions du Donbass afin de les sanctuariser comme appartenant désormais, selon le Kremlin, au territoire de la Fédération de Russie.

Rien ne se passe comme prévu. Contrairement à ce qu'espérait apparemment l'état-major russe, l'armée ukrainienne ne se rallie pas aux projets de Moscou mais résiste au contraire avec vaillance, multipliant les actions de guérilla urbaine contre les colonnes de blindés russes. L'immense majorité des habitants non seulement condamne l'invasion mais se mobilise pour rejeter l'envahisseur. La situation dans les villages et les villes occupées se tend de façon dramatique alors que les soldats russes multiplient les actes de terreur (arrestations et exécutions arbitraires, tortures, viols et pillages). Contrairement à ce qui s'était produit lors de l'intervention américaine en Irak, l'opinion internationale est informée jour après jour de ces exactions avec la multiplication de reportages et d'images accusatrices. Les charniers retrouvés à Boutcha après la libération de cette petite ville à 25 km à l'ouest de Kiev font le tour du monde et les accusations de crime de guerre se multiplient.

Manifestement, les dirigeants russes, civils et militaires, qui ont lancé cette opération ont mal apprécié la situation sur place et l'état de préparation de leur armée. Ils ont d'abord totalement sous-estimé la consolidation d'une nation ukrainienne révoltée par les annexions de 2014 et devenue peu à peu profondément hostile au pouvoir russe. Ils ont ensuite mal préjugé de la capacité de leur armée à envahir un aussi vaste territoire[6] avec des fronts aussi allongés et dispersés. On est très loin des opérations menées en Syrie (avec un faible engagement au sol) ou sur le petit territoire de la Géorgie en 2008. Cette guerre avait pourtant révélé de multiples faiblesses dans l'armée russe (défauts dans les chaînes de commandement, fragilité du contrôle aérien, etc.). D'importantes réformes ont été lancées après cette date et un gros effort de modernisation et de professionnalisation a été engagé[7] mais, comme on le constate sur le terrain, il n'est pas à la hauteur des enjeux ukrainiens. La qualité du commandement demeure problématique d'autant que l'organisation de cette armée est loin d'être optimale avec l'adjonction aux côtés d'unités professionnelles d'éléments disparates comme les *kadyrovtsy* (les bataillons tchétchènes avec leurs propres officiers) ou les groupes de mercenaires privés Wagner. Les premiers jours de combat révèlent de grosses faiblesses dans la logistique, pénalisée par les distances à parcourir, et un moral très incertain des soldats, qui ne comprennent pas les objectifs de leur action.

Une aide occidentale sans précédent et des menaces nucléaires

Un autre élément essentiel du rapport de force que les dirigeants russes n'ont pas su apprécier est l'importance de l'aide occidentale à l'Ukraine et l'ampleur des sanctions rapidement mises en place après l'agression russe. L'armée ukrainienne à laquelle doivent faire face les soldats russes n'est plus la même que celle qu'ils avaient rapidement bousculée en 2014. Dès 2016, des moyens importants de formation ont été mis en place par plusieurs pays de l'OTAN (États-Unis, Canada et Royaume-Uni) pour former et équiper les Ukrainiens (on parle de 10 000 hommes formés chaque année !) dans de nombreuses bases dédiées à cet effort[8]. Au-delà de la livraison de matériel moderne, cet entraînement visait aussi, à l'inverse des pratiques russes et soviétiques, à inculquer à cette nouvelle armée ukrainienne des modes de commandement et de comportement des troupes plus souples et démocratiques, un élément qui va s'avérer décisif.

Dès le 24 février, les États-Unis et leurs alliés livrent à Kiev des quantités très importantes d'armes et de munitions[9]. Il s'agit d'abord de modèles soviétiques que les Ukrainiens connaissent bien, prélevés sur les stocks des pays de l'Est européen entrés récemment dans l'OTAN. Puis, à mesure que l'armée ukrainienne démontre sa capacité de résistance, l'Alliance fournit des équipements défensifs et offensifs de plus en plus sophistiqués mais dont la portée est limitée de façon à ne pas pouvoir atteindre – en principe – les villes du territoire russe proprement dit, ce qui pourrait susciter des accusations de cobelligérance[10]. Un aspect fondamental de cette aide multiforme est la mise à disposition en temps réel par des conseillers américains de renseignements opérationnels de terrain qui vont permettre à Kiev de cibler précisément les envahisseurs russes et leurs bases logistiques. Outre l'élimination de plusieurs postes de commandement russes et de quelques généraux, cette aide permet à l'armée ukrainienne de mener plusieurs coups d'éclat comme le torpillage du *Moskva*, navire amiral russe (15 avril), la reprise de l'île des Serpents, îlot stratégique commandant les bouches du Danube (30 juin), la percée des lignes russes dans la région de Kharkiv (septembre), l'attaque contre le pont de Crimée (8 octobre) et la reprise de Kherson et de sa région en novembre.

L'intensité des engagements (comparaison a été faite avec les grandes batailles des deux premières guerres mondiales) a provoqué des dégâts majeurs dans les infrastructures

4. Z. Brzezinski, « The Premature Partnership », *Foreign Affairs*, 1994, n° 73.

5. Volodymyr Zelensky est né en 1978 dans une famille juive de la ville russophone de Kryvyï Rih. Humoriste, producteur et acteur de la série TV *Serviteur du peuple* (2015), il crée son propre parti, qui déclare s'opposer aux oligarques, et remporte l'élection présidentielle de 2019 avec 73,2 % des voix au second tour.

6. Rappelons que l'Ukraine compte (sans la Crimée) 576 604 km² peuplés de 42 millions d'habitants.

7. Isabelle Facon, *La Nouvelle Armée russe*, L'Inventaire, 2021.

8. Daniel Michaels, « The Secret of Ukraine's Military Success: Years of NATO Training », *The Wall Street Journal*, 13 avril 2022.

9. On trouvera des détails sur les armements utilisés par les deux camps et l'évolution des opérations sur le blog de Michel Goya, https://lavoiedelepee.blogspot.com/ ou sur le site de l'Institute for the Study of War.

10. Plusieurs missiles ukrainiens atteignent cependant la ville russe de Belgorod au nord et des bases militaires en Crimée au sud. D'autres attaques par drones suivront plus en profondeur en territoire russe, jusqu'à Saratov.

ukrainiennes et un nombre considérable de victimes dans les deux camps (morts ou blessés, militaires et civils). Dès le mois de mars, le réseau électrique ukrainien est couplé au réseau européen, une prouesse technique qui permet de le dissocier du réseau russe datant de l'époque soviétique. Mais la tactique russe, qui se généralise en novembre, est de détruire de façon systématique les infrastructures électriques ukrainiennes de façon à priver sa population d'électricité, et donc d'eau et de chauffage, une menace considérable alors que l'hiver s'installe dans tout le pays.

Cette guerre soulève en outre toute une série de débats complexes qui ne sont pas près de s'éteindre. Le premier concerne les crimes de guerre. Si quelques cas ont été relevés côté ukrainien (mauvais traitements ou pièces d'artillerie dissimulées dans des immeubles civils), il apparaît clairement que l'armée russe a multiplié ces crimes sans qu'on sache encore réellement ce qui découle d'ordres précis, de dérives de commandants locaux ou de l'absence de discipline dans une armée livrée à ses pires instincts. La perspective d'en porter les responsables devant un tribunal international comme la Cour pénale internationale de La Haye demeure hypothétique car, de même que les États-Unis, qui ont toujours exclu toute mise en cause de leurs comportements en Irak, la Russie n'a pas ratifié cette juridiction.

Un second ensemble de questions porte sur la nature même de cette guerre et ses différentes échelles[11]. Présentée initialement comme un conflit entre la Russie et l'Ukraine, elle s'est rapidement internationalisée avec l'aide massive apportée à Kiev par les Occidentaux et l'organisation de sanctions que leurs initiateurs, les États-Unis et l'Union européenne, ont souhaitées de portée mondiale. Les dirigeants russes parlent désormais moins d'une *« opération militaire »* contre leur voisin que d'un combat mondial contre ce que le ministre des affaires étrangères Sergueï Lavrov appelle « l'Occident collectif » ou « l'Occident global »[12]. C'est dans cette logique qu'ils en appellent au soutien de tous les États qui ont refusé d'appliquer les sanctions occidentales. Dans le même temps, un débat sous-jacent s'est fait jour dans les médias occidentaux autour des notions de « cobelligérance » ou de « guerre par procuration » *(proxy war).* Nombre d'analystes soulignent que la livraison d'armes à l'Ukraine équivaut au fond à ce qu'avait fait Moscou lors de la guerre américaine au Vietnam et qu'il n'y a donc pas lieu de parler de cobelligérance. La majorité des observateurs soutiennent d'ailleurs l'aide occidentale et appellent même à l'amplifier en livrant par exemple à Kiev des missiles de moyenne portée qui permettraient aux Ukrainiens de toucher les villes russes au-delà de la frontière. Mais d'autres voix se font entendre qui, tout en condamnant l'agression russe, inscrivent la réaction américaine dans une stratégie visant à renforcer une hégémonie menacée par les échecs récents au Moyen-Orient et qui chercherait d'abord à affaiblir la Russie, mais aussi à renforcer son hégémonie dans une Union européenne affaiblie[13].

Alors que se confirme la situation difficile de l'armée russe, contrainte à reculer sur plusieurs fronts, la question de la durée de la guerre, les hypothèses sur son évolution et sa fin provoquent de multiples débats. Après une courte phase de négociations en mars 2022 à Ankara, toute démarche diplomatique a semblé écartée. Dans les deux camps, on table sur la victoire et l'on parle d'escalade. À Kiev, on affirme vouloir se battre jusqu'à

---

11. Voir Michel Foucher, « Ukraine. Les échelles d'une guerre de libération nationale », *in Ramses 2023*, Dunod.

12. Sergueï Lavrov : « On peut désormais caractériser ainsi l'Occident collectif : les USA et leurs satellites » (*Tass*, 28 mars 2022).

13. Lire par exemple https://lecourrier.ch/2022/06/27/une-proxy-war-sur-le-dos-de-leurope/

14. Voir Isabelle Facon : https://www.frstrategie.org/publications/notes/guerre-ukraine-sens-signalement-nucleaire-russe-2022

15. Alexandre Soljénitsyne, *Comment réaménager notre Russie ?*, Fayard, 1990.

la reprise de tous les territoires annexés y compris la Crimée. À Moscou, les dirigeants déclarent qu'ils rempliront leurs objectifs. Dans un discours prononcé en septembre, Poutine se compare à Pierre le Grand et évoque la guerre de 21 ans que celui-ci a menée contre la Suède pour, dit le président russe, ramener dans le giron russe des terres qui lui appartenaient naturellement. Des deux côtés, la disponibilité en hommes et en armements devient problématique. Le président Zelensky multiplie les appels à l'aide occidentale et à la fourniture d'armes plus performantes. Le 21 septembre, Vladimir Poutine doit se résoudre à annoncer une mobilisation partielle des réservistes (300 000 hommes), ce qui provoque des troubles dans tout le pays car il devient difficile de cacher la réalité de cette guerre à la population. En quelques semaines, des dizaines de milliers d'hommes mobilisables quittent le pays.

Une des réponses russes face aux échecs de leur intervention est de recourir au chantage nucléaire. Les plus hauts dirigeants évoquent depuis le printemps la possibilité d'un recours aux armes nucléaires tactiques si le territoire de la Russie se trouvait menacé directement, y compris par des attaques à l'aide d'armes conventionnelles. Devant l'échec du plan initial visant à renverser Zelensky, Moscou organise fin septembre quatre référendums d'annexion à l'est et au sud de l'Ukraine. Devenus des régions de la Fédération de Russie, ces territoires seraient couverts par l'engagement de défense du territoire russe par tous les moyens. Nombre d'observateurs estiment qu'il s'agit là d'un pur chantage qui ne peut pas être sérieusement envisagé[14]. À Bali, lors du sommet du G20 des 15 et 16 novembre, les dirigeants chinois et indiens ont fait part publiquement de leurs critiques envers le possible usage de l'arme nucléaire. Mais personne ne sait quelles peuvent être les réactions du président russe s'il est véritablement acculé dans une position d'échec.

La lente consolidation de la nation ukrainienne

Depuis au moins deux siècles, une grande partie des élites russes considèrent l'Ukraine comme faisant partie d'un tout, la Grande Russie. Alexandre Soljénitsyne avait repris cette thèse à sa façon en proposant d'intégrer dans un même État, « l'Union de Russie », la Russie, l'Ukraine, la Biélorussie et même le nord du Kazakhstan[15]. Pour Vladimir Poutine, ce rapport à l'Ukraine et sa volonté de la ramener sous la tutelle de Moscou sont devenus une sorte d'obsession. On a pu parler à ce propos d'« impérialisme national » : l'idée que toutes les terres autrefois russes (ou peuplées par des Russes) devaient revenir dans son giron. Dans la lignée de Pierre le Grand et de la Grande Catherine, Poutine se voyait bien devenir « Vladimir le Rassembleur », en commençant par la réintégration de l'Ukraine.

L'Ukraine, c'est nous : un syndrome ukrainien ?

Vladimir Poutine a fait très tôt de l'histoire de son pays, ou plutôt de l'histoire de la Russie et de ses marges revisitée par lui et ses services, une des clefs de sa stratégie de propagande pour mobiliser la population russe autour de son action. Il n'est évidemment pas le premier dirigeant à orienter la lecture de l'histoire d'un État en fonction de ses besoins politiques. Après l'éclatement de l'URSS en 1991, chacun des nouveaux États indépendants s'est trouvé confronté à cette nécessité de consolider une identité nationale incertaine et, pour ce faire, d'élaborer un récit historique officiel, avec ses grands événements et ses héros nationaux.

L'avènement au pouvoir de Poutine marque un tournant dans l'utilisation des références historiques. L'ouverture des archives et le travail des historiens critiques sont remis en cause (au moins sur la période stalinienne) et des lois de plus en plus précises proposent d'encadrer la « nouvelle histoire russe ». De nouveaux manuels scolaires sont édités et le système éducatif est militarisé alors que la mémoire de la Grande Guerre patriotique (comme on dénommait en URSS la Seconde Guerre mondiale) devient un élément majeur de propagande. De nouveaux symboles apparaissent comme la création de la manifestation du Régiment immortel le 9 mai et la transformation du ruban de Saint-Georges en emblème patriotique[16]. La Constitution de 2020 introduit l'interdiction de *« déformer la mémoire de la Guerre patriotique »* et, de ce fait, rend de plus en plus difficile toute vision critique du récit officiel. La fermeture de l'ONG Mémorial (créée en 1989 par Andreï Sakharov pour documenter les crimes staliniens) ne doit rien au hasard. Déjà complexes du fait des tabous imposés par la propagande soviétique et des cadres rigides prescrits par le nouveau pouvoir, les contradictions sont amplifiées si l'on met en parallèle les récits plus ou moins officiels proposés par chacun des États postsoviétiques. Les écarts mémoriels sont tels (par exemple la prise de contrôle des États baltes en 1944 vue comme une « seconde occupation » par les Baltes eux-mêmes alors que les Russes parlent de « libération » du territoire) qu'on a pu parler d'une véritable guerre des mémoires[17]. Entre la Russie et l'Ukraine, cette bataille est une vieille histoire.

Holodomor (Extinction par la faim)

En 1929, Staline lance dans toute l'URSS une campagne de collectivisation et de « dékoulakisation » qui se traduit par des réquisitions massives de grains et l'arrestation et la déportation des koulaks (les paysans riches) et des résistants. Très vite, en 1932-1933, la famine* s'étend et plusieurs dirigeants locaux (russes, ukrainiens ou kazakhs) en appellent à Staline pour qu'il arrête les abus mais celui-ci reste inflexible. On estime le nombre de victimes de cette crise à au moins 7 millions dont 5 millions en Ukraine. La situation y est particulièrement grave car elle disposait des meilleures terres (c'était le « grenier à blé » de l'empire) et d'une paysannerie opulente. Staline se méfie de la société traditionnelle ukrainienne et les mesures de coercition sont particulièrement sévères. L'ouverture des archives après 1991 révèle l'ampleur de ce drame longtemps resté tabou et déchaîne les polémiques. Pour les dirigeants de Kiev, il s'agit d'un véritable crime de masse visant les Ukrainiens, qu'ils qualifient de génocide. Pour les historiens russes, ce drame a touché toutes les régions agricoles du sud du pays et, s'ils reconnaissent que l'Ukraine fut la plus touchée, ils rejettent l'idée d'une intention la visant de façon spécifique.

* Nicolas Werth, *Les Crimes de masse sous Staline (1930-1953)*, SciencePo.fr, 2009, et Georges Sokoloff, *1933, l'année noire. Témoignages sur la famine en Ukraine*, Albin Michel, 2000.

Grande Russie, Petite Russie : une guerre mémorielle et identitaire ancienne

Après 1991, l'Ukraine n'est pas épargnée par les débats entourant la réécriture de son histoire à des fins de légitimation du nouvel État indépendant. Un des premiers enjeux est de prouver qu'un État ukrainien a bel et bien existé avant la création de la république soviétique d'Ukraine, le 10 mars 1919. Tâche malaisée car, contrairement aux républiques du Caucase du Sud, les différents États ukrainiens proclamés entre l'effondrement de l'Empire tsariste et la soviétisation furent tous très éphémères et ne contrôlèrent que théoriquement des territoires à géométrie variable, disputés par plusieurs armées. Quant aux différents proto-États (ou principautés plus anciennes) avant l'intégration dans l'Empire tsariste en 1667, ils se heurtent à la vision russe de l'histoire.

En effet, un autre champ de polémiques oppose Moscou et Kiev sur l'origine même de l'État russe et l'existence d'une nation ukrainienne. Jusque dans les années 1990, cette question avait pratiquement toujours été abordée du point de vue de la puissance dominante, tsariste puis soviétique. Ce pourrait être l'affirmation banale d'un État colonial en expansion permanente, qui impose son récit à des fins d'intégration de ses nouvelles conquêtes. Mais, dans le cas qui nous occupe, rien n'est vraiment banal car, depuis au moins le XIXe siècle, Kiev occupe une place unique dans l'historiographie russe. Kiev est présentée comme la *« mère de toutes les villes russes »* et le territoire qui l'entoure serait l'espace des origines de l'État russe proprement dit, l'ancienne Rous' (terme gréco-byzantin),

LES TERRITOIRES UKRAINIENS, 1716

Cette carte de « l'Ukraine et des terres cosaques » du cartographe allemand Johann Baptist Homann (1663-1724) fait partie de son chef-d'œuvre, *Grosser Atlas über die Ganze Welt* (Grand Atlas du monde), publié en 1716.

Ce n'est pas à proprement parler une carte de l'Ukraine (qui n'existe pas à cette époque comme État) mais une représentation de ses confins du nord de la mer Noire que se disputent alors plusieurs puissances régionales.

Sur la carte, l'Ukraine, intégrée dans l'empire russe, est séparée de la mer Noire par la Tartarie alliée de l'Empire ottoman.

16. Les citoyens russes sont invités à défiler en brandissant le portrait de leurs parents ayant combattu Hitler. Le ruban est la reprise moderne d'une décoration impériale datant de la fin du XVIIIe siècle.

17. Nikolay Koposov, *Memory Laws, Memory Wars: The Politics of the Past in Europe and Russia*, Cambridge University Press, 2017.

avant que les invasions tataro-mongoles ne le soumettent, obligeant le métropolite à se réfugier plus au nord, d'abord à Vladimir puis à Moscou (1320). La polémique n'a jamais cessé sur ce terme de Rous', traduit soit par Russie (ce qui conforte la thèse de la filiation avec la Russie d'aujourd'hui), soit par Ruthénie (ce qui l'en éloigne). Le débat porte aussi sur la réalité de ce premier État slave oriental, fondé par des chefs scandinaves, les Varègues, qui se seraient mêlés à des peuples autochtones occupant ces vastes steppes du Sud.

Curieusement, plusieurs de ces polémiques concernant les origines anciennes de la Russie reposent sur des textes comme la *Chronique des temps passés* (la plus ancienne chronique slave orientale, qui aurait été compilée à Kiev vers 1111) ou *Le Dit de la campagne d'Igor,* un poème épique qui remonterait à la fin du XIIe siècle. Or aucun de ces textes ne nous est parvenu sous sa forme originale. On n'en connaît que des copies tardives, ou des copies de copies dont l'authenticité même est discutée, tous les spécialistes admettant que les copistes ont adapté ces textes en fonction des réalités politiques de leur temps. Pour les Russes, et Poutine a plusieurs fois repris cette assertion, la Rous' est bien l'origine d'un seul État, d'un peuple unique qui s'est par la suite fracturé (les trois composantes du « peuple trinitaire ») et qu'il se propose de reconstituer, par les armes s'il le faut. Pour les Ukrainiens au contraire, cette Rous' ancienne est une construction spécifique qui s'étend sur un autre territoire que la Russie et ne peut être confondue avec elle[18].

Partie méridionale du grand isthme reliant la mer Baltique au nord à la mer Noire au sud, ces terres aujourd'hui ukrainiennes sont pour l'essentiel de vastes plaines au relief peu dessiné et donc propices à toutes les invasions et les conquêtes. Elles sont disputées depuis le Moyen Âge par trois grandes forces qui n'ont cessé de s'opposer pour étendre leur emprise. L'Empire ottoman, au sud, qui contrôle jusqu'à la fin du XVIIIe siècle toutes les régions riveraines de la mer Noire, y compris le khanat de Crimée, qui est sous sa tutelle. La Pologne catholique, au nord-ouest, qui, entre 1569 et 1791, contrôle, au titre de l'Union polono-lituanienne[19], les terres dites de la rive droite du Dniepr, c'est-à-dire pratiquement toute l'Ukraine occidentale actuelle. L'Empire tsariste enfin, à l'est, qui ne cesse de s'étendre. En 1654, le chef cosaque Bogdan Khmelnitski s'allie à la Russie pour se débarrasser de la tutelle polonaise. La guerre aboutit au traité d'Androussovo (1667) par lequel les tsars récupèrent l'Ukraine dite de la rive gauche (à l'est du Dniepr) y compris la ville de Kiev. Catherine II prolonge cette extension en conquérant la Crimée (1783) et une partie du littoral de la mer Noire (Odessa est fondée en 1794), dont elle fait une province appelée Novorossia.

Les relations entre Russes et Ukrainiens sont cependant loin d'être égalitaires. La cour impériale intègre volontiers ces Slaves orientaux mais les Grands-Russiens auront toujours une attitude condescendante envers ces Petits-Russiens (leur désignation officielle sous l'empire). La langue ukrainienne est longtemps considérée comme une variante abâtardie de la grande langue russe et l'usage du russe est favorisé[20]. Les écrivains russophones nés en Ukraine, comme Nicolas Gogol ou Mikhaïl Boulgakov, sont considérés comme russes. Le grand poète Taras Chevtchenko (1814-1861), qui défend lui la langue ukrainienne et lutte contre le servage, est exilé dans l'Oural, à Orenbourg. Le régime tsariste accentue sa politique de russification et, en 1863, interdit l'usage de l'ukrainien dans l'administration et les écoles au prétexte *« qu'il n'existe pas de langue petit-russe (sic) et qu'elle ne peut exister »*. Après 1919, dans les débuts du régime soviétique, Lénine met en œuvre une politique dite « d'indigénisation » *(korenizatsia)* pour promouvoir les langues et les cultures nationales, ce qui provoque en Ukraine un remarquable foisonnement créatif. Mais cette ouverture est vite suivie par la politique stalinienne de répression des élites, qui décime l'intelligentsia ukrainienne.

Un autre volet de la politique stalinienne – la collectivisation et la « dékoulakisation » –, va provoquer un drame qui divise encore aujourd'hui Russes et Ukrainiens : la famine de 1933, qualifiée à Kiev de *Holodomor* (« extermination par la faim »).

Cependant, le mouvement national ukrainien ne désarme pas et va trouver un développement inattendu pendant la Seconde Guerre mondiale, développement à l'origine d'une controverse brûlante qui divise jusqu'à aujourd'hui aussi bien les Ukrainiens eux-mêmes que les élites russes et ukrainiennes. À la fin des années 1920, des mouvements nationalistes ukrainiens se créent en Galicie (alors polonaise) avec des ramifications secrètes en URSS. Une lutte armée contre « l'occupant », polonais ou soviétique, est engagée par l'Organisation des nationalistes ukrainiens (OUN). Dès 1940, son dirigeant le plus célèbre, Stepan Bandera, s'allie aux nazis dans l'espoir qu'Hitler favorisera la création d'une Ukraine enfin indépendante. Mais le IIIe Reich a d'autres visions sur le devenir des régions qu'il soumet, et les aspirations indépendantistes n'entrent pas dans ses plans. Bandera est arrêté par les Allemands en juillet 1941 et passe pratiquement toute la guerre dans le camp de Sachsenhausen. De nombreux membres de l'OUN continuent toutefois de collaborer. Une partie d'entre eux (par antisoviétisme doublé d'antisémitisme) participent activement à la Shoah par balles et à l'extermination des communautés juives du pays[21]. Les nazis forment plusieurs bataillons ukrainiens qui combattent l'Armée rouge. Libéré en septembre 1944, Bandera reprend son combat pour l'indépendance avec l'UPA (Armée insurrectionnelle ukrainienne) en tentant d'empêcher une nouvelle soviétisation de l'Ukraine.

Dès 1945, l'historiographie soviétique fait de Bandera le symbole de la collaboration avec l'ennemi, sans jamais s'interroger sur les facteurs qui ont poussé certains Ukrainiens (mais aussi des Russes des régions occupées) dont les familles avaient été décimées par le régime stalinien à collaborer avec les nazis. Cette histoire douloureuse resurgit au début des années 1990 avec la création de mouvements ultranationalistes ukrainiens, dont certains affichent des symboles hitlériens qu'on va retrouver jusque dans les emblèmes du bataillon Azov. Deux partis, Svoboda (Liberté) et Secteur droit, sortent de cette mouvance. Afin de gagner en respectabilité dans les batailles politiques qui s'intensifient, leurs dirigeants s'efforcent d'écarter leurs membres ouvertement néonazis (avec les symboles qu'ils arborent). Très actifs en Ukraine occidentale, ils participent aux différentes luttes politiques du pays en poussant à une ukrainisation accélérée et à la prise de distance avec Moscou. Bien organisés, ils jouent un rôle croissant dans l'organisation des manifestations de la place du Maïdan à Kiev en janvier-février 2014[22]. À la suite du départ en Russie du président Viktor Ianoukovitch, et forts de leur rôle dans la révolution du Maïdan, plusieurs représentants de Svoboda entrent au gouvernement, dont un vice-premier ministre et le ministre de la défense. Ils y restent très peu car Svoboda appelle à de nouvelles élections (octobre 2014), où les deux partis ultranationalistes n'obtiennent que sept des 450 sièges de la Rada, le Parlement ukrainien.

---

18. Sur ces polémiques, lire Timothy Snyder, *La Reconstruction des nations. Pologne, Ukraine, Lituanie, Bélarus, 1569-1999*, Gallimard, 2017, et Andreas Kappeler, *Russes et Ukrainiens, les frères inégaux*, CNRS Éditions, 2022.

19. Appelée aussi république des Deux Nations *(Rzeczpospolita)*.

20. Comme le note Anna Colin Lebedev, les deux langues ont 62 % de vocabulaire en commun, soit pas plus que le français et le portugais.

21. Sur ce drame, lire Timothy Snyder, *Terres de sang. L'Europe entre Hitler et Staline*, Gallimard, 2012, et voir le film de Sergei Loznitsa, *Babi Yar. Contexte*, 2021.

22. Ioulia Shukan, *Génération Maïdan. Vivre la crise ukrainienne*, Éditions de l'Aube, 2016.

LES LANGUES DE L'UKRAINE AVANT 2014

Chronologie de l'Ukraine indépendante

1991

(24 août)
Déclaration d'indépendance.

(1er décembre)
Référendum sur l'indépendance et élection du président Léonid Kravtchouk.

1992

Création du patriarcat de Kiev.

1994

(8 février)
Kiev signe le Partenariat pour la paix (PPP) avec l'OTAN.

(16 juin)
Accord de partenariat avec l'UE.

(10 juillet)
Élection du président Léonid Koutchma.

(5 décembre)
Mémorandum de Budapest sur les armes nucléaires.

1995

(9 novembre)
Adhésion de l'Ukraine au Conseil de l'Europe.

1996

(28 juin)
Adoption de la Constitution. Statut spécial pour la Crimée et Sébastopol.

1997

(31 mai)
Traité d'amitié avec la Russie. Accord sur Sébastopol.

(9 juillet)
Création de la Commission OTAN-Ukraine (NUC).

2003

(Mars)
Lancement de la Politique de voisinage de l'UE.

2004

(Novembre) Révolution orange.

(26 décembre)
Élection du président Viktor Iouchtchenko au 3e tour.

2005-2006

(Décembre-janvier)
1re guerre du gaz.

2009

(7 mai)
L'UE propose le Partenariat oriental.

2010

(25 février) Élection du président Viktor Ianoukovitch.

LES RELIGIONS DE L'UKRAINE AVANT 2019

(21 avril)
Prolongation du bail de Sébastopol sur 32 ans.

(15 juillet)
Loi sur la neutralité de l'Ukraine.

2011

(Octobre)
Condamnation de Ioulia Timochenko à sept ans de prison

2012

(30 mars)
Conclusion de l'accord d'association avec l'Union européenne.

(3 juillet)
Vote de la loi linguistique.

2013

(21 novembre)
Rupture de l'accord d'association ; début de la révolution du Maïdan.

2014

(22 février)
Fuite de Ianoukovitch en Russie.

(16 mars)
Référendum en Crimée.

(18 mars)
Annexion de la Crimée.

(7 et 27 avril)
Déclaration de sécession des républiques de Donetsk (DNR) et de Louhansk (LNR).

(14 avril)
Début de la guerre au Donbass.

(25 mai)
Élection du président Petro Porochenko.

(6 juin)
1re réunion du format Normandie.

(27 juin)
Signature de l'accord d'association avec l'Union européenne.

(5 septembre) Accords de Minsk I.

(16 septembre)
Loi sur la « décommunisation » (lustration).

2015

(12 février)
Accords de Minsk II.

2016

Entrée en vigueur de l'accord de libre-échange avec l'UE.

2017

Entrée en vigueur d'un régime sans visa pour les courts séjours des Ukrainiens dans l'Union européenne.

2019

(6 janvier)
L'Église orthodoxe ukrainienne est rattachée au patriarcat de Constantinople.

(7 février)
Inscription dans la Constitution de la volonté d'adhérer à l'OTAN.

(21 avril)
Élection du président Volodymyr Zelensky.

2021

Création de la Plateforme de Crimée.

2022

(21 février)
Reconnaissance par Moscou de l'indépendance de la DNR et de la LNR.

(24 février)
Début de l'intervention militaire russe.

(24 juin)
Proposition d'une adhésion accélérée de l'Ukraine à l'Union européenne.

C'est pourtant cette présence éphémère au gouvernement et le soutien apporté par ces deux partis à la réhabilitation de Bandera dans la mémoire ukrainienne[23] que la propagande russe met en exergue en permanence pour justifier le qualificatif de néonazi appliqué au pouvoir ukrainien depuis 2014. C'est sur la base d'une lecture totalement orientée de ces événements que Poutine s'est donné comme but de « dénazifier » l'Ukraine et qu'il qualifie les Ukrainiens qui résistent à son agression de *« banderovtsy »* (« les partisans de Bandera »). Sans occulter l'existence de nostalgiques d'Hitler (on en trouve aussi en Russie), Anna Colin Lebedev[24] a raison de souligner les différences dans le traitement de cette mémoire douloureuse. À Kiev, même si le rappel de ces faits de collaboration n'est pas admis par tous, ces débats sont ouverts et tout un travail historiographique est en cours pour lever les tabous de cette période. L'usage de symboles hitlériens ou l'affichage de portraits de Bandera font l'objet de polémiques ouvertes. À l'inverse, en Russie, le travail de mémoire sur la Seconde Guerre mondiale et les responsabilités de Staline dans les erreurs qui ont accentué la déroute de l'Armée rouge en juin 1941 est aujourd'hui pratiquement bloqué. L'historiographie officielle ne retient que le Staline vainqueur de 1945, et de nouveaux tabous se sont installés, empêchant tout rappel des aspects tragiques de son règne, que la société Mémorial mettait justement en lumière. Or il est clair que ce retour critique sur l'histoire soviétique est un élément nécessaire de l'établissement d'une vraie démocratie en Russie. La réconciliation franco-allemande ou la réconciliation germano-polonaise, après des années de débats historiques, de procès et de gestes bilatéraux, en sont des exemples tangibles.

23. En 2010, le président Iouchtchenko fait attribuer le titre de héros national à Bandera, soulevant de vives polémiques en Ukraine et dans le monde. Décision annulée par son successeur en 2011.

24. *Op. cit.* (voir note 1).

25. Le titre de ce chapitre, « Une nation inattendue », est inspiré du livre d'Andrew Wilson, *The Ukrainians: Unexpected Nation*, Yale University Press, 2015.

1991-2014, la consolidation d'une nation

Une des erreurs majeures du pouvoir russe en février 2022 est d'avoir négligé la réalité d'une nation ukrainienne en cours de consolidation rapide. De ce point de vue, le titre de l'ouvrage d'Andrew Wilson *The Ukrainians: Unexpected Nation*[25] se justifie pleinement. Selon Poutine, les frontières dont a hérité Kiev à la fin de 1991 sont le fruit de décisions infondées du régime soviétique (résultant en grande partie des choix staliniens), qui reposaient sur deux principes. En premier lieu, une logique impériale et nationale. Pour Staline, tout ce qui avait appartenu à l'empire devait lui revenir. Aussi, profitant du pacte Molotov-Ribbentrop, il réunit les terres de culture et de langue ukrainiennes en annexant la Galicie, ukrainophone mais sous tutelle polonaise jusqu'en 1940. Le second principe est géostratégique. En 1945, Staline prend sur la Hongrie, la Slovaquie et la Roumanie (toutes trois membres de l'Axe hitlérien) une partie de la Bucovine, de la Transcarpatie et du Boudjak (Moldavie du Sud). Bien que peuplées de minorités non slaves (hongroises ou roumaines), ces trois régions ont un intérêt stratégique majeur parce qu'elles lui assurent le contrôle des seuils des Carpates et des bouches du Danube. Le « don » de la Crimée, transférée en 1954 par Nikita Khrouchtchev de la république de Russie à l'Ukraine, simplifie l'organisation des transports terrestres vers la péninsule tout en permettant d'accélérer la russification en cours de l'Ukraine.

Le tracé de ces frontières crée incontestablement une situation de fragilité sur bien des plans, linguistiques, religieux ou politiques. Il faut tout d'abord surmonter une réelle complexité linguistique. En plus des minorités hongroises, roumaines, polonaises et tatares (les Tatars de Crimée revenus en masse après 1989), la population est essentiellement ukrainophone et russophone. Cela résulte de la composition ethnique de la république : en 1989, les Ukrainiens comptent pour 72,7 % de la population, les Russes 22 % et les autres minorités 5,3 %. La plupart sont dans les faits bilingues et passent d'une langue à l'autre selon les situations. Mais cet équilibre résulte aussi d'une vieille pression russificatrice. L'étude du russe est obligatoire depuis 1938 et le nombre d'écoles ukrainiennes n'a cessé de diminuer à Kiev et dans les grandes villes. Dès 1988, des intellectuels ukrainiens réclament que leur langue devienne la langue officielle de la république (c'est voté en 1989) et des pressions croissantes s'exercent pour que son usage s'étende. Depuis 1991, cette question est un enjeu politique majeur. Théoriquement, on aurait pu envisager une solution semblable aux choix de la Suisse ou du Canada : un État reconnaissant son plurilinguisme et adaptant ses institutions à cette situation. Mais les partis nationalistes ont constamment fait le forcing pour que l'ukrainien devienne la seule langue officielle obligatoire dans l'administration, provoquant l'inquiétude des russophones, largement amplifiée par la propagande russe.

2014 constitue une rupture pour cette question linguistique. En février 2014, après la fuite en Russie de Ianoukovitch, la Rada vote l'abrogation d'une loi qui donnait aux langues minoritaires (dont le russe) le statut de langue régionale dans les régions où résidaient leurs locuteurs. Particulièrement maladroite, cette décision déchaîne de vives protestations des Russes, mais aussi des Hongrois et des Roumains. Bien que la loi n'ait jamais été appliquée (elle est bloquée par le président), Poutine s'en sert d'argument pour évoquer une « assimilation forcée » de la population. Au-delà de l'usage de langues multiples dans la société ukrainienne, le pouvoir russe commet une erreur stratégique en estimant que tous les Russes (ou les russophones) d'Ukraine soutiendraient automatiquement le pouvoir russe. En réalité, après l'annexion de la Crimée, et plus encore avec la guerre qui commence dans le Donbass en avril 2014, un nombre grandissant de ces russophones rejette les visées russes sur le territoire ukrainien et rejoint ceux des citoyens d'Ukraine qui, quelle que soit leur nationalité et leur langue, souhaitent un rapprochement avec l'Union européenne et l'Occident.

On retrouve des oppositions du même ordre sur le plan religieux. En dehors des Tatars musulmans, la plupart des habitants d'Ukraine sont chrétiens mais relèvent d'obédiences diverses. Ceux de Galicie sont uniates[26], une religion interdite par Staline en 1946 et qui reprend avec vigueur à la fin des années 1980. À l'époque soviétique, les paroisses orthodoxes – la religion majoritaire – étaient rattachées au patriarcat de Moscou. Mais, en 1992, une seconde Église orthodoxe (avec son patriarcat à Kiev) est constituée, non sans l'influence de la diaspora américaine, très critique des liens ayant existé entre le patriarcat de l'époque soviétique et le KGB. L'opposition entre les deux courants orthodoxes est rude, parfois physique, pour le contrôle des églises et des couvents. Là aussi, la situation change après 2014. En 2018, le patriarcat de Kiev demande à devenir autocéphale, cette autocéphalie étant reconnue en 2019 par le patriarcat œcuménique de Constantinople et le patriarcat orthodoxe d'Alexandrie. Nul doute que les positions belliqueuses de soutien à l'agression russe du patriarche Cyrille de Moscou[27] vont provoquer une adhésion massive des paroisses orthodoxes d'Ukraine à cette Église désormais indépendante. Fait nouveau, on note dans le pays une présence grandissante des religions chrétiennes protestantes. Les luthériens étaient admis en Russie dès l'époque tsariste. Mais il s'agit ici d'autre chose. Comme en Russie au début des années 1990, de nombreuses églises américaines, pentecôtistes et évangélistes, font du prosélytisme en Ukraine avec des moyens importants, bousculant parfois les équilibres traditionnels.

26. Les uniates sont des chrétiens de rite oriental qui, sous l'influence polonaise, prêtent allégeance au Vatican (union de Brest, 1596).

27. Voir Kathy Rousselet, *La Sainte Russie contre l'Occident*, Salvator, 2022.

LE RÉFÉREMDUM DE MARS 1991

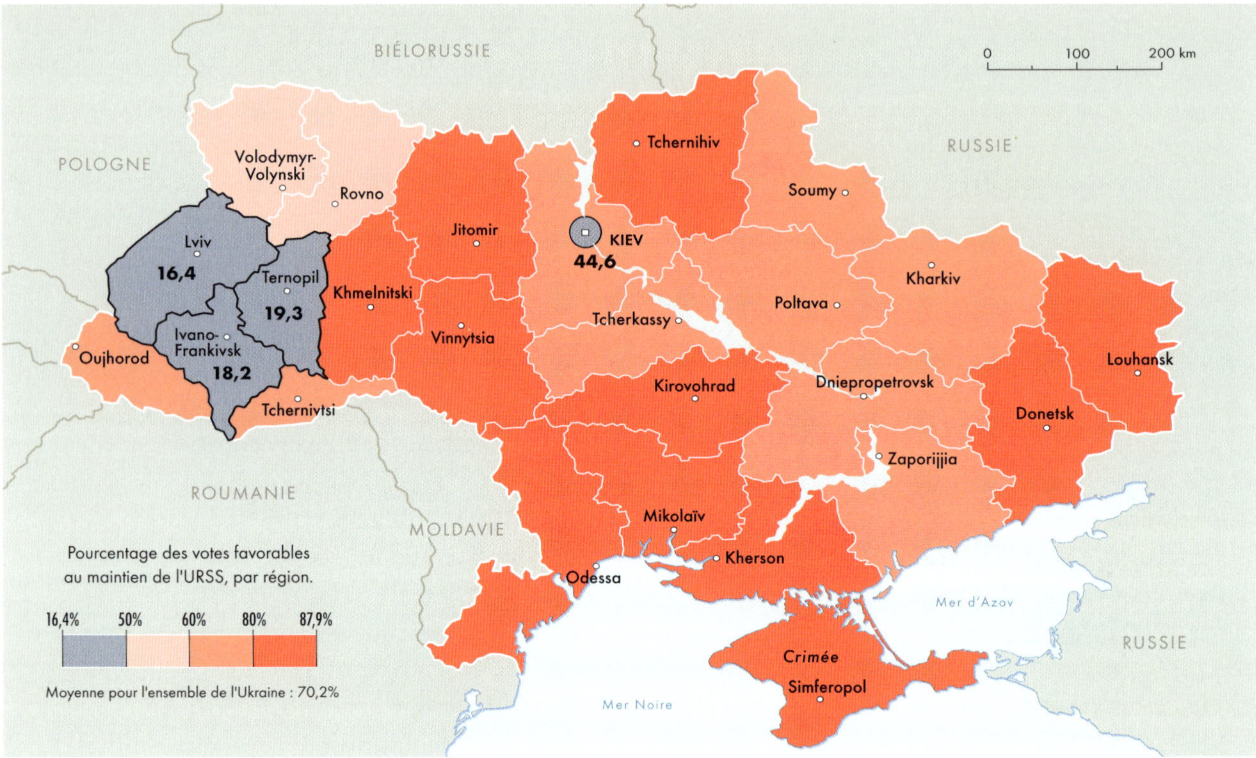

LE RÉFÉREMDUM DU 1er DÉCEMBRE 1991

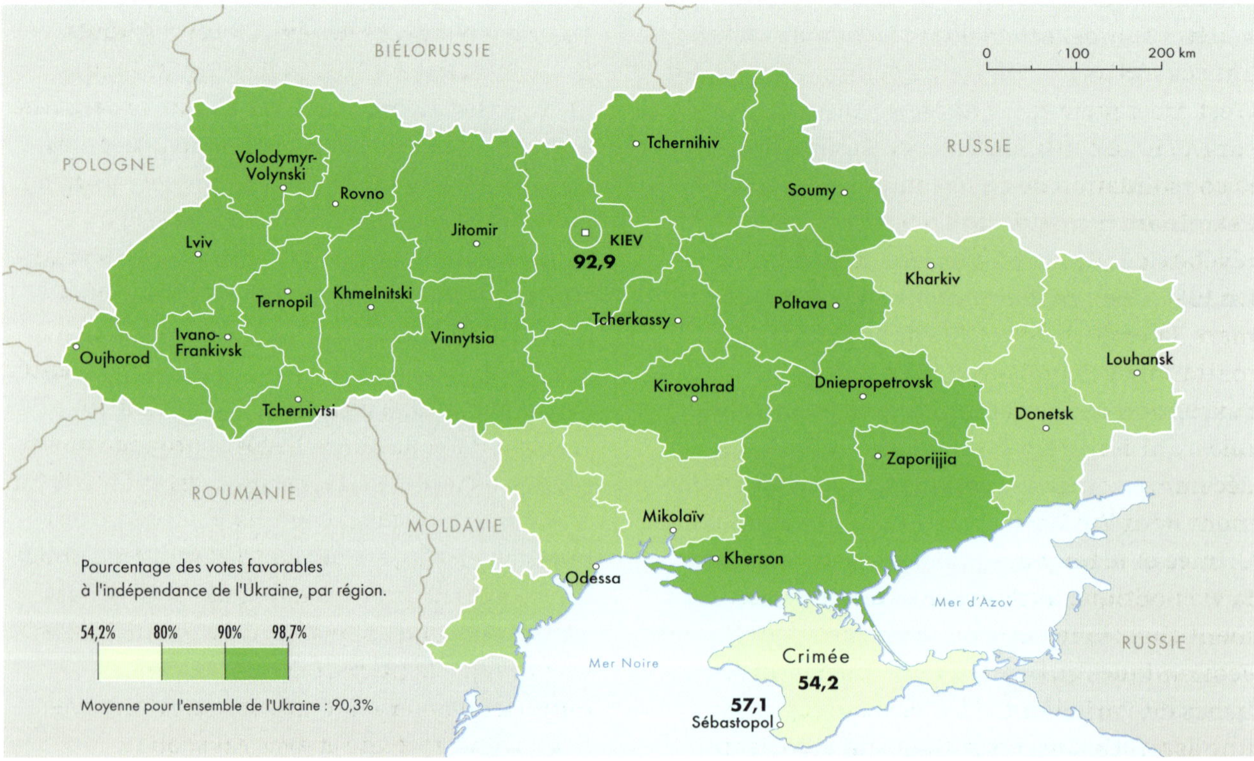

2004 : 3e TOUR DE LA RÉVOLUTION ORANGE

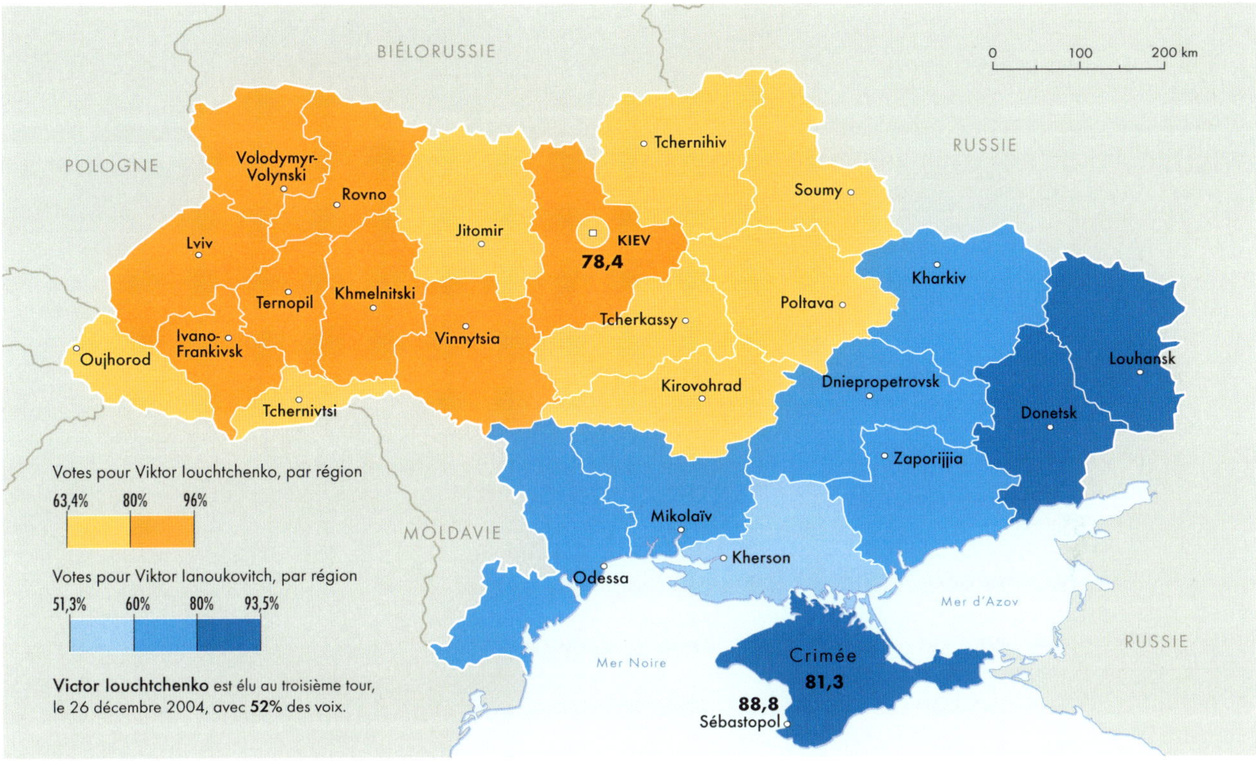

Des choix politiques disputés

La consolidation de cette nation ukrainienne se déroule ainsi sous nos yeux depuis la fin des années 1980, et la guerre ne fait que l'accélérer. C'est pratiquement le dernier État-nation qui surgit sur le continent européen. On peut suivre la consolidation de ce sentiment national en examinant une série de cartes électorales révélatrices de ces tensions et de leur évolution. En 1991, deux référendums sont organisés. En mars, la majorité des Ukrainiens votent pour le maintien de l'URSS proposé par Gorbatchev, à l'exception de Kiev et des trois régions occidentales, qui étaient polonaises avant 1940. En décembre, toutes les régions votent majoritairement pour l'indépendance du pays y compris la Crimée et le Donbass. L'indépendance acquise, la vie politique ukrainienne s'avère particulièrement chaotique entre des clans politico-économiques qui s'affrontent jusque sur les bancs du Parlement. Elle respecte cependant une aspiration démocratique qui associe un vrai pluralisme politique et électoral, et ouvre à des interventions régulières de la population, qui vient bousculer les équilibres existants. On réduit souvent la succession rapide des présidents (six en trente ans) à un mouvement de balancier entre les pro-occidentaux et les pro-russes. Vision simplificatrice car, jusqu'en 2013, les présidents réputés favorables à Moscou n'ont jamais cédé aux pressions visant à faire entrer l'Ukraine dans les différentes organisations politiques proposées par le Kremlin. En réalité, les élites du pays ont tenté en permanence d'obtenir le maximum de faveurs et d'aides, cela du côté européen aussi bien que du côté russe, ce qui correspond de fait à leur position géographique. La rivalité des clans oligarchiques qui contrôlent l'économie du pays et les principaux partis est tout aussi importante que l'opposition Occident-Russie, sachant que la plupart de ces oligarques entretiennent eux-mêmes des relations avec l'Union européenne et avec Moscou.

ÉLECTIONS PRÉSIDENTIELLES

2010

Votes pour Ioulia Timochenko, par région

51,6 % | 60 % | 80 % | 88,9 %

Votes pour Viktor Ianoukovitch, par région

59,9% | 60% | 80% | 90,4%

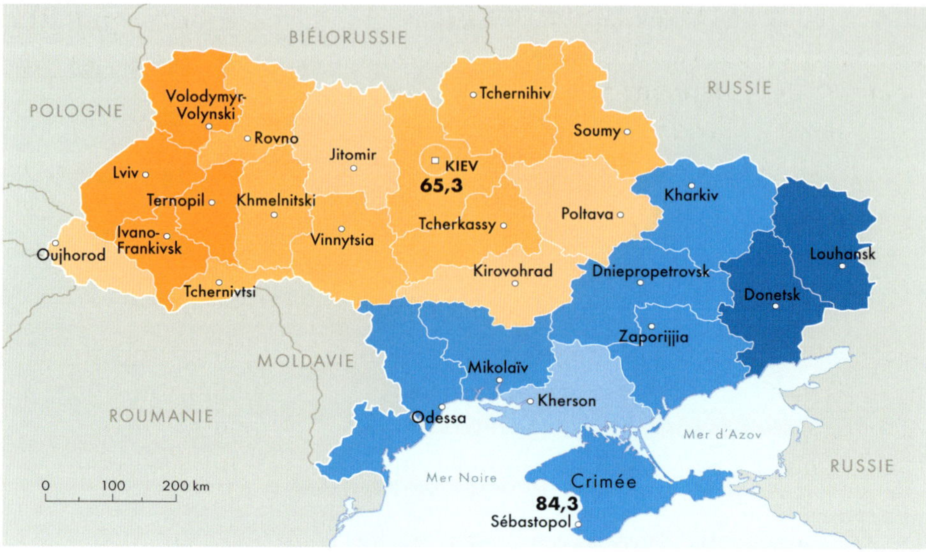

Victor Ianoukovitch est élu au second tour avec 48,9 % des voix, contre Ioulia Timochenko, 45,4 %.

2014

Votes en faveur de Petro Porochenko, par région

31,9 % | 40 % | 50 % | 60 % | 70,4 %

Petro Porochenko est élu au premier tour avec 54,7 % des voix.

La Crimée, annexée par la Russie, ne prend pas part au vote.

2019

Candidat arrivé en tête du premier tour, par région

- Volodymyr Zelensky
- Petro Porochenko
- Ioulia Timochenko
- Iouri Boïko

Volodymyr Zelensky arrive en tête du premier tour avec 30,2 % des voix. Il est élu au second tour le 21 avril 2019, avec 73,2 % des voix.

L'épisode de la révolution orange est particulièrement significatif de ces poussées populaires qui viennent briser un équilibre précaire. La campagne de l'élection présidentielle de 2004 est tendue. Elle oppose le premier ministre Viktor Ianoukovitch, réputé pro-russe (Poutine intervient directement en sa faveur avant le vote) et Viktor Iouchtchenko, réputé pro-européen. Outrés par les manipulations du second tour, favorable au premier, des centaines de milliers d'Ukrainiens occupent pendant deux semaines le centre de Kiev et obligent la Cour suprême à organiser un troisième tour, qui est favorable au second, élu avec 52 % des voix. Les mouvements favorables à Iouchtchenko ont indéniablement reçu un fort soutien organisationnel et financier de plusieurs pays occidentaux, ce qui n'enlève rien à la réalité du soulèvement populaire décisif. Mais, pour le Kremlin, cette révolution orange, comme les autres révolutions de couleur, est un coup de force entièrement manipulé par les États-Unis.

Outre la question du choix stratégique, que nous développerons ci-dessous, un des enjeux majeurs qui mobilisent l'opinion ukrainienne est la mainmise des clans oligarchiques sur l'économie et la vie politique. Chacun des présidents successifs promet d'y mettre fin et retombe dans le même travers. Mais, contrairement à la Russie, le processus démocratique est préservé et, en 2010, c'est Ianoukovitch, le perdant de 2004, qui est élu à son tour. Pour les mêmes raisons de lutte contre l'oligarchie, les électeurs votent en 2019 massivement pour Zelensky, bien que ce dernier soit réputé proche d'un autre clan, celui d'Ihor Kolomoïsky – ce qui lui sera reproché après son élection. Toutefois, cet attachement fort des Ukrainiens au respect des procédures démocratiques et au maintien de leur pluralisme politique demeure un fait majeur qui les rapproche des valeurs européennes. En cela ils s'opposent frontalement à la dérive autoritaire du régime russe et c'est aussi un facteur déterminant de la volonté de Poutine de mettre fin à ce fonctionnement qui pourrait aussi faire exemple pour la population de son pays.

Les enjeux stratégiques d'un « État pivot »

Durant toute l'époque soviétique, l'Ukraine occupe une place singulière dans la Fédération : celle de premier des « petits frères » aux côtés du « grand frère russe », selon la terminologie de ce temps. Cela tient à plusieurs facteurs. C'est tout d'abord la proximité linguistique et culturelle de ces deux peuples slaves qui fait qu'un nombre important d'Ukrainiens sont intégrés dans la haute *nomenklatura* soviétique (dirigeants politiques, généraux, académiciens, etc.). Cela tient aussi à son poids démographique (en 1989 sa population constitue 18 % de celle de l'URSS) et économique. Avec l'agriculture des fameuses terres noires, ses ressources en charbon et en fer, ses aciéries, ses combinats chimiques et son industrie mécanique, en particulier dans le complexe militaro-industriel, sans oublier les ports de la mer Noire et le tourisme en Crimée, l'Ukraine est sans conteste la république la plus productive après la Russie. Elle possède aussi une situation stratégique unique, à la fois à la croisée de deux grands axes de commerce et d'invasion et aux confins (*okraina* en russe) civilisationnels entre monde musulman et monde chrétien et entre chrétiens catholiques et orientaux. La vieille voie méridienne reliant la mer Baltique et la mer Noire y croise un axe est-ouest allant de la Russie à l'Europe médiane et méridionale. Ce n'est pas un hasard si plus de 60 % des livraisons de gaz de la Russie à l'Europe transitent par l'Ukraine au début des années 1990.

Les espoirs de l'Ukraine indépendante

L'indépendance acquise en 1991 suscite à Kiev d'immenses espoirs, activement soutenus par la diaspora nord-américaine. Enfin débarrassé du joug soviétique, le jeune État, devenu libéral et disposant de tels atouts, ne peut être que prospère. Les premiers rapports du FMI et de la BERD publiés au début des années 1990 reflètent cet enthousiasme. Pourtant les premières décennies sont difficiles.

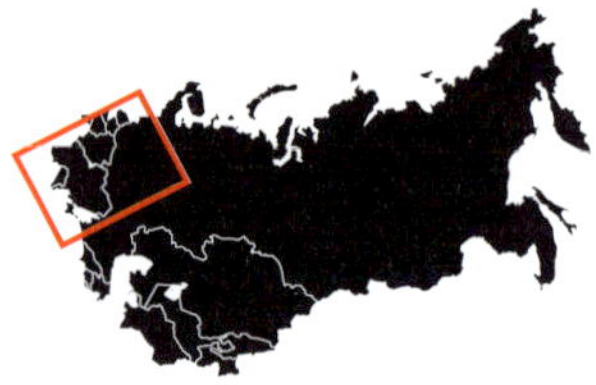

L'ISTHME MER BALTIQUE / MER NOIRE

Pays membre de l'OTAN
Pays candidat à l'adhésion
Pays agresseur de l'Ukraine et État allié soutenant l'invasion
Territoires contestés

Présence militaire de l'OTAN
Groupements tactiques multinationaux
Flotte militaire

Présence militaire des forces russes
Principales bases militaires
Flotte militaire
Port en développement
Centrale nucléaire

Réseau de tubes avant 2022
Gazoduc
Oléoduc
TAP Trans Adriatic Pipe
TANAP Trans Anatolian Pipe
Voie ferrée

Corridor paneuropéen (voie ferrées + routes)
Existant
Potentiel

Comme dans toute l'ex-URSS, le pays voit son PIB s'effondrer, la crise financière de 1998 s'ajoutant au changement de système. Les analystes ont mal mesuré l'effet de la rupture des liens avec les partenaires de l'ex-URSS, russes en particulier. L'adaptation d'entreprises fonctionnant selon les normes soviétiques vers les requis occidentaux est difficile. L'agriculture va mettre des années à retrouver le niveau de productivité qui lui permet de redevenir grande exportatrice, statut remis en cause par la guerre. Les productions industrielles s'effondrent (celle de charbon passe de 180 millions de tonnes dans les années 1980 à 40 millions en 2019 ; celle de l'acier de 60 millions à environ 25). Une partie des mines mais aussi des combinats industriels fonctionnent avec des équipements soviétiques obsolètes. Nul doute qu'ils auraient été fermés dans les conditions d'une économie libérale de marché et le Donbass ukrainien aurait subi le sort des bassins industriels de Lorraine ou du nord de la France. Par ailleurs, l'adaptation aux marchés occidentaux s'avère d'autant plus difficile que ces conglomérats sont repris par un système oligarchique particulièrement corrompu.

Pendant plus de vingt ans, les dirigeants politiques et économiques ukrainiens (tous liés au sein des clans oligarchiques) mènent une délicate politique d'équilibre entre leurs aspirations à se rapprocher de l'Union européenne et de l'OTAN (ils décident d'intégrer toutes les structures proposées : Partenariat pour la paix, Politique de voisinage, etc.) afin d'obtenir le maximum d'aides et d'investissements tout en essayant de préserver certains avantages proposés par la Russie. L'exercice est difficile car la politique de Moscou consiste à lier les bonus qu'elle offre (par exemple des prix inférieurs aux cours mondiaux pour son gaz) à la possibilité de participer au capital des entreprises et des secteurs qu'elle convoite. Fait caractéristique, jusqu'en 2014, aucun président ukrainien n'accepte de céder sur ce point et, comme on l'a dit, Kiev refuse d'entrer dans les structures économiques intégrées proposées par Moscou. Peu à peu, les relations se tendent et nombre d'entreprises russes se séparent de leurs partenaires ukrainiens pour relocaliser en Russie des productions jugées stratégiques (matériel ferroviaire, armement).

Le secteur gazier est symbolique de cette détérioration des rapports. Kiev tente d'utiliser sa position de pays de transit pour négocier au plus haut le coût du transit et au plus bas le prix du gaz que le pays achète au russe Gazprom pour sa propre consommation. Une première

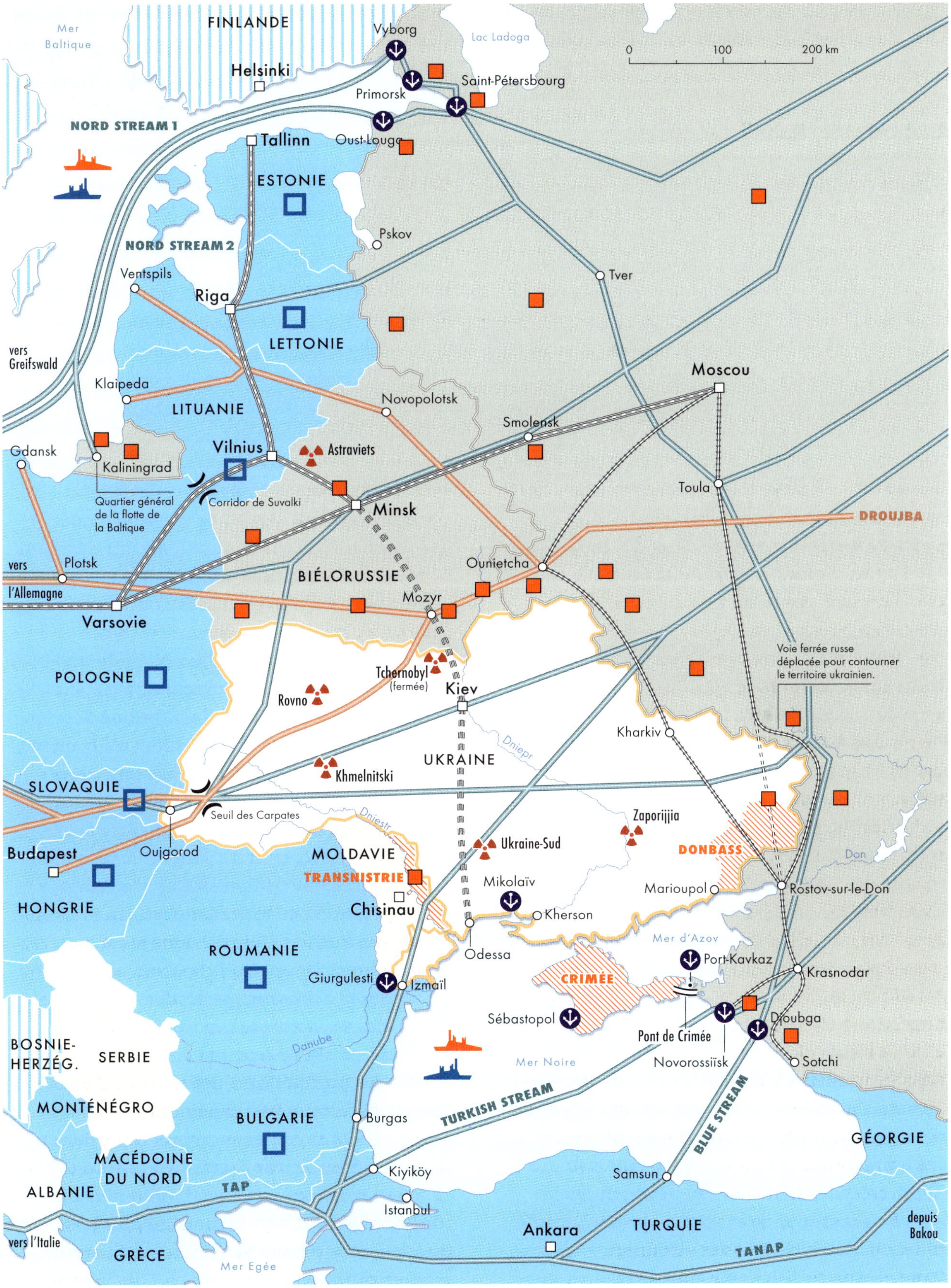
Mer Baltique
FINLANDE
Helsinki
Vyborg
Lac Ladoga
Saint-Pétersbourg
Primorsk
Oust-Louga
0 100 200 km
NORD STREAM 1
Tallinn
ESTONIE
Pskov
NORD STREAM 2
Ventspils
Riga
Tver
LETTONIE
vers Greifswald
Klaipeda
Moscou
LITUANIE
Novopolotsk
Smolensk
Gdansk
Kaliningrad
Vilnius
Astraviets
Quartier général de la flotte de la Baltique
Corridor de Suvalki
Minsk
Toula
DROUJBA
vers l'Allemagne
Plotsk
Ounietcha
BIÉLORUSSIE
Varsovie
Mozyr
POLOGNE
Tchernobyl (fermée)
Kiev
Rovno
Voie ferrée russe déplacée pour contourner le territoire ukrainien.
Kharkiv
Dniepr
UKRAINE
Khmelnitski
SLOVAQUIE
Seuil des Carpates
Dniestr
Zaporijjia
Budapest
Oujgorod
MOLDAVIE
Ukraine-Sud
DONBASS
Don
TRANSNISTRIE
Mikolaïv
Marioupol
Rostov-sur-le-Don
HONGRIE
Chisinau
Kherson
Mer d'Azov
Odessa
ROUMANIE
Port-Kavkaz
Krasnodar
CRIMÉE
Giurgulesti
Izmaïl
Sébastopol
Pont de Crimée
Djoubga
Novorossiïsk
Sotchi
BOSNIE-HERZÉG.
SERBIE
Danube
Mer Noire
MONTÉNÉGRO
TURKISH STREAM
BLUE STREAM
Burgas
BULGARIE
GÉORGIE
MACÉDOINE DU NORD
Kiyiköy
Samsun
ALBANIE
TAP
Istanbul
depuis Bakou
Ankara
TURQUIE
vers l'Italie
GRÈCE
Mer Egée
TANAP

« guerre du gaz » intervient en 2005-2006. Mécontent du rapprochement de Kiev avec l'Union européenne, Gazprom décide d'aligner le prix de vente de son gaz à l'Ukraine sur les cours mondiaux (à l'époque 230 $ les 1 000 m^3 au lieu de 50 $!). Les Ukrainiens protestent et la Russie menace de fermer ses gazoducs, au risque d'entraîner des coupures dans les pays européens destinataires de ces exportations. Si Kiev porte une part des responsabilités (la compagnie ukrainienne Neftogaz détourne semble-t-il une partie du gaz de transit et accumule les dettes), les pressions russes ont de toute évidence un caractère politique. Il faudra l'intervention de l'Union européenne pour que des négociations aboutissent, en 2006, puis en 2007-2008. La décision russe de construire deux gazoducs sous la mer Noire, puis Nord Stream 1 et 2, est un choix stratégique qui devait permettre à la Russie de se passer à terme du transit ukrainien et de priver Kiev de cette rente. On sait comment les sanctions de 2022 ont complètement changé la donne.

En réalité, ces tensions économiques cachent des enjeux plus profonds qui concernent le choix stratégique que devait faire Kiev entre la Russie, son ancienne puissance tutélaire, et ses nouveaux partenaires occidentaux, Union européenne et États-Unis, qu'elle aspirait à rejoindre. Devait-elle vraiment choisir soit l'un soit l'autre ? Une solution d'équilibre était-elle possible ? Cette question n'a jamais été réellement discutée car, de part et d'autre, c'est un jeu de pressions de plus en plus vives qui se met rapidement en place.

La bataille du « pivot stratégique »

Avec la Russie, les désaccords sont immédiats. Pour le président russe Boris Eltsine, un des signataires de l'accord du 8 décembre 1991 mettant un terme à l'existence de l'URSS, la Communauté des États indépendants (CEI), créée le même jour, ne peut être qu'un instrument de maintien dans le giron russe de ce que Moscou appelle son « étranger proche ». Dans plusieurs discours, début 1992, il réclame pour son pays un rôle de protecteur stratégique de ses partenaires. Or, pour Léonid Kravtchouk, le président ukrainien lui aussi signataire à Minsk, la CEI n'est qu'une commission de divorce à l'amiable. S'il accepte une nécessaire coordination dans certains domaines économiques et sociaux, il rejette toute intégration de son pays dans les structures qui pourraient remettre en cause sa souveraineté, en particulier dans les domaines de la sécurité et de la défense. Cela n'empêche pas certaines avancées. Ainsi, en décembre 1994, après d'âpres négociations (Kiev faisant le forcing pour obtenir un maximum de compensations des États-Unis), un mémorandum est signé à Budapest sur la question des armes nucléaires stationnées en Ukraine. En échange de leur démantèlement, Kiev obtient la garantie – contresignée par les États-Unis, la Russie et le Royaume-Uni – de son intégrité territoriale, la promesse qu'aucune coercition économique ne sera exercée contre le pays et d'importantes compensations financières.

Élément important d'un nouvel équilibre sécuritaire, cet accord est suivi en 1997, lors de la première visite officielle d'Eltsine à Kiev, par la signature d'un traité d'amitié et d'un accord sur le partage de la base de Sébastopol, dont une grande partie est louée à bail à Moscou pour y abriter la flotte russe de la mer Noire. Mais qu'on ne s'y trompe pas : l'intervention du président américain Bill Clinton dans les négociations de Budapest marque un tournant décisif. La Russie a définitivement perdu le monopole d'influence qu'elle exerçait sur cet « étranger proche » (en particulier l'Ukraine) et, de fait, elle n'est plus en mesure de rivaliser avec l'Union européenne et les États-Unis en termes d'attractivité. La politique menée par Eltsine envers ses partenaires aussi bien que son affaiblissement économique sont plutôt de nature à renforcer l'attrait qu'exercent les valeurs européennes. Cette tendance va être confortée par la dérive autoritaire du pouvoir russe sous les présidences successives de Vladimir Poutine.

Les révolutions de couleur mettent un terme à la courte tentative de réchauffement des relations entre Moscou et Washington qui fait suite aux attentats du 11 septembre 2001. À Munich, en 2007, Poutine reprend avec vigueur ses accusations contre les États-Unis et met en garde contre de nouveaux élargissements de l'OTAN après l'adhésion des États baltes. Mais le président américain George Bush fait le forcing. En avril 2008, à Bucarest, au sommet de l'OTAN, il propose que l'Alliance lance son plan d'action en vue de l'adhésion (MAP) de la Géorgie et de l'Ukraine. La France et l'Allemagne y mettent leur veto mais la déclaration finale affirme : *« L'OTAN accueille favorablement l'aspiration de l'Ukraine et de la Géorgie à devenir membres de l'Alliance. Nous sommes tombés d'accord aujourd'hui que ces pays deviendront membres de l'OTAN. »* Présent sur place, Poutine est furieux. Selon la presse russe, il aurait alors déclaré : *« Mais qu'est-ce que l'Ukraine ? Même pas un État ! Une partie de son territoire, c'est l'Europe centrale, l'autre partie, la plus importante, c'est nous qui la lui avons donnée[28] ! »*

En Ukraine, cette promesse renforce encore la volonté d'une majorité des habitants de se rapprocher de l'Occident. Au-delà de l'aspect sécuritaire, ce rapprochement est perçu comme un gage d'arrimage à l'espace démocratique du Vieux Continent. Alors que le pouvoir russe, mis sous pression par les manifestations de l'hiver 2011, se crispe, les Ukrainiens engagent des négociations en vue d'un accord d'association entre l'Ukraine et l'Union européenne qui ouvre la voie à un accord de libre-échange. Considérant que cet accord est en contradiction avec les accords douaniers intra-CEI, Moscou demande d'en négocier le cadre, ce que Bruxelles refuse. Poutine menace alors de priver Kiev de tous les avantages fiscaux et douaniers de la CEI et propose à Ianoukovitch 15 milliards de dollars d'aides et un prix du gaz avantageux. Le 21 novembre 2013, se soumettant à ce chantage, Ianoukovitch renonce à signer l'accord d'association. Furieux de ce retournement, des manifestants commencent à occuper la place du Maïdan. Une tentative violente de les disperser contribue à renforcer ces protestations, soutenues par de nombreux pays européens. En dépit d'une tentative de médiation de la France et de l'Allemagne, les tensions s'accroissent. Le 22 février 2014, le président Ianoukovitch quitte Kiev pour se réfugier en Russie. Les partis ukrainiens pro-européens crient victoire alors que le Kremlin récuse toute légitimité au nouveau pouvoir et dénonce un coup d'État fasciste parrainé par les Occidentaux. La réponse de Poutine surprend le monde entier : le 27 février, des soldats sans insigne (les « petits hommes verts ») se déploient en Crimée pour *« protéger les Russes d'une invasion fasciste »* et occupent le Parlement de la péninsule à Simféropol.

2014, la rupture consommée

Crimée : une péninsule disputée

Grecque puis ottomane, la péninsule de Crimée fait partie de l'Empire russe depuis 1783. C'est une région essentiellement agricole mais sa riviera au climat méditerranéen a favorisé le développement du tourisme et d'un important vignoble. Elle abrite en outre le port stratégique de Sébastopol, qui commande pratiquement tout le nord de la mer Noire. En septembre 1941, elle est occupée par les Allemands, sauf Sébastopol, qui résiste jusqu'en juillet 1942. En 1944, après sa libération, tous les Tatars[29] qui y résidaient ainsi que d'autres minorités ethniques sont accusés de collaboration (comme les autres « peuples punis », voir chapitre 2) et déportés en Asie centrale par Staline. La Crimée est cédée à l'Ukraine en 1954, officiellement pour

28. *Kommersant*, 6 avril 2008.

29. Les Tatars de Crimée, turcophones musulmans, sont distincts des Tatars de la Volga, qui ont leur république en Russie (capitale Kazan). En Crimée, ils étaient environ 250 000 avant 2014.

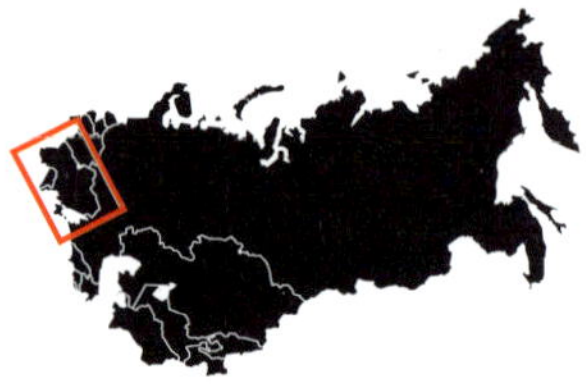

LE RECENSEMENT DE 2001 EN UKRAINE

Le recensement de 2001 est le dernier à avoir été effectué en Ukraine. Il reflète donc la situation avant les bouleversements qu'a connus le pays depuis 2014. On demande aux personnes recensées à quelle appartenance ethnique (« nationalité ») elles se rattachent elles-mêmes. La représentation cartographique des résultats n'est pas simple car aucune région n'a une population homogène. Le choix fait ici est de représenter les différentes ethnies par une bande proportionnelle à leur présence. Le défaut d'un tel choix est que la population des villes, dont la composition diffère souvent des campagnes environnantes, est mélangée à la population de l'ensemble de la région.

Répartition par région des nationalités telles qu'elles se sont déclarées lors du recensement de 2001 (en pourcentage).

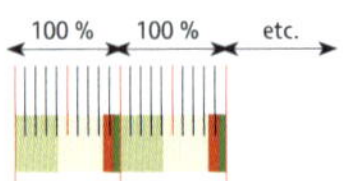

Source : Bureau statistique ukrainien.

- Ukrainiens
- Russes
- Polonais
- Biélorusses
- Tatars
- Bulgares et Gagaouzes
- Hongrois
- Grecs
- Moldaves et Roumains
- Autres populations

LES TATARS EN CRIMÉE, 1939

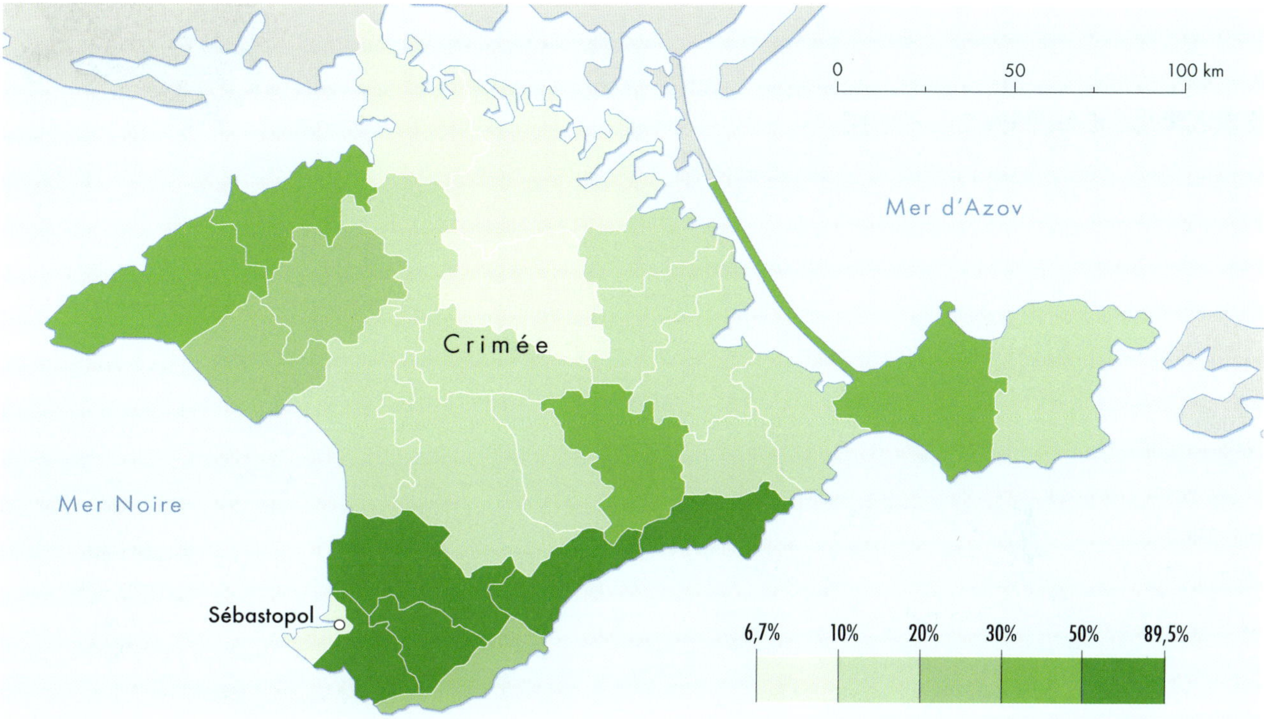

LES RUSSES EN CRIMÉE, 2001

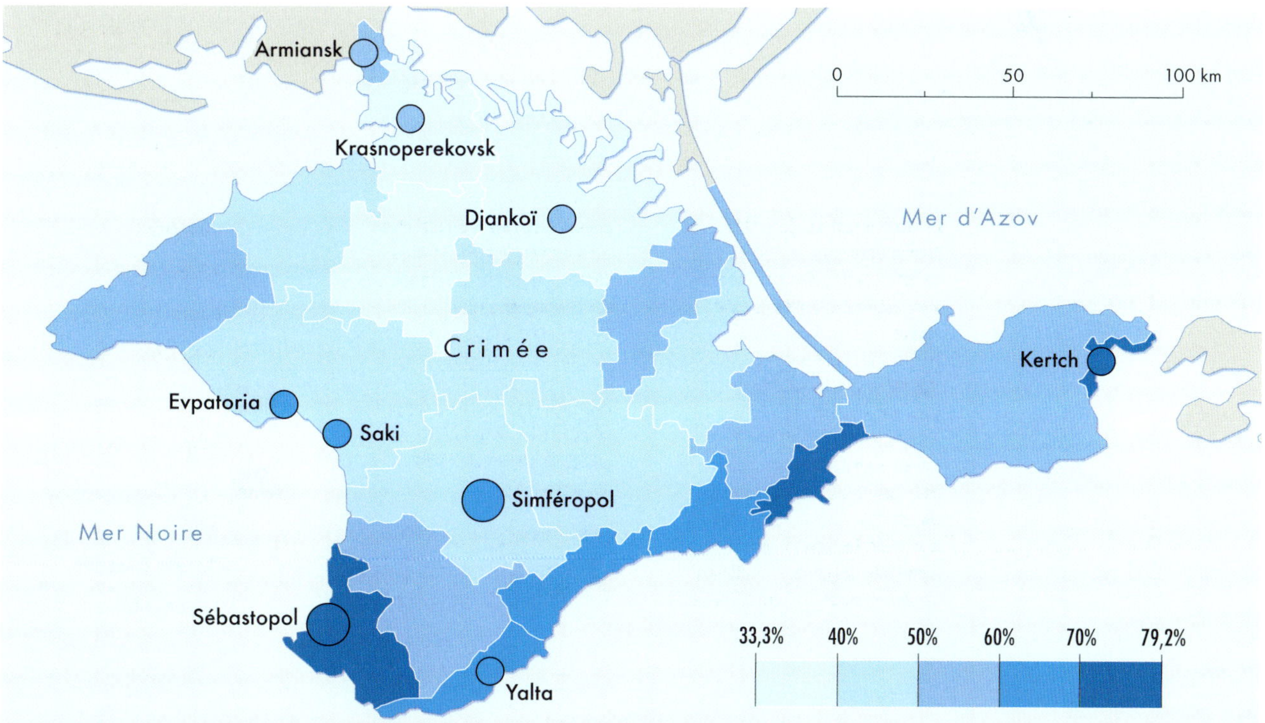

LES ENJEUX DE LA CRIMÉE

La communauté internationale ne reconnaît pas l'annexion de la Crimée par la Russie.

- Canal Nord-Crimée
- Canaux secondaires
- Principaux réservoirs d'eau
- Gisements d'hydrocarbures
- Gazoduc
- Voie rapide "Tavrida"
- Chemin de fer
- Port en développement
- Principales bases militaires russes
- Frappes ukrainiennes

célébrer le *« rattachement volontaire de l'Ukraine à la Russie »* (en 1654), selon les termes utilisés par Khrouchtchev ! Après 1991, plusieurs partis politiques russes tentent de remettre en cause ce don. La Douma vote en 1992 une loi qui propose de revenir en arrière, mais Eltsine y met son veto. Des politiciens de renom, comme le maire de Moscou, Youri Loujkov, maintiennent cependant : *« La Crimée était, est et sera russe*[30] *! »*

Conscients d'un risque de sécession de la Crimée, les autorités de Kiev tentent de neutraliser les mouvements nationalistes russes (en 2001, les Russes constituent 60 %

30. *Izvestia*, 1er avril 2008.

31. *Daily Sabah*, 16 octobre 2020.

32. Sondage organisé du 8 au 16 avril 2014 par l'Institut de sociologie de Kiev dans huit régions d'Ukraine orientale. Cité par Gerard Toal, *Near Abroad*, Oxford University Press, 2017, pp. 262-273.

de la population, les Ukrainiens 24 % et les Tatars 10 %). Elles créent un statut spécial de république autonome au sein de l'État ukrainien et proposent des droits particuliers aux Tatars, revenus en masse après leur réhabilitation en 1989. Ils obtiennent des postes dans l'administration de la république et la possibilité de former une assemblée, le Mejlis. L'annexion de la péninsule par Moscou se fait pratiquement sans le moindre coup de feu. Les « petits hommes verts » prennent le contrôle de tous les lieux de pouvoir et des aéroports. La nouvelle administration russe organise le 16 mars un référendum sous contrôle militaire. 97 % des suffrages approuvent le rattachement à la Russie, qui est proclamé au Kremlin le 18 mars. Médusés, les alliés occidentaux parlent d'un coup de force et décident de sanctions contre Moscou. Poutine réplique qu'il n'a fait que répéter ce que les États-Unis ont réalisé au Kosovo en 2008. Pour justifier l'annexion, il déclare : *« L'inaction russe aurait signifié que la marine de l'OTAN serait bientôt à Sébastopol, gloire militaire de la Russie, créant ainsi une menace non pas illusoire mais parfaitement réelle pour l'ensemble du sud de la Russie. »* Notons ici que de nombreux politiciens et diplomates européens ont laissé entendre qu'après tout la Crimée était historiquement russe et que cette annexion pouvait se justifier. Outre le gel des relations directes avec Moscou, l'OTAN décide de déployer des unités multinationales dans les pays baltes, en Pologne, en Bulgarie et en Roumanie. Soutenu par l'Union européenne et les États-Unis, Kiev dénonce une entorse au mémorandum de Budapest et reçoit un appui fort d'Ankara. Arguant de la défense de ses compatriotes tatars, Erdogan dénoncera à plusieurs reprises les persécutions dont sont victimes des représentants tatars (plusieurs sont arrêtés et disparaissent après 2014) et assure que la Turquie *« ne reconnaîtra jamais l'annexion illégale de la Crimée*[31] *»*.

Donbass 2014 : une stratégie de prise d'otage

Les évènements de Crimée ont des effets délétères au Donbass, majoritairement russophone. Des organisations nationalistes russes se multiplient avec le projet de suivre l'exemple criméen. On sait pourtant que les sondages, contrairement à la Crimée, montrent que la majorité de la population du Donbass n'est pas favorable à la sécession[32]. Très vite, ces mouvements nationalistes créent des milices armées qui reçoivent des soutiens depuis la Russie et organisent des meetings et des coups de main. Le 6 avril 2014, ils s'emparent des sièges administratifs de Donetsk, Louhansk et Kharkiv. Le 13 avril, Kiev réagit en lançant une opération antiterroriste. Une véritable guerre débute, entraînant d'importants flux de réfugiés (certains vers l'Ukraine, d'autres vers la Russie) et de nombreuses victimes civiles. Défendues et souvent financées par des oligarques locaux, certaines villes ukrainiennes résistent comme Kharkiv et Marioupol mais les milices russes, soutenues (en dépit de ses dénégations) par l'armée russe, remportent une série de victoires décisives.

Après la bataille d'Ilovaïsk, Russes et Ukrainiens signent, sous l'égide de l'OSCE, les accords de Minsk I (5 septembre 2014), qui font long feu, et la guerre reprend. Après la bataille de Debaltseve, une seconde réunion en présence d'Angela Merkel et de François Hollande aboutit aux accords de Minsk II (12 février 2015). Outre un cessez-le-feu, les accords prévoient le retrait des armes lourdes hors d'une zone de sécurité, le vote par la Rada d'un statut spécifique pour le Donbass (où se tiendraient des élections libres sous contrôle de l'OSCE), le retrait des armées étrangères et le retour sous contrôle de Kiev de la frontière ukrainienne. Contrairement à l'attente des sécessionnistes, Moscou ne reconnaît pas l'indépendance des deux républiques populaires de Donetsk et Louhansk, qui deviennent à leur tour des conflits gelés. Le projet de recréer la région historique de

LE DONBASS DES ACCORDS DE MINSK, 2014-2015
0
50
100 km
VORONEJ
Kharkiv
Pisarevka
Donets
LOUHANSK
Millerovo
Piervomaïsk
DONETSK
RUSSIE
Gorlivka
UKRAINE
Louhansk
Debaltseve
Kamensk-Chakhtinski
Donbass
Donetsk
Ilovaïsk
Chakhty
ROSTOV
Don
Taganrog
Rostov-sur-le-Don
Marioupol
Azov
Berdiansk
Mer d'Azov
Ieïsk
Ligne de front en septembre 2014
Ligne de front en février 2015
Zones de retrait de l'artillerie lourde de part et d'autre de la ligne de cessez-le-feu prévues par l'accord de Minsk II
Territoires sous contrôle russe à la veille du 24 février 2022
Bassin minier du Donbass

Novorossia[33] est enterré. Mais plusieurs points des accords ne sont pas respectés. La Rada refuse de voter un statut avant que les soldats russes se retirent. En réalité, les combats sporadiques vont perdurer jusqu'en 2022, faisant de multiples victimes militaires et civiles comme en attestent les rapports réguliers de l'OSCE.

De son côté, Kiev n'a jamais renoncé à recouvrer la pleine souveraineté sur ces territoires. Fin 2020, avec le soutien des États-Unis, du Canada et du Royaume-Uni, Volodymyr Zelensky crée une Plateforme criméenne, censée exercer une pression sur Moscou. De nombreux pays, dont la Turquie, y adhèrent[34]. En mars 2021, la Rada adopte une « stratégie de désoccupation et de réintégration des territoires temporairement occupés de Crimée et de Sébastopol » et le ministère de la défense ukrainien annonce préparer des plans pour un règlement par la force du conflit si Moscou n'accepte pas de débloquer la situation.

2022, une mobilisation occidentale sans précédent

Après un an de guerre, la situation sur le terrain est bouleversée. Même si elle n'a pas réussi dans son projet de guerre éclair, l'armée russe occupe une large portion du territoire ukrainien, depuis le Donbass jusqu'à Marioupol, ce qui lui assure le contrôle de toute la mer d'Azov et une relation terrestre directe avec la Crimée. Dans son discours du 30 septembre 2022 célébrant l'annexion de quatre régions ukrainiennes, Vladimir Poutine relance le projet Novorossia. La Russie est cependant confrontée à une mobilisation sans précédent de la communauté occidentale en soutien à l'Ukraine. Les États-Unis accordent une aide militaire massive (plus de 20 milliards de dollars), suivis plus modestement par le Royaume-Uni, la Pologne et les autres pays européens unis dans leur condamnation de la Russie. Les alliés de l'OTAN votent en plusieurs vagues des sanctions radicales : boycott des hydrocarbures, gel des avoirs russes en Occident, débranchement des banques russes du système SWIFT, sanctions ciblées envers des secteurs industriels, des entreprises et des oligarques ou des proches de Poutine et d'autres décideurs. Washington exerce de fortes pressions diplomatiques et économiques pour convaincre tous les pays de la planète de rejoindre ces sanctions, avec un succès mitigé.

Si l'Assemblée générale de l'ONU condamne à une très forte majorité l'agression russe (2 mars 2022 : 141 voix pour, 5 contre et 35 abstentions) puis l'annexion des quatre régions d'Ukraine (12 octobre : 143 voix pour, 5 contre et 35 abstentions), une majorité de pays refusent d'appliquer des sanctions ou ne le font que très partiellement. C'est le cas des alliés de Moscou au sein de la CEI, qui invoquent le poids dans leur économie des relations commerciales avec la Russie. Mais c'est aussi le cas de nombreux pays d'Asie, d'Afrique et d'Amérique latine, qui ne veulent pas prendre position contre un État qui les a soutenus lors de la décolonisation ou dans leur développement économique ultérieur. En outre, beaucoup ne supportent pas les pressions et les menaces qu'exercent les États-Unis dans ce dossier. Ainsi, recevant le secrétaire d'État Antony Blinken à Johannesburg, la ministre des affaires étrangères de l'Afrique du Sud fustige le vote par le Congrès américain de l'« acte sur la lutte contre les activités malveillantes de la Russie en Afrique », qui selon elle cherche à dicter leur position aux pays africains[35].

Notons toutefois que ce refus de sanctionner laisse entrevoir de multiples contradictions. Craignant des rétorsions des États-Unis, nombre de pays appliquent quand même certaines des sanctions proposées comme l'interdiction de vol des compagnies aériennes russes ou l'usage

33. On désigne ainsi sous l'Empire tsariste les terres conquises à la fin du XVIIIe siècle, du Donbass à Odessa y compris la rive nord de la mer d'Azov.

34. https://crimea-platform.org/en

35. "Countering Malign Russian Activities in Africa Act", voté le 27 avril 2022. Cité par *Courrier international*, 8 septembre 2022.

36. Bruno Le Maire, France 24, 1er mars 2022.

LA CONDAMNATION DE LA RUSSIE À L'ONU, 2 MARS 2022

des cartes de crédit russes sur leur territoire. D'autres au contraire, comme l'Inde, la Turquie et d'autres États asiatiques, profitent de cette situation pour acheter à prix réduits des produits (hydrocarbures, minerais) boycottés par les acheteurs occidentaux traditionnels. Toutefois, alors que la guerre s'éternise et que son issue est plus incertaine que jamais, plusieurs alliés de Moscou ont fait entendre publiquement leurs critiques, comme certains États de la CEI lors de la réunion en septembre du groupe de Shanghai à Samarcande ou de l'OTSC (Organisation du traité de sécurité collective autour de la Russie) à Erevan en novembre. Au sommet de Bali (15-16 novembre 2022), la Chine et l'Inde ont aussi exprimé leur irritation face à un conflit qui se prolonge et perturbe toute l'économie mondiale. Moscou devra compter avec ces inquiétudes et ces critiques qui s'accumulent.

Au demeurant, ces sanctions exceptionnelles n'ont pas l'effet désiré par certains dirigeants occidentaux, qui pensaient ainsi voir *« s'effondrer l'économie russe*[36] » et forcer Poutine à reculer. Une partie croissante des exportations russes est dirigée vers des pays extra-européens qui n'appliquent pas les sanctions. L'industrie russe, toujours marquée par le poids des secteurs extractifs et de première transformation, est moins sensible aux intrants technologiques avancés, aujourd'hui sous sanction. Certains segments pointus dans l'aviation ou l'industrie d'armement seront affaiblis mais la Russie pourra sans doute se procurer une partie des approvisionnements nécessaires auprès d'autres fournisseurs. Dans un premier temps, c'est l'Union européenne qui semble le plus souffrir de l'application de ces sanctions avec une crise énergétique majeure. Et c'est la Chine, l'Inde ou la Turquie qui devraient profiter au maximum de ce basculement du commerce extérieur russe.

À l'heure où nous écrivons ces lignes, la guerre est loin d'être terminée et peut encore réserver bien des surprises. Avec la destruction systématique des infrastructures ukrainiennes par les tirs de missiles russes,

L'APPLICATION DES SANCTIONS OCCIDENTALES, 2022

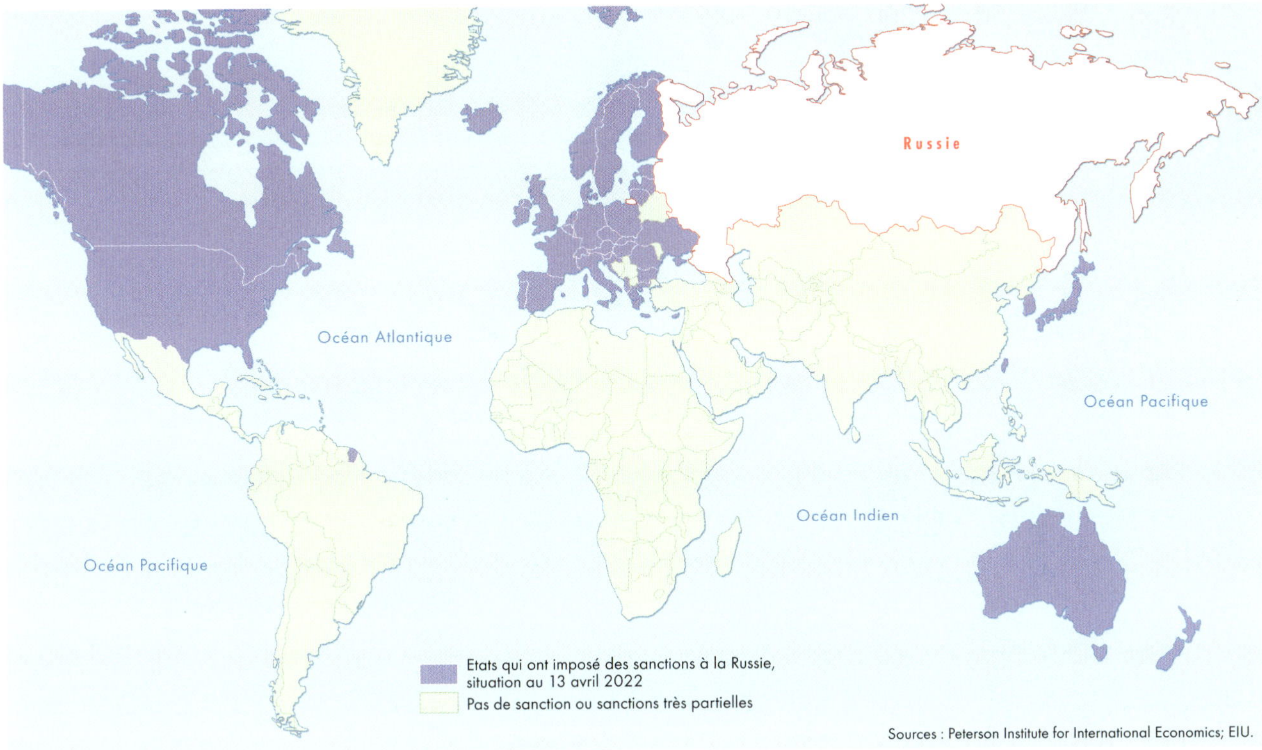

Sources : Peterson Institute for International Economics; EIU.

la situation de la population ukrainienne devient particulièrement précaire en dépit de l'héroïsme qu'elle affirme au quotidien. Cette façon de mener la guerre de la part de Moscou vient nous rappeler l'importance des facteurs démographiques et économiques du conflit. Second État industriel de l'ex-URSS après la Russie, l'Ukraine bénéficiait jusqu'ici du réseau extrêmement dense de ses routes, voies ferrées et lignes à haute tension, qui lui ont permis longtemps de contourner l'impact des frappes russes. Cet avantage géographique s'amenuise au fur et à mesure de l'accumulation de ces frappes, et des régions, des villes entières se retrouvent plongées dans le noir et le froid pour de longues périodes. L'enjeu démographique devient aussi majeur et la disproportion des populations va compter : près de 145 millions en Russie contre environ 40 millions en Ukraine (mais beaucoup d'Ukrainiens ont dû se déplacer dans ou hors du pays). Le déplacement forcé de populations, voire d'enfants, vers l'intérieur de la Russie, documenté par des ONG internationales, fait partie de ces pratiques de la guerre russe assimilables à des crimes de guerre. On a vu aussi l'importance du commerce des productions agricoles et des engrais, un des atouts ukrainiens (mais aussi du sud de la Russie) et la façon dont le blocus imposé par Moscou jusqu'aux accords d'Ankara a suscité de fortes protestations internationales.

Sur tous ces plans, l'aide internationale à l'Ukraine va demeurer décisive même si la durée de ce conflit pose de multiples questions et affecte de plus en plus les équilibres mondiaux, aussi bien économiques que géostratégiques, nous y reviendrons dans les pages de ce livre. Dans le même temps, cette guerre est aussi une bataille de discours, et l'avantage des Ukrainiens, animés par leur président Volodymyr Zelensky est sur ce plan décisif. Sortons toutefois sur ce plan aussi de nos certitudes européocentrées : massive en Occident, son audience demeure incertaine en dehors des pays qui le soutiennent dans cette période noire de l'histoire du pays.

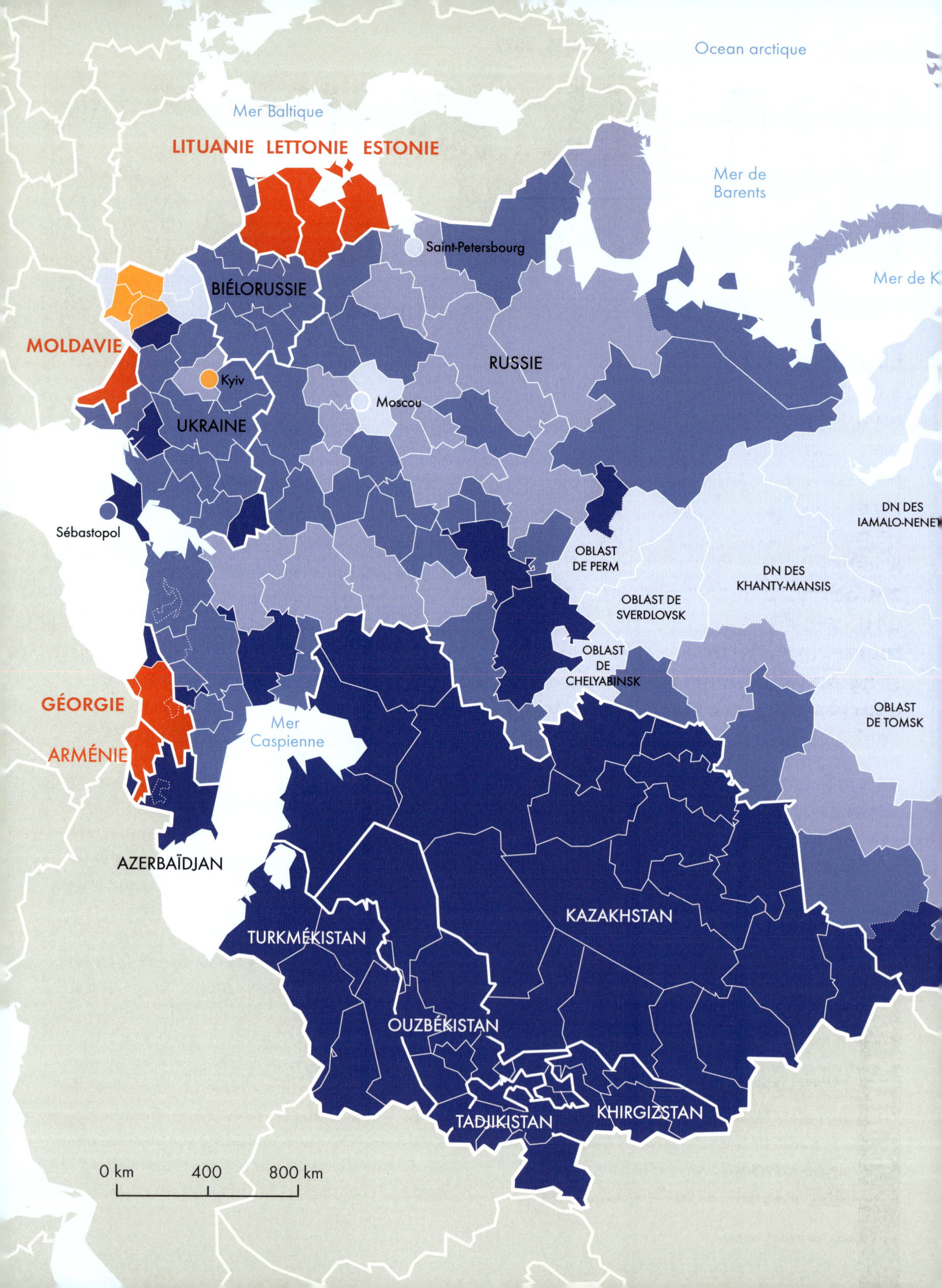

Ocean arctique
Mer Baltique
LITUANIE
LETTONIE
ESTONIE
Mer de Barents
Mer de K
Saint-Petersbourg
BIÉLORUSSIE
MOLDAVIE
RUSSIE
Kyiv
Moscou
UKRAINE
Sébastopol
OBLAST DE PERM
OBLAST DE SVERDLOVSK
DN DES KHANTY-MANSIS
DN DES IAMALO-NENE
OBLAST DE CHELYABINSK
GÉORGIE
Mer Caspienne
OBLAST DE TOMSK
ARMÉNIE
AZERBAÏDJAN
KAZAKHSTAN
TURKMÉKISTAN
OUZBÉKISTAN
TADJIKISTAN
KHIRGIZSTAN
0 km
400
800 km

UN RÉFÉRENDUM EN TROMPE-L'ŒIL

Le 17 mars 1991, Mikhaïl Gorbatchev, à la suite des débats et des réformes qu'il a lancés dans le cadre de la *perestroïka,* propose un référendum pour le maintien de l'URSS sous la forme d'une fédération renouvelée. Le oui l'emporte à plus de 76 %. Mais il est déjà trop tard. Six républiques ont boycotté le scrutin. Depuis que le dirigeant est arrivé au pouvoir, en 1985, toute une série de conflits, souvent sanglants, ont marqué l'actualité d'un régime à bout de souffle. L'Union soviétique vit ses derniers mois.

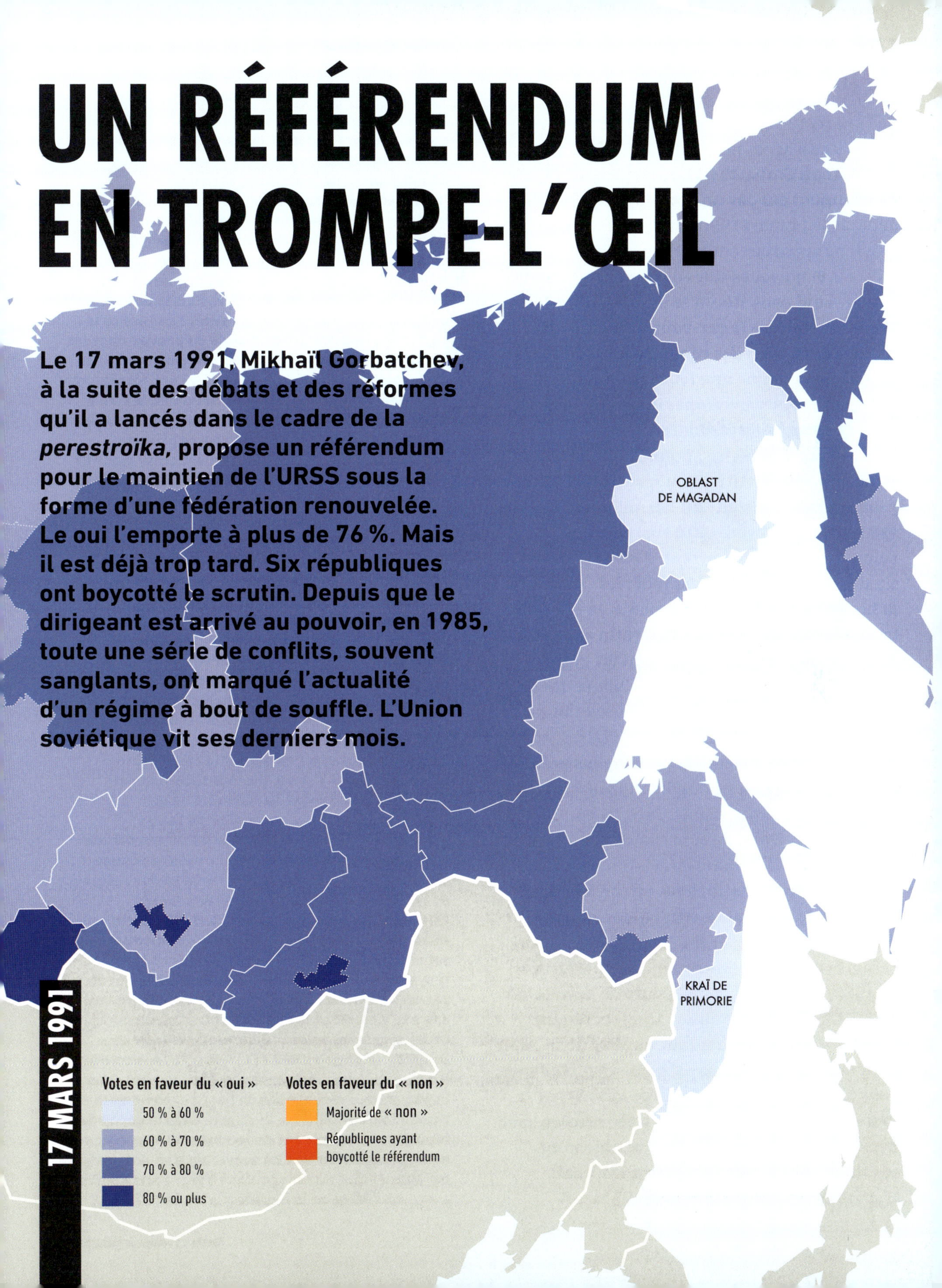

L'URSS avant 1991, un inquiétant bilan

Le 17 mars 1991, les citoyens de l'URSS sont appelés aux urnes pour un référendum proposé par Mikhaïl Gorbatchev. Le président de l'Union, fraîchement élu par un vote du Congrès des députés le 14 mars 1990, entend surmonter les tensions apparues entre le centre fédéral, à Moscou, et quelques-unes des quinze républiques fédérées qui constituent le pays. La question posée est claire : *« Jugez-vous nécessaire de conserver l'Union des républiques socialistes soviétiques comme une fédération renouvelée de républiques souveraines et égales en droit, au sein de laquelle seront totalement garantis les droits et libertés de l'homme quelle que soit sa nationalité ? »* Au soir du scrutin, Gorbatchev peut s'estimer satisfait : sur 185 millions d'inscrits, 148 millions ont voté (80,03 %) et le oui l'emporte à 76,4 %. Pourtant, il est déjà trop tard : six des quinze républiques fédérées (l'Estonie, la Lettonie, la Lituanie, l'Arménie, la Géorgie et la Moldavie) ont boycotté le scrutin et ce succès électoral sonne comme un chant du cygne.

Ce même 17 mars 1991, *Les Nouvelles de Moscou*, un hebdomadaire tiré en six langues à plus d'un million et demi d'exemplaires, publie une double page titrée « La carte la plus politique de l'URSS ». Un groupe de géographes moscovites y détaille 76 points chauds, dont 26 pour le seul Caucase. Beaucoup ne sont que des lieux de conflits potentiels mentionnés dans les médias. Mais plusieurs, très anciens, ont déjà suscité de véritables affrontements et entraîné des milliers de victimes et des flux importants de réfugiés ou de personnes déplacées. Pourtant, en 1982, lors du 60e anniversaire de la création de l'URSS, Youri Andropov, alors secrétaire général du PCUS (Parti communiste de l'Union soviétique), avait affirmé : *« La question nationale, sous la forme où elle nous a été laissée par le système exploiteur [tsariste], a été résolue avec succès, définitivement et irrévocablement résolue*[1]. » Son jeune successeur (Mikhaïl Gorbatchev est élu le 11 mars 1985) a-t-il

Commentaire des *Nouvelles de Moscou*, 17 mars 1991. « Quelle voie choisir ? »

Le référendum qui déterminera le destin de l'Union soviétique aura lieu le 17 mars. Malheureusement, quel que soit son résultat, il ne résoudra pas définitivement les problèmes nationaux et territoriaux, qui demandent, en tout premier lieu, une étude et une analyse minutieuses.
Dans l'éventail des stratégies de solution nationale de l'URSS proposées à l'heure actuelle, trois scénarios sont à noter. Le premier concerne la rénovation de l'Union des républiques fédérées. Puis la désintégration de l'URSS et, enfin, la confédération, c'est-à-dire le déplacement du centre de gravité du pouvoir dans les républiques souveraines, qui formeront les organes d'administration fédéraux qui leur seront nécessaires. Pour évidentes que soient les différences, les trois scénarios partent de la reconnaissance de la division de l'URSS en territoires formés sur le principe national. Les divergences ne tiennent qu'au mode de coopération de ces composantes de l'Union actuelle entre elles. Le principe même de la division nationale et territoriale n'est pas mis en doute. Mais un coup d'œil sur la carte permet de conclure que la plupart des conflits ont lieu à proximité des frontières nationales et territoriales. Une fois tracées, ces frontières, qui pendant longtemps n'ont joué pratiquement aucun rôle, sont actuellement les lignes de confrontation des peuples et de l'écroulement possible de l'URSS. Cependant, la réconciliation interethnique, par la limitation des parties par des frontières d'État ou leur modification, n'a aucune chance de succès car ces frontières ne coïncident presque nulle part avec des frontières ethniques. Il est impossible de les faire coïncider même sur la carte, parce qu'aucun peuple ne vit d'une façon absolument compacte : une nationalité d'un côté de la frontière, et une autre nationalité, de l'autre.
Il en ressort que la division nationale et territoriale de l'URSS, génératrice de conflits, ne crée aucune perspective de solution du problème. La désintégration de l'URSS en républiques délimitées par les frontières actuelles n'atténuera pas les prétentions réciproques. Celles-ci – et la carte le démontre – sont nombreuses. Ainsi, sur 23 frontières entre les républiques fédérées, 3 seulement ne provoquent pas de situations conflictuelles. Ce sont les frontières entre la Lituanie et la Lettonie, entre la Lettonie et la Biélorussie et entre la Biélorussie et la Russie. La désintégration de l'URSS fait monter la tension chez les peuples « non indigènes », qui constituent dans la plupart des républiques un tiers au moins de la population. Par ailleurs, la volonté de la majorité des républiques fédérées et de nombreuses républiques autonomes d'avoir un État souverain a atteint un degré qui interdit tout retour spontané à leur ancien statut. L'inadmissibilité de la désintégration de l'URSS et,

« LA CARTE LA PLUS POLITIQUE DE L'URSS » TIRÉE DES *NOUVELLES DE MOSCOU* DU 17 MARS 1991

Données officielles sur les victimes des conflits interethniques (dossier des *NM)**

Soumgaït	février 1988	32 personnes
Vallée de Ferghana	mai-juin 1989	112 personnes
Abkhazie	juin 1989	10 personnes
Novy Ouzène	juin 1989	3 personnes
Och	juin-juillet 1990	320 personnes
Doubossary	novembre 1990	3 personnes
Ossétie du Sud	1989-1991	40 personnes environ
Nagorny Karabakh	1987-1991	100 personnes environ

Revendications territoriales

① Mention dans la presse

② Introduction dans les programmes des mouvements sociopolitiques influents

❸ Déclarations d'ordre étatique

par ailleurs, l'impossibilité de garder son ancienne structure demandent une solution politique urgente qui réconcilierait, ne serait-ce que provisoirement, le bon sens et le contexte réel.

Le projet amélioré du traité de l'Union proposé par le Centre est une version possible. Sans entrer dans le détail, notons l'élément vulnérable de ce nouveau projet : il fixe le niveau actuel de la souveraineté des républiques et limite le processus qui vient de s'engager. C'est, semble-t-il, l'impasse de l'initiative politique.

Les accords entre les républiques souveraines ouvrent la voie à une solution possible du problème des nationalités. Il y a six mois, la Fédération de Russie a engagé un processus de conclusion d'accords bilatéraux. Il peut devenir une alternative au traité de l'Union proposé par le Centre. Sans prétendre à une solution rapide et définitive des problèmes en suspens, les accords inter-républicains reconnaissent l'inviolabilité, pour les prochaines années, des frontières existantes et la défense des intérêts des ressortissants d'une république qui résident sur le territoire d'une autre. [...] Dans une telle Union, il est plus facile d'imaginer une autonomie nationale et culturelle authentique, tout comme la propriété privée non discriminative de la terre, qui sont indispensables pour désamorcer les conflits nationaux et territoriaux.

Le problème des nationalités en URSS est tellement complexe et grave que la recherche des solutions demandera visiblement d'importants efforts et beaucoup de temps. Mais il est nécessaire d'engager ce processus dès aujourd'hui. Il faut faire les premiers pas vers une coexistence civilisée et toujours chercher de nouvelles voies. Les colonnes des *Nouvelles de Moscou* sont ouvertes à de telles recherches.

---

* Service des problèmes des nationalités des *NM*.

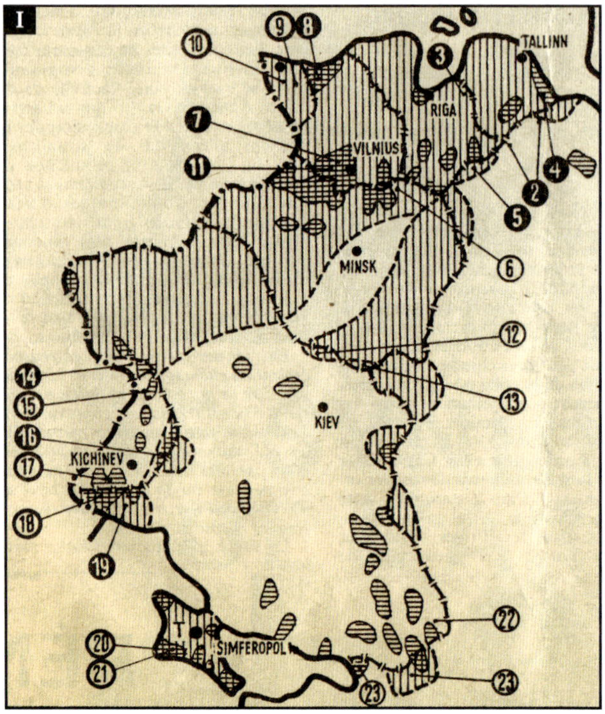

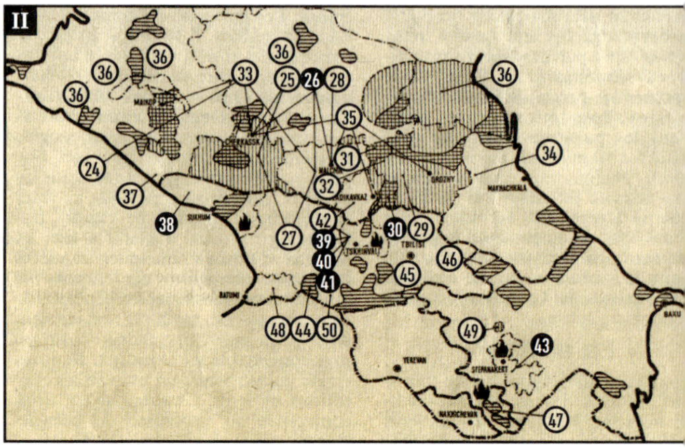

Détails des 76 points chauds

Zone à forte population non autochtone

Zone à forte population non autochtone sur la petite carte

Zone de conflits

Territoires dont la structure administrative a été modifiée

Affrontements meurtriers

Régions occidentales

1. Revendication de la Carélie sur une partie de la région de Mourmansk.

2. Revendication de l'Estonie sur une partie des régions de Pskov et de Léningrad.

3. Revendication de l'Estonie sur une partie de la Lettonie.

4. Création d'une autonomie russophone dans le nord-est de l'Estonie.

5. Revendication de la Lettonie sur une partie des régions de Pskov et de Léningrad.

6. Revendication de la Lituanie sur la partie nord-ouest de la Biélorussie.

7. Création d'une autonomie polonaise dans le sud de la Lituanie.

8. Région de Klaïpeda hors de la Lituanie.

9. Rattachement d'une partie de l'oblast de Kaliningrad à la Lituanie.

10. Création d'un district allemand dans la région de Kaliningrad.

11. Revendication de la Biélorussie sur les régions du sud de la Lituanie.

12. Revendication de la Biélorussie sur une partie de la région ukrainienne de Jitomir.

13. Revendication de l'Ukraine sur une partie de la région biélorusse de Gomel.

14. Revendication de la Moldavie sur une partie de la région ukrainienne de Tchernovtsy.

15. Revendication de l'Ukraine sur la partie nord de la Moldavie.

16. Création de la RSS de « Moldavie du bassin du Dniestr » (Pridniestrovskaïa) dans le sud-est de la Moldavie et le nord-ouest de la région d'Odessa.

17. Création d'une autonomie gagaouze dans le sud de la Moldavie.

18. Création d'une autonomie bulgare entre la Moldavie et la région ukrainienne d'Odessa.

19. Revendication moldave sur une partie de la région ukrainienne d'Odessa.

20. Création d'une « république des Tatars de Crimée ».

21. Sécession de la Crimée.

22. Revendication russe sur les régions du sud-est de l'Ukraine.

23. Revendication de l'Ukraine sur une partie de la région russe de Rostov.

Caucase

24. Revendication des Adyghés sur la partie côtière de la région russe de Krasnodar.

25. Création des républiques des Karatchaï et de Circassie.

26. Création d'une Fédération kabardo-balkare.

27. Création de la république de Karatchaïevo-Balkarie.

28. Création de la république de Kabarda-Circassie.

29. Rétablissement de l'autonomie ingouche.

30. Est de l'Ossétie du Nord revendiqué par la Tchétchénie-Ingouchie.

31. Mozdok (Ossétie) revendiqué par la Kabardino-Balkarie.

32. Partie de la Tchétchéno-Ingouchie revendiquée par la Kabardino-Balkarie.

33. Création d'une grande Circassie.

34. Ouest du Daghestan revendiqué par la Tchétchénie-Ingouchie.

35. Rétablissement de la « République montagnarde » (Gorskaïa) incluant la Tchétchéno-Ingouchie, l'Ossétie du Nord, la Kabarda et la Circassie.

36. Création d'autonomies culturelles : cosaques dans les régions de Krasnodar et de Stavropol ; grecques sur le littoral de Krasnodar ; turkmènes et nogaïs dans le kraï de Stavropol et le nord du Daghestan ; allemandes dans le kraï de Krasnodar.

37. Revendication de la Géorgie sur Sotchi.

38. Sécession du territoire géorgien d'Abkhazie.

39. Sécession du territoire géorgien d'Ossétie du Sud.

40. Création de la RSSA d'Ossétie du Sud en Géorgie.

41. Suppression de l'autonomie de l'Ossétie du Sud.

42. Unification de l'Ossétie du Sud et de l'Ossétie du Nord.

43. Revendication de l'Arménie sur le Haut-Karabakh.

44. Revendication de l'Arménie sur la partie sud-ouest de la Géorgie (Djavakhétie).

45. Revendication de l'Azerbaïdjan sur la partie sud-est de la Géorgie.

46. Revendication de la Géorgie sur la partie nord-ouest de l'Azerbaïdjan.

47. Revendication de l'Azerbaïdjan sur la partie sud de l'Arménie.

48. Suppression de la RSSA d'Adjarie.

49. Rétablissement du district de Chaoumian en Azerbaïdjan.

50. Retour des Turcs de Meshkétie dans leur patrie historique.

Bassin de la Volga

51. Rétablissement d'une « République des Allemands de la Volga ».

52. Division du Tatarstan séparant les Tatars de Kazan et les Mécharis.

53. Fusion Tatarstan-Bachkortostan (revendications territoriales réciproques).

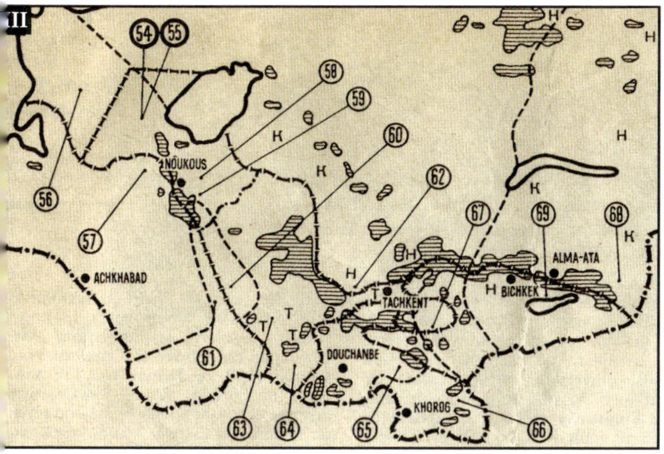

Revendications territoriales

(1) Mention dans la presse

(2) Introduction dans les programmes des mouvements sociopolitiques influents

(3) Déclarations d'ordre étatique

L'Asie centrale et le Kazakhstan

54. Sécession de la Karakalpakie au sein de l'Ouzbékistan.

55. Adhésion de la Karakalpakie au Kazakhstan.

56. Rattachement au Turkménistan d'une partie de la région de Manguystaou (Kazakhstan).

57. Rattachement à l'Ouzbékistan d'une partie de la région de Tachaouz (Turkménistan).

58. Rattachement à la Karakalpakie du nord-ouest de la région de Boukhara (Ouzbékistan).

59. Rattachement à la région de Khorezm (Ouzbékistan) du sud-est de la Karakalpakie.

60. Rattachement à l'Ouzbékistan d'une partie de la région de Tchardjaou (Turkménistan).

61. Rattachement au Turkménistan d'une partie de la région de Boukhara (Ouzbékistan).

62. Rattachement à l'Ouzbékistan de la partie sud de la région de Tchimkent (Kazakhstan).

63. Rattachement au Tadjikistan d'une partie des régions de Samarcande et de Boukhara (Ouzbékistan).

64. Rattachement au Tadjikistan de la région de Sourkhandaria (Ouzbékistan).

65. Rattachement au Tadjikistan des régions du sud de la région d'Och (Kirghizstan).

66. Rattachement au Kirghizstan d'une partie de la région autonome de Gorno-Badakchan (Tadjikistan).

67. Rattachement à l'Ouzbékistan d'une partie de la région d'Och (Kirghizstan).

68. Rattachement au Kirghizstan d'une partie des régions d'Alma-Ata et de Taldykourgan (Kazakhstan).

69. Rattachement au Kazakhstan d'une partie de la région d'Issyk-Koul (Kirghizstan).

70. Rattachement au Kazakhstan d'une partie des régions de Russie limitrophes.

71. Formation de districts allemands dans le nord du Kazakhstan et dans les régions russes attenantes.

72. Rattachement à la Russie de territoires du nord et de l'est du Kazakhstan.

Sibérie

73. Partie est de Gorno-Altaï revendiquée par Touva.

74. Partie du kraï de Krasnoïarsk revendiquée par Touva.

75. Région Bouriate-Aguinsk revendiquée par la Bouriatie.

76. Partie de Magadan revendiquée par la Yakoutie.

imprudemment fait sien ce jugement optimiste ? Il va rapidement être contredit par la réalité : très vite, des tensions surgissent dans plusieurs régions et la période dite de la *perestroïka* (la volonté de réforme du système soviétique) est jalonnée de nouveaux conflits.

Rétrospectivement, on peut affirmer que l'incapacité à faire évoluer à temps le fonctionnement du fédéralisme soviétique tout comme l'impuissance à traiter les tensions ethniques attisées par une série de décisions inadaptées vont être les principaux facteurs de la disparition de l'URSS. Mais c'est l'affaiblissement du régime soviétique lui-même, tant à Moscou que dans les républiques fédérées, qui libère des forces longtemps occultées. La politique de *glasnost* (transparence) mise en œuvre au plus haut niveau a engendré la levée des tabous qui marquaient la pratique soviétique. Des dizaines de questions placées sous le boisseau par Staline et ses successeurs reviennent au grand jour, sont discutées dans les médias, agitées par de nouveaux entrepreneurs politiques qui s'en saisissent pour mobiliser leur peuple ou leur minorité. Ainsi, la reconnaissance, pour la première fois en URSS, de l'existence des protocoles secrets du pacte germano-soviétique signé par Molotov et Ribbentrop le 23 août 1939[2] facilite la naissance de mouvements d'opposition (Fronts populaires) au sein des trois républiques baltes (Estonie, Lettonie, Lituanie), qui vont bientôt réclamer leur indépendance.

Le vote, le 14 mars 1990, de l'abolition du monopole du Parti communiste dans la vie politique ainsi que l'autorisation officielle de créer d'autres partis concurrents confortent un mouvement désormais incontrôlable. Des dizaines d'associations, de mouvements, de partis, souvent créés sur des bases étroitement

1. Les *Izvestia*, 22 décembre 1982.

2. La signature du pacte était à peine mentionnée dans les manuels d'histoire, et les dirigeants ont longtemps nié l'existence de ces protocoles secrets qui précisaient le partage de la Pologne et des États baltes entre l'URSS et l'Allemagne nazie. Ils sont publiés dans *Voprosy istorii*, 1989, n° 6.

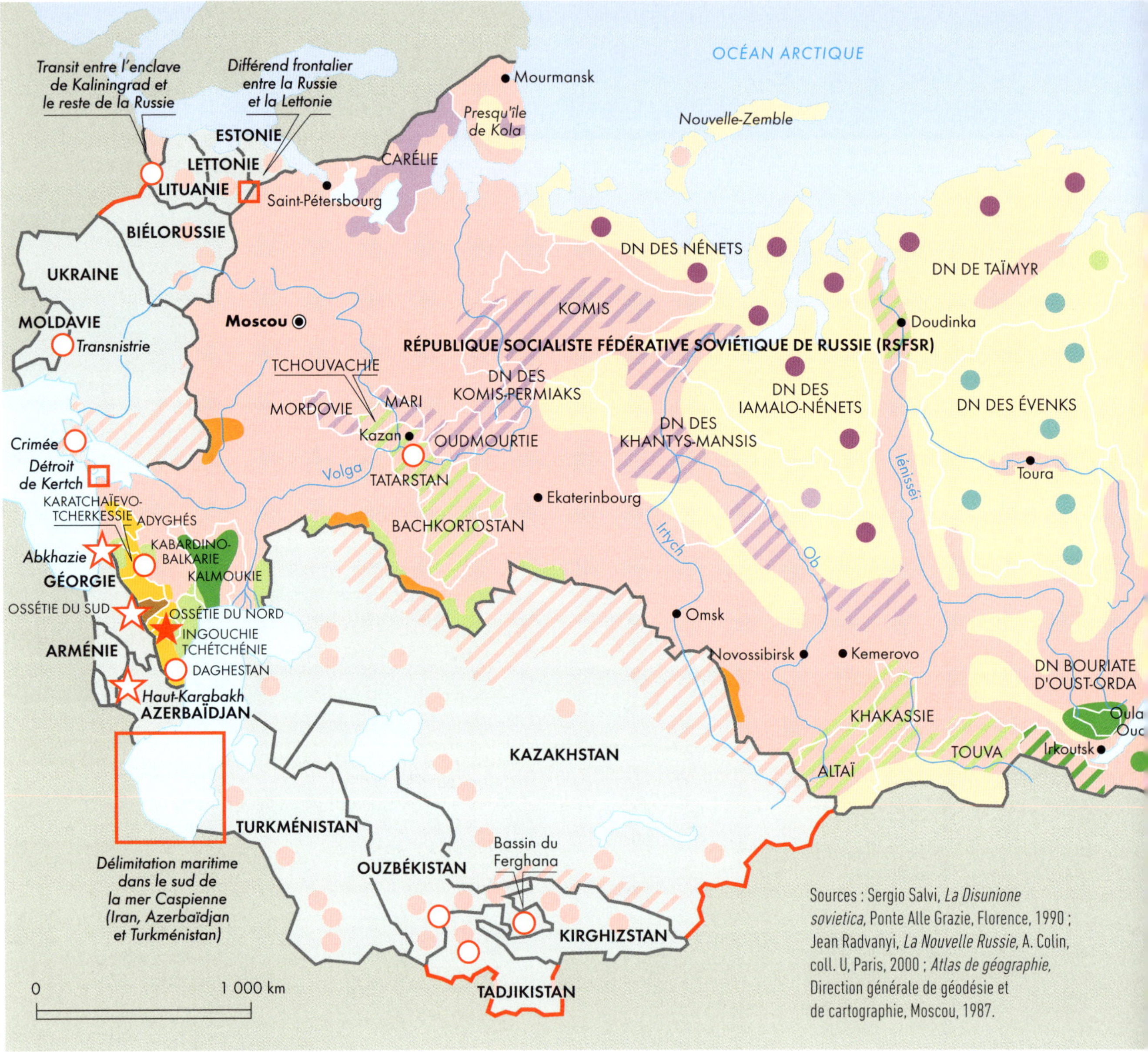

L'URSS À LA VEILLE DE L'IMPLOSION

Principaux groupes ethniques en Russie

Slaves
- Russes
- Ukrainiens

Iranophones
- Ossètes

Caucasiens
- Abkhazes, Kabardes, Adyghés, Tcherkesses, Ingouches, Tabasarans, Darguines, Laks, Lesghiens, Avars...

Paléo-Sibériens
- Tchouktches, Koriaks, Kamtchadales, Inuits

Ouraliens
- **Finno-ougriens :** Mordoves, Oudmourtes, Maris, Caréliens, Finnois, Komis, Komis-Permiaks
- **Samoyèdes :** Nénets, Selkups

Altaïques
- **Turcs :** Tatars, Tchouvaches, Bachkirs, Iakoutes, Touvas
- **Mongols :** Bouriates, Kalmouks
- **Toungouses :** Evenks, Evènes

- Fortes minorités russes à l'extérieur de la Russie
- Espaces très faiblement peuplés

- **DN** Districts nationaux
- **RA** Régions autonomes
- Différends frontaliers
- Tensions diffuses
- Conflits armés
- Conflits armés gelés
- Frontières gardées conjointement par des forces russes et nationales

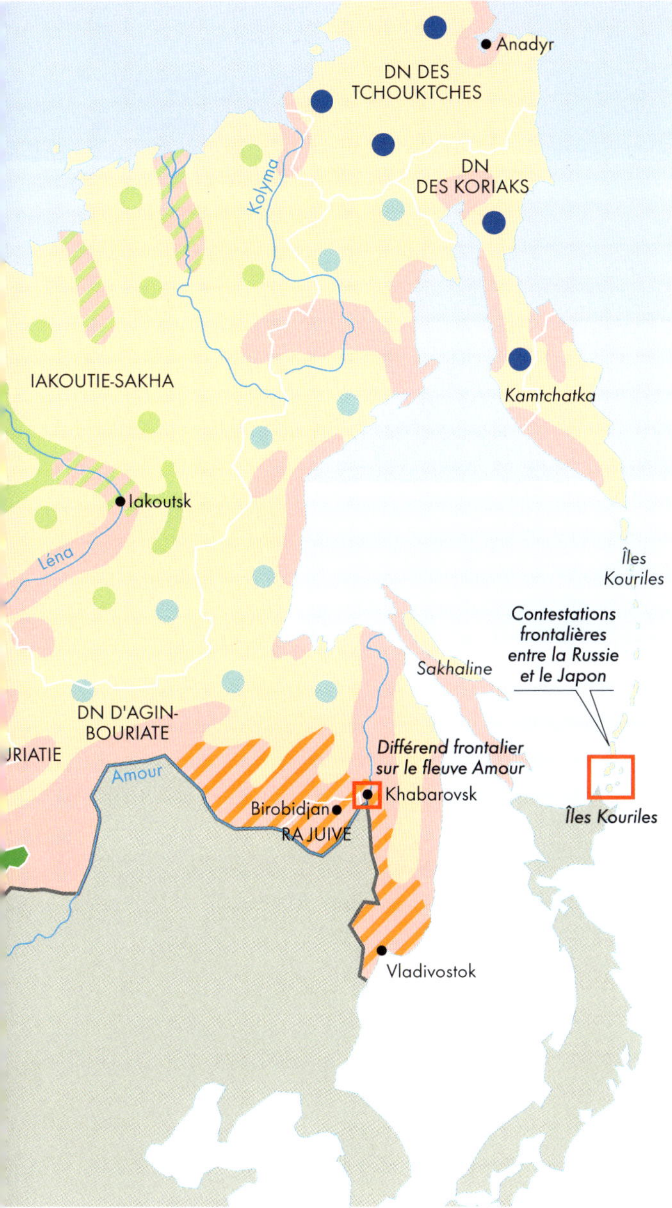

Les 15 républiques fédérées

Les chiffres de population et de composition ethnique sont ceux de 1989.

Russie (république socialiste fédérative soviétique de Russie – RSFSR)
Création (en tant que république soviétique) : 19 juillet 1918
Superficie : 17 075 400 km²
Population : 145 155 millions
Composition ethnique (%) :
Russes 81,5 ; Tatars 3,8 ; Ukrainiens 3
Date d'indépendance :
25 décembre 1991

Pays baltes

Estonie
Création (en tant que république soviétique) : 6 août1940
Superficie : 45 339 km²
Population : 1,5 million
Composition ethnique (%) :
Estoniens 61,5 ; Russes 30,3 ; Biélorusses 3,1 ; Ukrainiens 3,1 ; Lettons 1,8
Date d'indépendance : 24 février 1918 puis 20 août 1991

Lettonie
Création : 21 juillet 1940
Superficie : 64 589 km²
Population : 2,6 millions
Composition ethnique (%) :
Lettons 52 ; Russes 34 ; Biélorusses 4,5 ; Ukrainiens 3,5 ; Lituaniens 1,3
Date d'indépendance :
18 novembre 1918 puis 4 mai 1990

Lituanie
Création : 21 juillet 1940
Superficie : 65 300 km²
Population : 3,6 millions
Composition ethnique (%) :
Lituaniens 79,6 ; Russes 9,4 ; Biélorusses 1,7 ; Ukrainiens 1,2
Date d'indépendance :
16 février 1918 puis 11 mars 1990

Régions occidentales

Biélorussie
Création : 25 mars 1918
Superficie : 207 600 km²
Population : 10,1 millions
Composition ethnique (%) :
Biélorusses 77,9 ; Russes 13,2 ; Ukrainiens 2,9 ; Juifs 1,1
Date d'indépendance : 25 août 1991

Moldavie
Création : 2 août 1940
Superficie : 33 846 km²
Population : 4,337 millions
Composition ethnique (%) :
Moldaves 64,5 ; Ukrainiens 13,8 ; Russes 13 ; Juifs 1,5
Date d'indépendance : 27 août 1991

Ukraine
Création : 17 mars 1918
Superficie : 603 549 km²
Population : 51,7 millions
Composition ethnique (%) :
Ukrainiens 72,7 ; Russes 22,1
Date d'indépendance :
20 novembre 1917 et 24 août 1991

Caucase

Arménie
Création : 29 novembre 1920
Superficie : 29 743 km²
Population : 3,3 millions
Composition ethnique (%) :
Arméniens 93,3 ; Azéris 2,6 ; Russes 1,6
Date d'indépendance :
28 mai 1918 puis 23 septembre 1991

Azerbaïdjan
Création : 27 avril 1920
Superficie : 86 600 km²
Population : 7 millions
Composition ethnique (%) :
Azéris 82,7 ; Russes 5,6 ; Arméniens 5,6
Date d'indépendance :
28 mai 1918 puis 30 août 1991

Géorgie
Création : 25 février 1921
Superficie : 69 700 km²
Population : 5,4 millions
Composition ethnique (%) :
Géorgiens 70,1 ; Arméniens 8,1 ; Russes 6,3 ; Azéris 5,7
Date d'indépendance :
26 mai 1918 puis 9 avril 1991

Asie centrale

Kazakhstan
Création : 19 juin 1925 (république socialiste soviétique autonome) ; 5 décembre 1936 (république socialiste soviétique)
Superficie : 2 724 900 km²
Population : 16,5 millions
Composition ethnique (%) :
Kazakhs 39,7 ; Russes 37,8 ; Ukrainiens 5,4 ; Ouzbèks 2 ; Biélorusses 1,1
Date d'indépendance :
16 décembre 1991

Kirghizstan
Création : 25 mai 1925 (région autonome) ; 5 décembre 1936 (république socialiste soviétique)
Superficie : 199 951 km²
Population : 4,2 millions
Composition ethnique (%) :
Kirghiz 52,4 ; Russes 21,5 ; Ouzbèks 12,9 ; Ukrainiens 2,5
Date d'indépendance : 31 août 1991

Ouzbékistan
Création : 27 octobre 1924
Superficie : 448 978 km²
Population : 20,1 millions
Composition ethnique (%) :
Ouzbèks 71,4 ; Russes 8,3 ; Tadjiks 4,7 ; Kazakhs 4,1 ; Tatars 3,3
Date d'indépendance :
1er septembre 1991

Tadjikistan
Création : 27 octobre 1924 (région autonome) ; 5 décembre 1929 (république socialiste soviétique)
Superficie : 143 100 km²
Population : 5,1 millions
Composition ethnique (%) :
Tadjiks 62,3 ; Ouzbèks 23,5 ; Russes 7,6 ; Tatars 1,6 ; Kirghiz 1,3
Date d'indépendance :
9 septembre 1991

Turkménistan
Création : 13 mai 1925
Superficie : 491 210 km²
Population : 3,5 millions
Composition ethnique (%) :
Turkmènes 72 ; Russes 9,5 ; Ouzbèks 9 ; Kazakhs 2,5 ; Tatars 1,1 ; Ukrainiens 1
Date d'indépendance :
27 octobre 1991

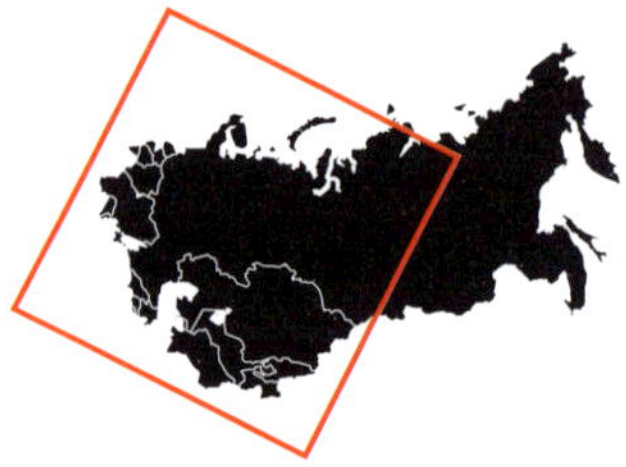

LES CONFLITS EN URSS AVANT 1991

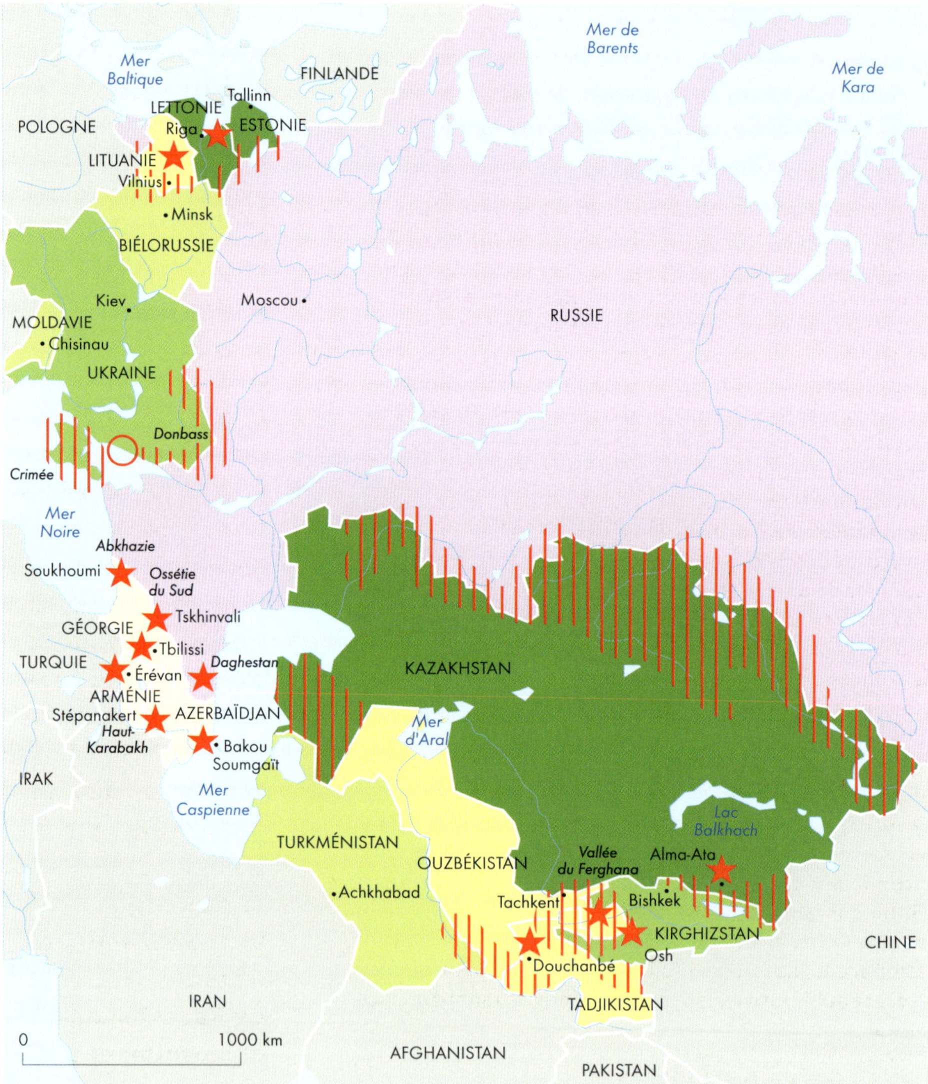

Conflits

Zones de tensions

Zones frontalières contestées

Population russe dans l'ex-URSS (au recensement de 1989)

En % de la population de chaque république

- moins de 6 %
- de 6 à 10 %
- de 10 à 15 %
- de 20 à 25 %
- de 30 à 40 %
- plus de 80 %

Les premières indépendances au Caucase

L'effondrement de l'Empire tsariste en février 1917, puis la partition de l'Empire ottoman (aboli en 1923) laissent un Caucase sous tensions. La région est occupée jusqu'à la fin de l'année 1918 par des troupes étrangères (turco-allemandes puis anglaises) qui visent le contrôle du pétrole de Bakou. Des mouvements patriotiques et sociaux-démocrates puissants prennent peu à peu le dessus. Une république démocratique de Transcaucasie, associant les trois populations d'Azerbaïdjan, de Géorgie et d'Arménie, est proclamée en avril 1918. Mais les aspirations nationales l'emportent rapidement et trois républiques indépendantes sont proclamées dès le mois de mai. Elles auront à peine le temps de voter leurs premières constitutions et de connaître l'ébauche de démocraties parlementaires. Intervenant depuis le nord du Caucase, l'Armée rouge met fin au premier Azerbaïdjan indépendant en avril 1920 ; puis c'est le tour de l'Arménie en décembre de la même année et enfin

Estonie, Lettonie, Lituanie, les premiers États baltes indépendants

La façade balte a été tardivement incorporée dans l'Empire tsariste (traité de Nystad en 1721) au terme d'une longue lutte d'influence avec la Suède. Les trois peuples sont fiers de leurs différences ethniques et religieuses. Les Lituaniens, longtemps membres du grand-duché polono-lituanien, sont catholiques alors que les Lettons et les Estoniens sont luthériens. Ils ont toujours défendu leurs langues, proto-germaniques pour les deux premiers, finno-ougrienne pour les Estoniens. Ils sont incontestablement les Européens de l'Empire, avec de fortes influences scandinaves et germaniques (les ports sont dominés par la Hanse et la noblesse prussienne – les « barons baltes »). Dès la chute de l'Empire tsariste, les trois pays déclarent leur indépendance et mettent en place des systèmes parlementaires qui vont peu à peu dériver vers des régimes de plus en plus autoritaires. Mais Staline n'a pas renoncé au contrôle de cette façade maritime stratégique. Dans le cadre du pacte d'amitié germano-soviétique signé en août 1939, des protocoles secrets prévoient de transférer les trois États à l'Union soviétique. C'est chose faite en juin 1940. Ce qui marque pour l'URSS, selon l'historien Nicolas Werth, le vrai début de la guerre, avant même l'offensive allemande de 1941*. De nombreux membres des élites des trois peuples sont déportés en Sibérie, avant même que l'Allemagne nazie n'occupe la région, en juin 1941. L'avancée de l'Armée rouge en 1944 entraîne une seconde soviétisation des trois républiques (Moscou parle de libération, les Baltes d'occupation) mais cette situation ne sera jamais pleinement acceptée. Outre la persistance d'une résistance de groupes armés (les « Hommes de la forêt ») jusqu'au milieu des années 1950, les dates anniversaires symboliques que sont les anniversaires de la première indépendance et de la signature du pacte avec Hitler sont marquées par des manifestations entraînant de nouvelles arrestations et déportations. Il faudra attendre la dissolution de l'URSS en 1991 pour que les trois républiques recouvrent leur pleine indépendance.

* Nicolas Werth, *Le Cimetière de l'espérance*, Perrin, 2019.

de la Géorgie en mars 1921. Durant toute la période soviétique, un tabou est posé sur ces républiques qualifiées de « bourgeoises » ou de « menchéviques » mais leur forte valeur symbolique resurgit lors de la *perestroïka*. On va s'y référer en 1991, lors de la création des nouveaux États indépendants, bien que leur orientation sociale-démocrate soit critiquée par les nouveaux partis libéraux.

ethniques ou religieuses, s'affichent au grand jour dans toutes les républiques. Au départ cantonnés à des questions comme la défense des langues nationales, de l'environnement, ou l'exigence de plus d'autonomie économique, leurs programmes se radicalisent et, dès 1990, plusieurs républiques réclament leur souveraineté puis leur indépendance et leur sortie de l'URSS. Vite désigné sous l'expression de « parade des peuples » ou « parade des souverainetés », ce mouvement gagne peu à peu presque toutes les républiques fédérées, y compris la Russie, où Boris Eltsine, le nouveau président russe (il est élu en mai 1990), rivalise avec Gorbatchev pour s'attirer le soutien des élites locales.

Dans plusieurs républiques, des mouvements patriotiques ou nationalistes organisent d'importantes manifestations lors de dates anniversaires à forte valeur symbolique comme celles des déclarations de leur première indépendance (en 1918 pour le Caucase et pour les républiques baltes), faisant monter la tension. Incapables de gérer des contestations publiques inhabituelles (grèves de grande ampleur ou occupation des centres-villes par des manifestations de masse), les directions locales du Parti communiste se trouvent totalement démunies. Entre décembre 1986 et janvier 1991, plusieurs d'entre elles en appellent à l'intervention armée du pouvoir central moscovite, ce qui donne lieu à d'inquiétants face-à-face qui vont marquer les esprits. Le premier affrontement a lieu à Alma-Ata, alors capitale du Kazakhstan, une république turcophone et musulmane à la tête de laquelle Mikhaïl Gorbatchev propose de nommer un président russe, ce qui déclenche les premières émeutes significatives de son règne. Cette erreur politique de Moscou est symptomatique de l'absence totale de réflexion sur la question nationale. D'autres émeutes vont bientôt suivre à Erevan, Tbilissi, Bakou, Riga et Vilnius.

Bien que les causes de ces oppositions soient multiples, un point commun les relie : le pouvoir soviétique, local ou fédéral, s'avère incapable de négocier une solution d'apaisement et ne trouve

Alma-Ata, décembre 1986

Le Kazakhstan est dirigé depuis 1964 par un premier secrétaire du PCUS kazakh, Dinmoukhamed Kounaev, accusé à Moscou de népotisme, de corruption et de favoritisme envers ses compatriotes dans une république où Russes et Kazakhs sont pratiquement à parts égales mais où les premiers disposent d'une majorité relative. La collectivisation et la sédentarisation forcées des années 1930 ont fait fuir de nombreux clans kazakhs, éleveurs semi-nomades, vers le Xinjiang chinois. Plus tard, sous Khrouchtchev, la mise en valeur des « terres vierges » (steppes du nord du Kazakhstan) et l'industrialisation entraînent l'arrivée de millions de colons russes ou ukrainiens, si bien que les Kazakhs se retrouvent minoritaires dans leur propre république. À partir des années 1970, cette situation s'inverse peu à peu. Alors que de nombreux Russes repartent en Russie, la différence des taux de natalité entre les deux communautés favorise l'augmentation rapide de la part des Kazakhs dans la population totale. Au début des années 1980, Makach Tatimov, un démographe local, mobilise l'opinion sur ce thème en prévoyant que les Kazakhs regagneraient la majorité relative au prochain recensement prévu en 1989. Aussi, l'annonce, le 16 décembre 1986, qu'un Russe est nommé en remplacement de Kounaev est vécue comme une provocation. Dans la capitale, d'immenses foules se rassemblent contre cette décision. Le pouvoir fait donner la troupe. On compte deux manifestants tués et près de 1 700 blessés graves. Le choc est considérable. Dès 1989, Gorbatchev doit reculer : il nomme un Kazakh, Noursoultan Nazarbaïev, à la tête de la république.

LA MOSAIQUE ETHNIQUE DE L'ASIE CENTRALE

Sources : Ahmed Rashid, *Asie centrale, champ de guerres. Cinq républiques face à l'islam radical*, éditions Autrement, coll.Frontières ; The world gazetteer (http://www.gazetteer.de) ; Haut Commissariat des Nations unies pour les réfugiés (UNHCR).

d'autre issue que le recours à la force, qui plus est en engageant des troupes de l'armée ou du ministère de l'intérieur mal préparées à de telles confrontations. Loin de ramener l'ordre, ces interventions sanglantes, menées sans discernement, vont au contraire radicaliser les opinions publiques. Dans un contexte de crise économique et de pénuries, elles provoquent un rejet massif des partis communistes toujours au pouvoir et du système soviétique lui-même. À l'occasion des premières élections libres organisées par Gorbatchev, en 1990, les communistes, affaiblis et désavoués, perdent la majorité dans plusieurs républiques (l'Arménie, la Géorgie ainsi que les trois républiques baltes). La Lituanie (11 mars 1990) puis la Géorgie (9 avril 1991) proclament la restauration de leur indépendance avant même la dissolution de l'URSS, en décembre.

C'est donc dans ce contexte bien particulier que s'est joué le référendum du 17 mars 1991. Certes les six républiques qui l'ont boycotté en refusant d'organiser le scrutin ne représentent qu'un nombre limité d'électeurs mais la portée symbolique est forte. Dans la pratique, bien que des bureaux de vote soient ouverts par l'armée et le KGB, toujours sous contrôle fédéral, seuls les militaires, leurs familles et quelques communautés russes participent au scrutin. Dans plusieurs cas, certains dirigeants de ces républiques remplacent même la question officielle du référendum par une question sur l'indépendance, massivement adoptée. Gorbatchev peut donc bien, comme on l'a vu, se prévaloir d'une ample adhésion à son référendum mais, de fait, sa question marque le début de la dissolution de l'Union. Le dirigeant feint cependant d'avoir obtenu un feu vert et entame en avril 1991 des négociations pour mettre au point un nouveau traité fondateur d'une *« Union des républiques soviétiques souveraines »* (« souveraines » remplaçant « socialistes ») qui doit assurer une large autonomie aux républiques. La signature du nouveau traité, prévue le 20 août 1991, n'aura pas lieu, empêchée par le putsch lancé deux jours auparavant par les forces conservatrices du PCUS.

Les bombes à retardement du système fédéral stalinien

À la chute de l'Empire tsariste, les attentes des différents peuples sont immenses, tout autant que les défis, tant la mosaïque ethnique du pays est complexe. Après la prise de pouvoir des bolcheviques en 1917, des différences d'approche ont opposé Lénine et Staline à propos de la définition de la politique nationale à suivre[3]. C'est finalement Staline qui mettra en place le fédéralisme soviétique après la mort de Lénine, en 1924, mais, dès 1922, date de la création de l'Union soviétique, les choix fondamentaux qui président au fonctionnement de cette fédération sont contradictoires. Pour contenter les principaux groupes ethniques qui composent la population du pays, on leur attribue des territoires

Tableau de la composition nationale du Kazakhstan

Ethnie	1897	1926	1939	1959	1979	1989	2021
Kazakhs	3 392 751	3 627 612	2 327 625	2 794 966	5 289 349	6 534 616	13 029 227
Russes	454 402	1 275 055	2 458 687	3 974 229	5 991 205	6 227 549	3 478 287
Total	**4 092 934**	**6 198 469**	**6 151 102**	**9 309 847**	**14 684 283**	**16 464 464**	**18 879 552**

Turcophones
- Kazakhs
- Turkmènes
- Ouzbeks
- Kirghizes
- Karakalpaks
- Ouïgours

Indo-européens
- Tadjiks (persanophones)

Slaves
- Russes et Ukrainiens
- Espaces très peu peuplés

Les Allemands ont massivement émigré depuis la chute de l'Union soviétique. Selon le recensement de 1999, ils ne seraient plus que 300 000 au Kazakhstan.

3. Staline publie en 1913 « La question nationale et la social-démocratie ». Lénine publie en 1914 « À propos de la fierté nationale des Grands Russes » et « Sur le droit des nations à l'autodétermination ».

spécifiques qui portent le plus souvent leur nom. Chacun est doté d'institutions – *soviet* (conseil), gouvernement, appareil législatif – toutes strictement soumises à la tutelle de l'échelon supérieur et, *in fine*, aux décisions du Parti communiste (énoncé dans la Constitution comme l'unique force politique dirigeante du pays). La structure de l'Union est particulièrement complexe et hiérarchisée. Cela tient aussi bien à la mosaïque ethnique elle-même qu'à une stricte volonté de contrôle (l'un des soucis majeurs de Staline). On a souvent écrit que les frontières des différents territoires (15 républiques fédérées, 20 républiques autonomes, 8 régions autonomes et 10 districts autonomes) avaient été délimitées de façon arbitraire. En réalité, dans les années 1920, de multiples commissions se sont réunies pour analyser les données ethniques et religieuses, les complémentarités économiques, les ressources en eau, etc., avant d'effectuer les arbitrages. Le découpage de la vallée du Ferghana en est un bon exemple. Il reste cependant que les choix principaux ont été politiques et qu'ils ont donné une part importante à la stratégie du « diviser pour mieux régner ». Certains groupes ethniques dont Staline craignait les velléités autonomistes ont été séparés. Au sein de plusieurs républiques, on a créé des subdivisions internes sur lesquelles le pouvoir central savait pouvoir agir afin d'affaiblir le rôle des capitales. Nous en verrons plusieurs exemples dans le Caucase, où ont été créées des républiques bi-ethniques, associant par exemple deux peuples proches mais de langue différente comme les Tcherkesses (peuple de langue caucasique) et les Karatchaïs (peuple turcophone) dans la république de Karatchaevo-Tcherkessie. Outre une carte ethnique locale très complexe (des villages aux ethnies différentes se succèdent), il s'agit ainsi de neutraliser des peuples dont on connaît la méfiance réciproque afin de mieux les contrôler.

On a pu qualifier cette singulière structure de « Fédération sans fédéralisme[4] ». Toutefois, si le fonctionnement de l'URSS ne laissait guère d'autonomie aux différents échelons qui la constituaient, il est important de souligner que leur existence même a eu des effets paradoxaux. D'un côté, et en dépit de multiples pressions en faveur d'une russification des marges non russes, les institutions républicaines ont servi de cadre au maintien de multiples langues et cultures. D'un autre côté, c'est au sein des institutions établies (soviets régionaux, universités, académies des sciences, studios de cinéma), qui ont assuré la formation d'élites nationales, que sont aussi apparus, avant de s'autonomiser, les acteurs de la contestation (les dissidents) quand celle-ci fut rendue possible par la *perestroïka*. Leur existence même était une sorte de bombe à retardement. En effet, quand, à la fin des années 1980, les États du bloc socialiste s'émancipaient, les éléments contestataires au sein des républiques fédérées ont largement pesé en faveur de leur indépendance. D'ailleurs, concession formelle au fédéralisme, l'article 17 de la Constitution soviétique de 1936 proclamait le droit de sortie de l'URSS. Ce droit ne fut jamais précisé avant Gorbatchev[5] mais son existence même était une sorte d'étrange engagement.

La carte proposée le 17 mars 1991 par *Les Nouvelles de Moscou* reposait sur une double grille de lecture. Ses auteurs ont tout d'abord noté les revendications à caractère ethnique ou territorial qu'ils avaient pu trouver, distinguant celles qui n'étaient mentionnées que dans tel ou tel média local ou national, celles défendues par un mouvement ou un parti politique, enfin celles qui faisaient l'objet d'une revendication officielle des autorités régionales ou locales. La seconde série d'informations fait état de conflits découlant des choix dictés par la politique nationale de l'URSS. Il s'agit pour l'essentiel soit des répercussions de décisions adoptées sous Staline au moment de la

4. Nikolay Petrov, « A Russian Federation without Federalism », *The Moscow Times*, 4 août 2009.

5. La loi sur les conditions d'exercice de ce droit, jusque-là tout théorique, ne sera votée que le 3 avril 1990.

6. Boris Eltsine sera élu au suffrage universel le 12 juin 1991, ce qui lui assure une légitimité incontestable alors que Mikhaïl Gorbatchev avait choisi de se faire élire par le Parlement de l'URSS.

Les « peuples punis »

Cette expression d'Alexandre Nekritch* s'applique en fait à plusieurs situations. Il s'agit d'une part des Polonais, des Allemands de la Volga et des Coréens d'Extrême-Orient, qui sont déportés préventivement à la veille du conflit mondial ; d'autre part de peuples entiers déportés en Asie centrale dans des conditions inhumaines à la fin de la Seconde Guerre mondiale sur décision de Staline et Beria pour fait de prétendue collaboration avec les nazis : les Tatars de Crimée et quatre peuples du Caucase (Balkars, Karatchaïs, Ingouches et Tchétchènes). Si effectivement certains ressortissants de ces peuples ont accueilli à bras ouverts les armées hitlériennes – mais il en fut de même de nombreux Ukrainiens ou de Russes des territoires occupés –, on sait que ces accusations étaient totalement infondées. Par ailleurs les Turcs Meskhètes, une population mi-géorgienne, mi-turcophone des confins entre la Géorgie et la Turquie, sont déportés au Ferghana en 1944. À l'exception des Tatars de Crimée, des Turcs Meskhètes et des Allemands de la Volga, ces peuples seront réhabilités par Khrouchtchev après le XXe congrès du PCUS mais leur retour s'accompagnera de nouvelles tensions.

* Alexandre Nekritch, *Les Peuples punis*, Maspéro,1982.

Vilnius et Riga (janvier 1991)

Le 11 mars 1990, le Parlement lituanien, sous la présidence de Vytautas Landsbergis, vote le rétablissement de l'indépendance de son pays et de la Constitution de 1938. C'est la première république à déclarer son indépendance. Le 22 mars, Gorbatchev édicte un *oukaz* appelant au rétablissement de l'ordre soviétique. L'armée se saisit de quelques bâtiments et un blocus énergétique de la Lituanie est mis en place. Le 7 janvier 1991, le gouvernement lituanien libère les prix, provoquant une hausse des prix des biens de consommation et la colère d'une partie de la population. Moscou tente de profiter de cette situation en envoyant des troupes qui bloquent plusieurs bâtiments officiels dans plusieurs villes. Le 13, alors que le Front populaire lituanien (Sajudis) appelle à rejeter les envahisseurs, l'armée prend d'assaut la télévision, faisant 15 morts. Cette action fait définitivement basculer la population du pays contre le régime soviétique. Des évènements semblables se produisent à Riga (Lettonie) où, le 20 janvier 1991, l'armée disperse brutalement la foule massée derrière des barricades, faisant 7 morts.

délimitation des différentes républiques dans les années 1920-1930 (puis de leurs modifications éventuelles), soit des déplacements de populations entre républiques opérés avant et après la Seconde Guerre mondiale. Ces déplacements, sorte d'ingénierie ethnique déjà en usage à l'époque tsariste, se sont multipliés au fil des décennies sous des prétextes très variés, allant du souci d'efficacité économique (installation de colons sur les « terres vierges » du Kazakhstan) aux sanctions pour collaboration avec l'ennemi (à l'exemple des « peuples punis » en 1944), en passant par les déportations dans le cadre du Goulag, la déportation préventive des Allemands de la Volga en Sibérie avant 1941, la déportation massive des élites baltes après 1945. Au final, ces deux séries de facteurs relevés dans la carte des *Nouvelles de Moscou* se sont souvent combinées dans les régions à forte complexité ethnique, entraînant des revendications croisées : demandes de modification de frontières, appels à changer le statut de tel territoire ou, plus largement, conflits entre les populations autochtones et les populations migrantes transplantées à diverses époques.

En 1991, l'URSS craque de toutes parts et le pouvoir soviétique, très affaibli et incertain sur la politique à mener, n'arrive pas à rétablir un semblant d'ordre. À partir du 29 mai 1990, il s'est instauré un curieux duopole au pouvoir. Boris Eltsine est élu président du Soviet suprême de Russie et s'oppose de plus en plus frontalement à Mikhaïl Gorbatchev, président de l'URSS[6]. Après le référendum du 17 mars 1991, chacun essaie de gagner le soutien des responsables des régions et des républiques de Russie et de l'URSS. Gorbatchev promet que certaines républiques de Russie pourront entrer dans son Union des républiques souveraines. De son côté, Eltsine fait voter par le Parlement russe le 26 avril 1991 une *« loi sur la réhabilitation des "peuples punis" » (represirovannyx narodov),* qui promet le rétablissement des frontières antérieures aux décisions staliniennes, loi qui menace bientôt la stabilité dans plusieurs régions.

Caucase, un baril de poudre

Arméniens et Azéris, une longue rivalité

Depuis des siècles, les régions aux confins des Empires ottoman et perse (et, à partir du XIXe siècle, tsariste), qui constituent aujourd'hui l'Azerbaïdjan et l'Arménie, font l'objet de rivalités entre les deux communautés souvent entremêlées qui les peuplent. On y trouve des traces indubitables d'une présence arménienne ancienne (des églises chrétiennes[7]) à une époque où aucune population turcique n'était présente[8]. Depuis 1991, afin de démontrer l'antériorité de leur présence sur ces terres, le pouvoir de Bakou développe un argumentaire singulier en affirmant que les Azerbaïdjanais sont les descendants directs des Albanais du Caucase, un peuple caucasique (non turcique) qui dominait la région avant le VIIe siècle. L'antériorité du peuplement est un argument souvent disputé au Caucase. Après 1991, on a vu les autorités azéries détruire systématiquement toute trace de présence arménienne au Nakhitchevan en jetant les pierres tombales *(khachkars)* dans le fleuve Araxe.

Au début du XIXe siècle, lors des guerres russo-persanes, une partie de l'Arménie actuelle, le Karabakh et les régions de Chirvan et de Bakou, passe sous la tutelle russe, ce qui sera confirmé par le traité de Golestan en 1813. Aussi, avant et pendant le premier conflit mondial, les régions incluses dans l'Empire tsariste ne sont pas directement touchées par le génocide arménien perpétré par l'Empire ottoman et accueillent même une partie des réfugiés. Au cours des années 1918 et 1919, des batailles opposent Arméniens et Azéris, non sans l'intervention des armées alliées turques et allemandes, puis anglaises, pour le contrôle du Zanguezour,

7. Rappelons que les Arméniens adoptent le christianisme en 314. L'Église apostolique arménienne, différente de l'Église orthodoxe, est autocéphale depuis le Ve siècle.

8. On date l'arrivée des premières populations turciques à l'ouest de la mer Caspienne entre les VIIIe et IXe siècles.

La multitude caucasienne

Géorgie

Géorgie
- République démocratique de Géorgie 26/5/1918-25/2/1921
- République de l'Union fédérative des républiques de Transcaucasie 12/3/1922
- République au sein de la Fédération soviétique de Transcaucasie 22/12/1922
- République fédérative géorgienne 5/12/1936
- Proclamation de l'indépendance de la Géorgie 9/4/1991

Abkhazie
- République soviétique d'Abkhazie 4/3/1921
- République « à statut » au sein de la Géorgie 16/12/1921
- République autonome au sein de la Géorgie 19/2/1931
- Proclamation d'un État abkhaze souverain 26/11/1994
- Reconnaissance de l'indépendance par la Russie 26/8/2008

Ossétie du Sud
- Région autonome d'Ossétie du Sud 20/4/1922
- Proclamation d'une république soviétique souveraine d'Ossétie du Sud 20/9/1990
- Dissolution de la région autonome par Tbilissi 11/12/1990
- Reconnaissance de l'indépendance par la Russie 26/8/2008

Adjarie
- République socialiste soviétique autonome d'Adjarie 16/7/1921

Azerbaïdjan

Azerbaïdjan
- République d'Azerbaïdjan 28/5/1918-27/4/1920
- République de l'Union fédérative des républiques de Transcaucasie 12/3/1922
- République au sein de la Fédération soviétique de Transcaucasie 22/12/1922
- République fédérative azerbaïdjanaise 5/12/1936
- Proclamation de l'indépendance 30/8/1991

Haut-Karabakh
- Karabakh rattaché à l'Azerbaïdjan 5/7/1921
- Région autonome du Haut-Karabakh 7/1923

Nakhitchevan
- Région autonome du Nakhitchevan 9/2/1924

Arménie

- République d'Arménie 28/5/1918-2/4/1921
- République de l'Union fédérative des républiques de Transcaucasie 12/3/1922
- République au sein de la Fédération soviétique de Transcaucasie 22/12/1922
- République fédérative arménienne 5/12/1936
- Proclamation de l'indépendance 23/9/1991

Russie

République de Karatchaïevo-Tcherkessie
- Okroug du Karatchaï au sein de la République montagnarde 20/1/1921
- Région autonome du Karatchaï 12/1/1922
- Région autonome du Karatchaï et okroug national tcherkesse 26/4/1926
- Région autonome 30/4/1928*
- Région autonome du Karatchaï dissoute 12/10/1943
- Région autonome du Karatchaï-Tcherkesse* 9/1/1957
- République de Karatchaïevo-Tcherkessie 3/7/1991

* *Rattachée au kraï de Stavropol.*

République des Adyghés
- Région autonome tcherkesse (adyghée)* 27/7/1922
- Région autonome adyghée (tcherkesse)* 24/8/1922
- Région autonome des Adyghés* 13/8/1928
- République des Adyghés 3/7/1991

* *Rattachée au kraï de Krasnodar.*

République de Kabardino-Balkarie

- Okroug de Naltchik (kabarde) au sein de la République montagnarde 1/9/1921
- Région autonome de Kabardino-Balkarie 16/1/1922
- République autonome de Kabardino-Balkarie 5/12/1936
- République autonome kabarde (autonomie balkare dissoute) 8/4/1944
- République autonome de Kabardino-Balkarie 9/1/1957
- République de Kabardino-Balkarie 3/7/1991

République d'Ossétie du Nord (Alanie)

- Okroug de Vladikavkaz (ossète) au sein de la République montagnarde 20/1/1921
- Région autonome d'Ossétie du Nord 7/7/1924
- République autonome d'Ossétie du Nord, 5/12/1936
- République d'Ossétie du Nord-Alania 3/7/1991

République d'Ingouchie et république de Tchétchénie

- Okroug de Grozny (tchétchène) et okroug de Nazran (ingouche) au sein de la République montagnarde 20/01/1921
- Région autonome ingouche et région autonome tchétchène 7/11/1924
- Région autonome tchétchéno-ingouche 15/1/1934
- République autonome tchétchéno-ingouche 5/12/1936
- République autonome dissoute 7/3/1944
- République autonome tchétchéno-ingouche 9/1/1957
- République tchétchéno-ingouche 15/1/1991
- République d'Ingouchie, 1/10/1991
- République de Tchétchénie 1/11/1991

République du Daghestan

- République soviétique du Daghestan 20/1/1921
- République autonome 1922
- République du Daghestan 17/12/1991

Les autorités d'Azerbaïdjan ont dissous la région du Haut-Karabakh.

La Géorgie ne reconnaît pas l'indépendance de l'Abkhazie ni de l'Ossétie du Sud.

Erevan (décembre 1988-août 1990)

Dès le début de la *perestroïka*, des tensions apparaissent entre les Arméniens et les Azéris sur fond de revendications territoriales. Au sein de la région autonome du Haut-Karabakh, à majorité arménienne mais rattachée à l'Azerbaïdjan, les Arméniens revendiquent leur transfert à l'Arménie. De premiers troubles surgissent en février 1988. À Erevan, un comité Karabakh organise de grandes manifestations de soutien au rattachement. L'armée quadrille la ville et fait deux morts dans une fusillade à l'aéroport en juillet. Alors que la contestation s'intensifie, un tremblement de terre anéantit plusieurs villes du nord de l'Arménie, le 7 décembre 1988. Gorbatchev autorise l'arrivée d'une importante aide internationale mais, le 10 décembre, il fait arrêter et transférer à Moscou toute la direction du comité Karabakh, ce qui suscite la colère des Arméniens. Il doit les relâcher fin mai 1989 mais le mal est fait. Le leader du comité, Levon Ter-Petrossian est élu président du Mouvement national arménien puis député au soviet suprême de la république. En mai 1990, à la veille de la célébration de la première indépendance, des affrontements avec l'armée soviétique font 24 morts et provoquent un désaveu massif du pouvoir. Aux élections d'août 1990, le Mouvement national remporte la majorité au Parlement. Ter-Petrossian en devient le président et fait voter le 23 août une déclaration d'entrée dans le processus d'indépendance de l'Arménie.

LE HAUT-KARABAKH ENTRE ARMÉNIE ET AZERBAÏDJAN

Tableau de la composition ethnique du Karabakh					
Années	Population totale	dont Arméniens	%	dont Azéris	%
1897	128 600	106 400	82,70	20 400	15,90
1926	125 300	111 694	89,14	12 592	10,00
1939	150 837	132 800	88,04	14 053	9,30
1959	130 406	110 053	84,40	17 995	13,80
1979	162 181	123 076	75,90	37 264	23,00
1989	189 085	145 450	76,92	40 688	21,50

du Karabakh et de Bakou. Comme en écho au génocide arménien dans l'Empire ottoman, Bakou[9] est le lieu de massacres antiarméniens en 1905, de massacres antimusulmans en mars 1918 (la presse impériale parlait des « *Tatars du Caucase* ») puis, en septembre de la même année, de nouveaux pogroms antiarméniens lors du retrait des Anglais. Lors de la soviétisation de la Transcaucasie, les bolcheviques créent un Bureau caucasien (*Kavbiuro*) chargé de préciser les frontières. Le 3 juillet 1920, il est décidé d'attribuer le Nakhitchevan (peuplé à 80 % d'Azéris) à l'Azerbaïdjan, et le Karabakh (peuplé alors à plus de 90 % d'Arméniens) à l'Arménie, un équilibre qui aurait distribué à égalité ces deux territoires enclavés. Mais, le 5 juillet, cette décision est annulée, et les deux régions, sans doute sous la pression d'un Staline soucieux de ses rapports avec le nouvel État turc en constitution, sont rattachées à l'Azerbaïdjan.

Pendant le régime soviétique, les Arméniens de la région autonome du Karabakh se plaignent que Bakou organise l'accroissement de la présence azérie ; ils critiquent le manque d'écoles arméniennes ou le fait qu'on ne peut y capter la télévision d'Erevan. Les Azéris rétorquent que l'évolution de la population tient à la différence des taux de natalité. La *perestroïka* ravive ces débats, repris par des mouvements nationalistes concurrents. Le 20 février 1988, le soviet régional du Haut-Karabakh, soutenu par d'immenses meetings à Erevan et Stepanakert (la capitale régionale), vote une demande de rattachement à l'Arménie. Du 27 au 29 février, le violent pogrom antiarménien de Soumgaït marque le début des violences entre les deux communautés. Gorbatchev rejette la demande de rattachement. En mai 1988, il destitue les dirigeants des deux républiques et tente d'arbitrer le conflit, sans succès. Entre les minorités arméniennes d'Azerbaïdjan (environ 400 000) et azéries d'Arménie (environ 150 000) commence une véritable purification ethnique à l'échelle des deux républiques.

Bakou (février 1988-décembre 1990)

Dans la capitale de l'Azerbaïdjan, début 1988, les revendications pour un rattachement de la région autonome du Haut-Karabakh à l'Arménie suscitent de vives protestations. Le 27 février, à Soumgaït, une ville nouvelle au nord de Bakou, un pogrom antiarménien provoque la mort d'au moins 26 Arméniens (d'autres sources parlent de près de 200) sans que les autorités locales ne réagissent. En août 1988, des intellectuels créent le Front populaire de l'Azerbaïdjan, qui entend faire pression sur Moscou pour que le *statu quo* territorial soit maintenu et qu'on trouve une solution politique au conflit. Mais les tensions s'exacerbent. En mars 1989, des nationalistes radicaux dirigés par Aboulfaz Eltchibey prennent le contrôle du Front populaire, qui se radicalise. Le 13 janvier 1990 se crée un Conseil de défense, qui tente de prendre d'assaut les bâtiments officiels. Des extrémistes entament un nouveau pogrom antiarménien dans toute la ville. Informé de la situation, Moscou n'intervient que le 19 janvier avec un double objectif : protéger la population arménienne et éradiquer le Front populaire de la capitale. Le 20 janvier, l'armée prend le contrôle de Bakou en faisant plus de 150 victimes. Pratiquement tous les Arméniens de Bakou (près de 200 000) quittent la république. Selon Thomas de Waal*, ce 20 janvier, Moscou a définitivement perdu le contrôle de l'Azerbaïdjan. Le 19 novembre 1990, la république socialiste d'Azerbaïdjan devient république d'Azerbaïdjan (indépendante en août 1991). Eltchibey en devient le président en juin 1992. En février 1990, les troubles de Bakou provoquent une crise à Douchanbé (Tadjikistan) : la rumeur que des appartements sont alloués à des réfugiés arméniens entraîne des affrontements qui font 26 morts.

* Thomas de Waal, *Black Garden: Armenia and Azerbaijan Through Peace and War*, New York University Press, 2013.

9. La ville est alors vraiment multi-ethnique. En 1913, sur 217 000 habitants, on y trouve 35 % de Russes, 21 % de Turcs azerbaïdjanais et 19 % d'Arméniens.

En juillet 1988, Gorbatchev nomme un Russe, Arkady Volsky, à la tête d'un comité spécial de gestion de la région autonome du Haut-Karabakh. Il y restera deux ans mais les pogroms se multiplient et Moscou fait intervenir l'armée à plusieurs reprises sans parvenir à calmer réellement la situation. Début 1990, l'administration russe du Karabakh est levée. Le 27 août 1990, le Parlement d'Azerbaïdjan dissout la région autonome. Le 30 août 1991, l'Azerbaïdjan déclare son indépendance. Le 2 septembre, une république du Karabakh indépendante est proclamée à Stepanakert. Fin décembre, la force d'interposition russe (les OMON, sortes de CRS) est retirée de la région. Tout est prêt pour qu'un conflit de basse intensité se transforme en une véritable guerre.

La Géorgie et ses minorités nationales

Porte stratégique du Caucase sur la mer Noire, la Géorgie est, depuis la Grèce antique, convoitée pour sa richesse proverbiale tant agricole (le plus ancien foyer de viticulture) qu'industrielle (métaux rares, manganèse). Le pays a subi de multiples envahisseurs (mongols, perses, turcs puis russes), qui se sont disputé ses plaines fertiles et ses vieilles cités. Il connaît un âge d'or entre le XIIe et le XVe siècle, puis se fragmente en petits royaumes divisés. Les tsars vont profiter de cette situation : outrepassant les clauses du traité de Gueorguievsk (1783) établissant un simple protectorat, ils s'emparent en 1802 du royaume de Kartlie puis, au cours des guerres russo-turques, de toute la Géorgie. Cette blessure originelle demeurera vive, d'autant que, s'ils ne touchent pas à l'alphabet géorgien, une langue caucasique, les tsars suppriment l'autocéphalie du clergé et font badigeonner toutes les fresques qui ornaient les murs des églises. À chaque période d'indépendance, une des premières décisions sera de rétablir l'autocéphalie du patriarcat orthodoxe géorgien.

L'établissement d'une première république indépendante en 1918 est donc l'aboutissement de décennies de lutte du nationalisme géorgien pour se libérer de la tutelle russe. Mais le pays est loin d'être ethniquement homogène. Plusieurs régions sont peuplées de diverses minorités qui observent avec inquiétude les décisions prises à Tiflis[10]. Appuyée en sous-main, qui par les Russes blancs, qui par les bolcheviques ou par les voisins caucasiens, chacune de ces minorités se mobilise. Les Abkhazes et les Ossètes du Sud souhaitent leur propre indépendance ou un rapprochement avec la Russie ; les Arméniens de Djavakhétie et du Lori (sud de la Géorgie) veulent intégrer la république arménienne quand les Azéris de l'Est lorgnent vers le nouvel Azerbaïdjan. La réaction du jeune pouvoir géorgien est violente. Une courte guerre est déclenchée en décembre 1918 avec l'Arménie pour le contrôle du Lori, qui reviendra à cette dernière. Dans un contexte de troubles perma-

Tbilissi (avril 1989)

La multiplication des revendications autonomistes dans de nombreuses républiques a des conséquences dramatiques en Géorgie. En mars 1989, des milliers d'Abkhazes se réunissent pour réclamer la sortie de leur république autonome de la Géorgie et exiger qu'elle obtienne le statut de république fédérée, ce qui provoque la fureur des Géorgiens. À Tbilissi, Zviad Gamsakhourdia, un ancien dissident fondateur d'un parti nationaliste*, organise début avril une grande manifestation pour protester contre ces revendications. Gamsakhourdia et ses amis bloquent nuit et jour l'avenue principale devant le Parlement géorgien en proclamant des slogans explicites : *« À bas le régime communiste ! »* ou *« À bas l'impérialisme russe ! »* Incapables de maîtriser cette contestation, les dirigeants communistes géorgiens réclament du gouvernement central l'envoi de forces armées supplémentaires. Plusieurs groupes de militaires et d'OMON (l'équivalent de nos CRS) sont dépêchés à Tbilissi avec l'aval de Mikhaïl Gorbatchev. Dans la nuit du 8 au 9 avril, ils dispersent brutalement la foule en causant la mort de 20 manifestants. Ce drame bouleverse le pays. Quelques jours plus tard, le gouvernement géorgien démissionne. Le 28 octobre, la Table ronde, le mouvement dirigé par Gamsakhourdia, emporte les élections. Gamsakhourdia devient président du Parlement en novembre 1990. L'indépendance de la Géorgie est rétablie par référendum le 31 mars 1991.

* *Il s'agit de la Société Saint-Ilya le Juste, en référence à Ilya Tchavtchavadzé (1837-1907), grande figure du mouvement nationaliste géorgien.*

10. Nom officiel de Tbilissi jusqu'en 1936.

nents, le pouvoir géorgien mène entre 1918 et 1920 des expéditions militaires en Abkhazie jusqu'à Sotchi puis vers Tskhinvali, où la minorité ossète conteste le gouvernement menchévik.

Après 1921, lors de la soviétisation, les bolcheviques (qui ont soutenu les séparatistes abkhazes et ossètes) fragmentent volontairement le territoire. Staline, bien au fait des sentiments indépendantistes de son pays natal, multiplie les entités autonomes. L'Adjarie (région ottomane jusqu'en 1878), peuplée de Géorgiens musulmans, devient, comme l'Abkhazie, une république autonome. Moins nombreux et proches de la république autonome d'Ossétie du Nord – en Russie–, les Ossètes du Sud se voient dotés d'une région autonome. Les Arméniens de Djavakhétie et les Azéris de Kakhétie, quoique majoritaires dans quelques districts au sud et à l'est, n'obtiennent pas de territoires spécifiques.

La question des rapports entre les Géorgiens et leurs minorités va revenir souvent dans l'actualité. À plusieurs reprises, des pétitions circulent, réclamant plus de droits culturels ou politiques. Certaines sont entendues (une université est créée à Soukhoumi en 1979) mais la relation reste d'autant plus fragile que le mouvement national géorgien tend à nier la légitimité même de la présence des Abkhazes et des Ossètes sur leur sol (alors que les deux communautés représentent près du tiers de la population totale) au prétexte qu'ils y auraient été introduits par les tsars ou par les bolcheviques. La volonté de revenir à la Constitution

LA GÉORGIE EN 1991

votée par la Première République en 1921 va mettre le feu aux poudres car elle revient à nier l'existence même des régions autonomes. Les Géorgiens entendent favoriser un État-nation unitaire où les minorités auraient, *de facto*, des droits limités. En novembre 1989, la « Légion des faucons géorgiens », une milice armée créée par un ancien dissident, Zviad Gamsakhourdia, lance un raid d'intimidation sur Tskhinvali, la capitale d'Ossétie du Sud. Plus de 20 000 Géorgiens bloquent la ville, on déplore plusieurs victimes, ce qui va définitivement radicaliser les positions. Toutes les conditions d'une véritable guerre sont réunies.

Le Ferghana, un héritage stalinien au cœur de l'Asie centrale

Le bassin du Ferghana se présente comme une vaste plaine d'environ 300 km de long sur 170 de large, entourée sur trois côtés de hautes montagnes culminant à plus de 5 000 m. Des glaciers et des névés alimentent en permanence en eau le cours supérieur du Syr-Daria et de ses affluents, qui, depuis l'Antiquité, irriguent de riches oasis. Terres du *khanat* (principauté) de Kokand, la région fut soumise par l'Empire tsariste entre 1868 et 1876 (date de la liquidation définitive du *khanat*). Lors de la soviétisation, au début des années 1920, les bolcheviques

LES CONFLITS DANS LE BASSIN DU FERGHANA

partagent le bassin d'une façon très singulière. Comme au Caucase, le découpage tient réellement compte de la répartition ethnique des populations mais prend soin de séparer des communautés qui, associées, auraient pu présenter un danger pour le nouveau pouvoir. Dans le même temps, les planificateurs ont le souci de donner des terres irrigables aux trois républiques (Kirghizstan, Ouzbékistan, Tadjikistan) qui se partagent le bassin. On sépare donc les Ouzbèks (turcophones et sédentaires, qui obtiennent la majorité des terres arables du centre de la cuvette), les Kirghizes (turcophones et éleveurs transhumants, à qui échoient la montagne et ses piémonts) et les Tadjiks (sédentaires iranophones, qui obtiennent une partie de la plaine au sud-ouest). Le souci de respecter la mosaïque ethnique a poussé les décideurs à créer pas moins de sept enclaves qui sont autant de petits territoires où vit telle ou telle minorité au sein de la république voisine. Dans les années 1990, ces villages enclavés provoqueront des tensions à propos des voies d'accès et du partage de l'eau, denrée stratégique dans toute la région.

Sur ces terres prospères, traditionnellement réputées pour la diversité de leurs productions agricoles et pour la culture de la soie (mûriers), les Soviétiques vont multiplier les canaux d'irrigation afin d'augmenter les surfaces consacrées au coton. La région devient ainsi une des plus densément peuplées de toute l'URSS (plus de 600 habitants au km^2) avec un réseau serré de villes et de villages. Comme le Kazakhstan voisin, elle devient, pendant et surtout après la Seconde Guerre mondiale, une terre d'exil pour une partie des « peuples punis », en particulier les Meskhètes et les Tatars de Crimée. Implantés de force parmi les populations autochtones, ils vont se spécialiser dans les cultures vivrières et obtenir des places enviées sur les marchés de la région. Ce sont justement des rivalités pour le contrôle des terres, de l'eau et des marchés qui vont provoquer deux séries de conflits majeurs, à la fin des années 1980.

Pogroms à répétition dans le bassin du Ferghana

Le 16 mai 1989, une rixe éclate entre Ouzbèks et Turcs Meskhètes à propos du prix des fraises sur un marché local. La situation dégénère rapidement, les premiers pillant et brûlant des maisons meskhètes en dépit de l'intervention de la milice. Début juin, les pogroms s'étendent à tout le bassin du Ferghana, gagnant les villes principales, où les Turcs Meskhètes doivent trouver refuge dans les bâtiments de la police et de l'administration. L'intervention de l'armée ne stoppe les bandes de pillards que le 11 juin. Au total, ces troubles provoquent la mort de 103 personnes dont 52 Meskhètes. Des centaines d'Ouzbèks sont arrêtés et jugés et deux sont condamnés à mort. Sur l'ordre du président du conseil des ministres de l'URSS, plus de 16 000 Turcs Meskhètes sont évacués par voie aérienne hors de l'Ouzbékistan. La Géorgie (d'où ils avaient été déportés en 1944) refuse de les accueillir et ils sont dispersés dans diverses régions du sud de la Russie et en Azerbaïdjan.

Ce drame a des effets inattendus sur les Tatars de Crimée et sert de détonateur au règlement définitif de leur statut. Depuis leur déportation en 1944 et après leur réhabilitation partielle au XXe congrès du PCUS, ils se battaient pour obtenir le droit de revenir en Crimée, droit qui leur avait été refusé en 1956. Bien qu'ils n'aient pas été la cible directe des pogroms du Ferghana, ils en subissent les débordements et manifestent jusque sur la place Rouge. Une commission réunie à la hâte propose enfin, en novembre 1989, de les autoriser à rentrer en Crimée, droit qu'ils obtiennent officiellement le 11 juillet 1990.

La seconde série de pogroms, d'une tout autre ampleur, oppose en 1990 les communautés kirghizes et ouzbèks qui se partagent la partie orientale du bassin du Ferghana, rattachée au Kirghizstan. Sous Gorbatchev, des mouvements nationalistes se constituent avec des revendications sensiblement identiques pour les deux communautés, qui défendent chacune leur culture et le droit à l'éducation dans leur langue et qui se plaignent de l'insuffisance de terres où s'installer. En mai 1990, dans la région d'Och (seconde ville du pays), une décision de l'administration kirghize met le feu aux poudres en allouant à des Kirghiz des terres d'un kolkhoze ouzbèk. Le 4 juin, des milliers de partisans des deux camps s'opposent et, en dépit de l'intervention de la milice locale vite débordée, de très violents pogroms commencent dans toute la région. L'armée bloque l'arrivée de manifestants venus d'autres régions ouzbèkes du Ferghana mais il faudra l'intervention des troupes du ministère de l'intérieur de l'URSS et la déclaration d'un couvre-feu pour arrêter les rixes, qui font au moins 1 200 morts. Les images des maisons incendiées, des familles apeurées cherchant refuge dans les bâtiments officiels vont faire le tour du pays. Sur fond de révolution politique à Bichkek (la capitale du Kirghizstan), d'autres émeutes semblables vont se répéter à Och en 2010 avec cette fois pour ingrédients le contrôle de la contrebande de drogue et d'essence.

LETTONIE
4 mai 1990
effective le
21 août 1991
ESTONIE
30 mars 1990
effective le
le 20 août 1991
Ocean arctique
Mer
baltique
LITUANIE
11 mars 1990
Kaliningrad
Tallinn
Riga
Mer de Barents
Vilnius
Saint-Pétersbourg
Mer de Ka
Minsk
BIÉLORUSSIE
25 août 1991
MOLDAVIE
27 août 1991
Kichinev
(Chisinau)
RUSSIE
12 décembre 1991
Kyiv
Moscou
Comrat
Tiraspol
Gagaouzie
(1990-1994)
UKRAINE
24 août 1991
Transnistrie
(1991)
Mer
Noire
Soukoumi
Abkhazie (1992)
Ossétie du Sud
Alanie (1992)
GÉORGIE
9 avril 1991
Tskhinvali
République tchétchène
d'Itchkérie (1991-2000)
Tbilissi
Grozny
Erevan
Rébublique
du Haut-Karabakh
(Artsakh,1991-)
ARMÉNIE
23 août 1990
effective le
23 septembre 1991
Stépanakert
Bakou
AZERBAÏDJAN
18 octobre 1991
Mer
Caspienne
KAZAKHSTAN
16 décembre 1991
TURKMÉNISTAN
27 octobre 1991
Achkhabad
OUZBÉKISTAN
1er septembre 1991
Frounze
(Bichkek)
Tachkent
Alma-Ata
(Almaty)
KIRGHIZSTAN
31 août 1991
Douchanbé
TADJIKISTAN
9 septembre 1991
0 km
400
800 km

APRÈS L'URSS, DES SOUVERAINETÉS LIMITÉES ?

En août 1991, les dirigeants les plus conservateurs du Parti communiste de l'Union soviétique fomentent un putsch pour empêcher Gorbatchev de mener à bien sa réforme de la Fédération soviétique. Faute de soutien populaire, le putsch échoue et c'est Boris Eltsine, partisan de réformes systémiques, qui prend le dessus. En décembre, le monde assiste, médusé, à la dissolution de l'URSS et à la naissance de 15 États indépendants. Mais, s'il affirme sa volonté d'accélérer le tournant libéral en Russie, Eltsine entend bien conserver un contrôle sur cet « étranger proche », en engageant un nouveau modèle de souveraineté limitée.

DÉCEMBRE 1991

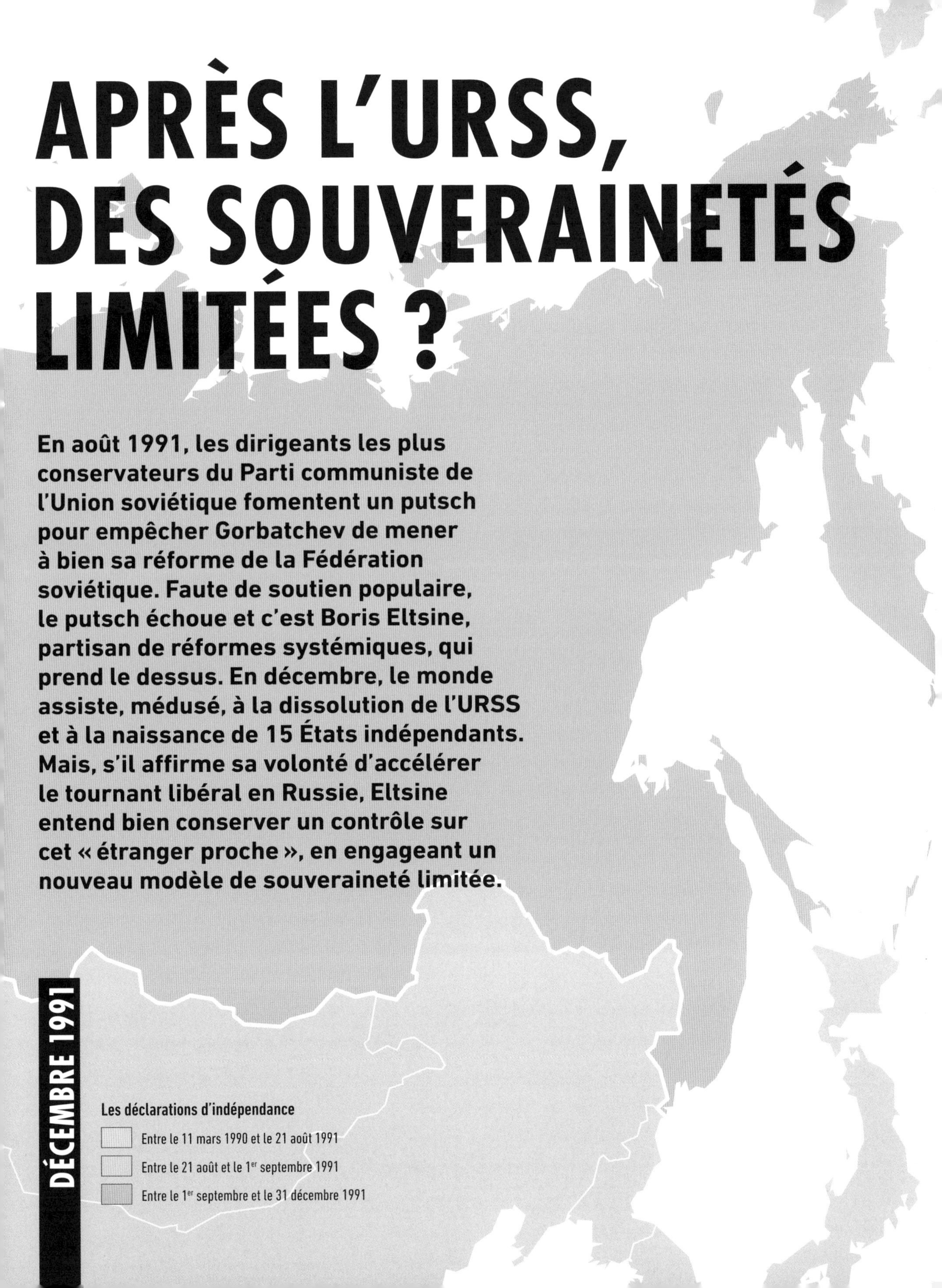

Un putsch raté marque l'échec de Gorbatchev

Le 18 août 1991, soit deux jours avant la date prévue pour la signature du projet de nouveau traité fédéral, les dirigeants conservateurs menés par les *siloviki*[1], opposés aux réformes de la *perestroïka*, déclenchent un putsch militaire. Le président de l'URSS est mis aux arrêts en Crimée mais le président russe, Boris Eltsine, et son entourage, réfugiés dans la Maison blanche (le Parlement de Russie), mobilisent les partisans des réformes et tiennent tête aux putschistes. Mal préparé, à contre-courant des souhaits réels de la population, le putsch échoue et les comploteurs sont arrêtés sur ordre du procureur russe dans la nuit du 21 août. Cette action a des effets déterminants pour l'avenir de l'Union : les trois États baltes réaffirment leur indépendance, rapidement reconnue par Eltsine et par Gorbatchev lui-même, rentré de Crimée. Ce dernier tente bien de relancer son ultime tentative de réforme du fédéralisme soviétique mais il n'a plus l'initiative. C'est désormais Eltsine qui lui dicte son propre agenda.

Dirigeant de l'Oural connu pour son franc-parler, Boris Eltsine était venu à Moscou en 1985 à la demande de Mikhaïl Gorbatchev, qui l'avait fait nommer secrétaire du comité du PCUS de la capitale, un poste qui lui donnait directement accès au cœur du pouvoir, le Politburo. Très vite, les options radicales d'Eltsine, ses dénonciations virulentes du népotisme et de l'immobilisme du groupe dirigeant, mobilisent les partisans de réformes radicales autant qu'elles inquiètent les autres membres du Politburo. Dès février 1988, il est démis de ses fonctions et se lance alors à la conquête du pouvoir en s'appuyant sur le Soviet suprême de Russie, dont il devient président en mai 1990. Son programme est de démonter au plus vite le régime soviétique tout en assurant la souveraineté russe, quitte à faire éclater l'URSS en exigeant l'indépendance de la Russie. Pour cela, il n'hésite pas à rechercher des appuis tous azimuts, comme il l'avait fait comme responsable du parti à Moscou en 1987 en recevant les meneurs du premier mouvement nationaliste russe, Pamiat (Mémoire), pourtant connu pour ses positions extrémistes et antisémites. Jamais à court de phrases à l'emporte-pièce, il lance en août 1990 devant un parterre de dirigeants des républiques de la Volga réunis à Kazan (la capitale du Tatarstan) cette formule devenue célèbre : « Prenez autant d'autonomie que vous pourrez en avaler ! » Un véritable défi au pouvoir de Gorbatchev, qu'il finira par regretter en 1992, lorsque quelques régions russes vont le prendre au mot.

15 nouveaux États indépendants

C'est finalement de Kiev que vient le coup fatal. Le 1er décembre 1991, les autorités ukrainiennes organisent un référendum sur l'indépendance de l'Ukraine dont les résultats sont sans équivoque. Surpris par l'ampleur du vote, Eltsine comprend qu'une page est définitivement tournée. Craignant une riposte des *siloviki*, il organise dans le plus grand secret près de Minsk une réunion décisive avec Stanislav Chouchkevitch, le président du soviet de Biélorussie, et Léonid Kravtchouk, le président ukrainien. Le 8 décembre, les trois leaders annoncent la dissolution de l'URSS[2] et la création de la Communauté des États indépendants (CEI). Bien que les signes avant-coureurs aient été nombreux, la nouvelle crée un choc en URSS et dans le monde entier. Alors que les trois présidents se présentent comme héritiers des signataires du traité de 1922 créant l'URSS, certains pensent qu'il s'agit d'une Union slave[3]. En réalité, les

1. On désigne par ce nom les représentants des ministères d'ordre. Le « Comité d'État à l'état d'urgence » (en russe GKTchU), organe des putschistes, était dirigé par les ministres de la défense et de l'intérieur et par le président du KGB (Comité de la sécurité d'État).

2. « Nous, la république du Belarus, la Fédération de Russie et l'Ukraine, en qualité d'États fondateurs de l'Union des républiques socialistes soviétiques et signataires de l'accord de l'Union signé en 1922, constatons que l'URSS, en tant que sujet du droit international et réalité géopolitique, cesse son existence. »

relations entre Kravtchouk et Eltsine ne sont pas simples et leurs programmes diffèrent. Pour le président russe, il s'agit d'organiser une Communauté (sorte de Commonwealth)[4], certes sur des bases différentes de celles de l'Union soviétique mais qui préserverait un rôle éminent à la Russie. De son côté, Kravtchouk, de retour à Kiev, aurait déclaré que la CEI n'était qu'une simple commission de divorce.

Réunis à Achkhabad, les dirigeants des républiques d'Asie centrale s'interrogent. Face à ce qui ressemble à une Union slave, les Ouzbèks proposent d'organiser une fédération centre-asiatique regroupant cinq pays (Kazakhstan, Kirghizstan, Ouzbékistan, Tadjikistan et Turkménistan). Le président kazakh Nazarbaïev, convaincu de la faiblesse de leur situation, propose à ses homologues d'opter pour une autre solution : le 21 décembre 1991, les présidents de 11 républiques signent une seconde fois à Alma-Ata la dissolution de l'URSS et la création de la CEI, qui s'en trouve renforcée. Les trois États baltes, devenus indépendants, s'écartent définitivement de Moscou et s'engagent dans un rapprochement avec leurs voisins européens et les structures euro-atlantiques. Seule la Géorgie manque à l'appel : ce même 21 décembre, le pays est en proie à un coup d'État et le président Gamsakhourdia est contraint de fuir.

Cette double réunion officialise donc l'existence de quinze nouveaux États indépendants et, après l'adhésion de la Géorgie, en octobre 1993, la CEI compte douze membres. Les conditions initiales de leur fonctionnement sont cependant très diverses. À l'instar des États baltes, l'Arménie, l'Azerbaïdjan et la Géorgie en appellent à la mémoire de leur première indépendance (épisode rendu tabou sous le régime soviétique), ressortent leurs drapeaux et réaniment leurs Constitutions de 1918. Les Ukrainiens tentent de faire de même en dépit du caractère éphémère de leur première République. Pour les autres républiques, il s'agit de pratiquement tout construire, en créant des symboles étatiques et nationaux, en choisissant des lieux de mémoire et des héros qui, en Asie centrale, sont souvent communs à plusieurs peuples, comme Gengis Khan ou Tamerlan !

Tous héritent de frontières qui n'étaient jusqu'alors que de simples limites régionales, dont la transformation en frontières étatiques révèle bien des surprises. Outre les revendications croisées listées sur la carte des *Nouvelles de Moscou*, on découvre de multiples cas d'inadéquation entre ces nouvelles frontières et les réseaux de transport. Pour ne prendre que deux exemples, la voie ferrée principale qui relie dans le sud Moscou à Rostov et Sotchi emprunte le territoire de l'Ukraine sur plusieurs

Les Russes hors de Russie

	Population en 1989 (millions)	Dont population russe (%)	Population en 2020 (millions)	Dont population russe (%)*
Estonie	1,5	30,3	1,3	25,1
Lettonie	2,7	34	1,9	25
Lituanie	3,7	0,4	2,7	5,8
Biélorussie	10,2	13,2	9,4	7,5
Moldavie	4,3	13	3,4	4
Ukraine	51,7	22,1	43,9	17,3**
Arménie	3,2	1,6	2,9	0,4
Azerbaïdjan	7	1,6	10	1
Géorgie	5,4	6,3	3,7	0,7
Kazakhstan	16,5	37,8	19,2	16
Kirghizstan	4,3	21,5	6,4	5,1
Ouzbékistan	19,9	8,3	30,5	2,7
Tadjikistan	5,1	7,6	9,5	9,5
Turkménistan	3,6	9,5	5	3,2

* Dernières données connues (entre 2010 et 2016).

** 2001.

3. Les *Izvestia* du 9 décembre 1991 titrent « Les trois leaders slaves décident du sort de l'Union ». Le traité de 1922 avait un quatrième signataire, la république de Transcaucasie, dissoute en 1936.

4. Le terme russe choisi, *Sodrujestvo* (Amicale) est assez ambigu mais correspond à la traduction russe de Commonwealth.

centaines de kilomètres et le Transsibérien lui-même passe en territoire kazakh ! En l'absence d'accords bilatéraux, ces situations, dont le planificateur soviétique ne s'était guère préoccupé dans la mesure où le pays était unifié, vont devenir sources de conflits. D'autant que l'on assiste à la montée spectaculaire de nationalismes concurrents, aussi bien ceux des grandes nations « titulaires » (celles qui donnaient leurs noms aux républiques fédérées) que ceux des minorités présentes en leur sein, qui affichent leurs propres revendications : celles-ci vont se cristalliser dans ce que l'on a appelé la « parade des souverainetés »[5].

La Russie elle-même se trouve dans une situation paradoxale. Elle peut s'enorgueillir d'une histoire et d'une culture multiséculaires et dispose avec Moscou de toute la panoplie administrative du pouvoir, en abritant pratiquement toutes les institutions de l'Union, qu'Eltsine va mettre à sa main (comme il va le faire avec les ambassades de l'URSS dans le monde entier). Mais, d'un autre côté, comment s'adapter à un territoire dont les frontières n'ont jamais été celles d'une étape antérieure de l'histoire du pays ? La Russie conserve certes un accès à toutes les mers qui bordaient l'URSS. C'est un atout stratégique majeur, mais son espace est désormais détaché de l'Europe (dont elle est séparée par plusieurs des nouveaux États) et décalé vers le nord puisqu'elle a perdu le contrôle du Caucase du Sud et de l'Asie centrale. Et puis, que faire des quelque 25 millions de Russes désormais « à l'étranger » (plus de 36 millions si l'on compte ceux qui ont déclaré le russe comme leur langue maternelle au recensement de 1989) ? Des millions de familles se retrouvent séparées par ces nouvelles frontières, même si l'on s'est promis lors des accords de Minsk de les voir aussi franchissables que possible avec un régime sans visa.

Cependant, plus encore que ces bouleversements matériels, une question hautement symbolique va s'inscrire pour de longues années dans le débat public : comment nommer ce nouvel État russe et quel statut lui donner ? Les nationalistes soutiennent que les Russes ont été défavorisés dans le cadre soviétique, alors que des représentants d'autres ethnies ont souvent été placés dans des positions dominantes et leurs cultures excessivement valorisées[6]. Pour eux, le temps est enfin venu de créer un véritable État-nation russe *(Rousskoe gosudarstvo)* qui affirmerait la prééminence de leur ethnie. À l'inverse, les libéraux qui entourent Eltsine prônent un choix plus intégrateur ; ils craignent de voir les minorités non russes prendre ombrage d'un tel choix[7]. C'est cette opinion qui l'emporte : le nouvel État s'appellera « Fédération de Russie-Russie » *(Rossiiskaya Federatsia-Rossia)*. Dans la Constitution de 1993, le mot *rousskoe*[8] n'apparaîtra qu'une seule fois, dans l'article consacré à la langue d'État. Pour autant, le débat est loin d'être clos puisqu'il aborde un point capital, les rapports de ce nouvel État aussi bien avec ses propres minorités qu'avec plusieurs de ses voisins. Conscient des enjeux multiples de cette question, Boris Eltsine relancera en 1996 (au travers des médias et de plusieurs *think-tanks*) le thème de « l'idée russe », déjà très disputé au XIXe siècle. On va très vite comprendre que, bien au-delà d'une affaire simplement domestique, il s'agit en fait de définir la place de la Russie dans le monde et son rôle au-delà de ses nouvelles frontières.

---

5. À partir des exemples yougoslaves et soviétiques, Rogers Brubaker a très bien analysé ce phénomène des nationalismes emboîtés qui vont marquer les années qui suivent l'éclatement de l'URSS : *Nationalism Reframed: Nationhood and the National Question in the New Europe*, Cambridge University Press, 1996.

6. Une des « preuves » souvent énoncée était l'absence d'un Parti communiste et d'une Académie des sciences de Russie. Argument bien fallacieux puisque la direction du PCUS et celle de l'Académie de l'URSS étaient à Moscou et que la majorité de ses laboratoires étaient disséminés sur le territoire russe.

7. Ces minorités représentent près de 20 % de la population russe totale, concentrées pour l'essentiel dans deux régions stratégiques, la Volga et le Caucase.

8. En langue russe, il existe deux termes pour exprimer le mot « russe » : *rousskoe* renvoie à l'ethnie et à la langue ; *rossiiskoe* est l'adjectif formé sur Russie et comprend donc l'ensemble des minorités du pays. On le traduit par « de Russie », parfois par « russien ».

La CEI et la souveraineté limitée selon Boris Eltsine

Les principes énoncés lors de la naissance de la CEI sont à la fois vastes et imprécis. Si on les appliquait à la lettre, toutes les décisions devraient être concertées et coordonnées alors qu'il reste tant de problèmes à régler, depuis le paiement des retraites jusqu'aux normes fiscales et douanières ou aux règles de transit d'un pays à l'autre. Des institutions *ad hoc* sont mises en place dans tous les domaines, depuis le Conseil des chefs d'État jusqu'aux comités techniques chargés d'assurer cette difficile transition. Pour l'essentiel, c'est la Russie, pays disposant du plus grand nombre de spécialistes sur tous les sujets, qui propose les projets de traités et de normes. Mais chacun des douze États est bien déterminé à préserver sa souveraineté et, très vite, les divergences se multiplient. Très peu d'accords seront entérinés à l'unanimité. On voit se former assez rapidement deux blocs distincts. Quelques États, la Biélorussie, l'Arménie, le Kazakhstan, le Kirghizstan et le Tadjikistan soutiennent pratiquement toutes les propositions russes. Les économies de la Biélorussie et du Kazakhstan sont tellement intégrées à l'économie russe que ces pays ne voient pas d'autre issue qu'une coopération poussée, quitte à monnayer leur appui dans certains domaines. L'Arménie et le Tadjikistan, plongés dans des conflits armés, n'ont pas d'autre allié possible que Moscou et sont pratiquement contraints d'accepter des choix qu'ils auraient peut-être rejetés dans une autre situation. L'Ouzbékistan et le Turkménistan (qui va très vite affirmer une sorte de neutralité) varient selon les sujets. Plusieurs autres au contraire, la Géorgie, l'Ukraine, l'Azerbaïdjan et la Moldavie, ont tendance à rejeter les propositions russes (les Ukrainiens et les Géorgiens critiquent fondamentalement la propension russe à vouloir conserver des leviers de contrôle sur tous les États membres et ne signent que les accords indispensables à leur fonctionnement). Ce bloc d'opposition à Moscou va d'ailleurs formaliser ses critiques en créant en octobre 1997 (en marge du Conseil européen de Strasbourg) une association, le GUAM (acronyme des quatre États). Leurs motivations sont diverses.

Deux champs spécifiques suscitent le plus de polémiques. Le premier concerne l'économie. Dès octobre 1991, les économistes libéraux entourant Eltsine, dirigés par Egor Gaïdar et conseillés par des experts occidentaux, avaient opté pour une thérapie de choc semblable à celle appliquée en Pologne. En dépit des craintes exprimées par les autres membres de la CEI, une réforme économique est lancée en Russie dès le 2 janvier 1992 sans aucune concertation : 90 % des prix sont libérés ; le contrôle des changes et des douanes est très allégé ; la privatisation des petites entreprises est ouverte. Si ces mesures permettent un certain rétablissement des échanges, elles vont avoir des conséquences sociales brutales : hyperinflation, fonte de l'épargne, salaires impayés avec comme corollaire une paupérisation et une montée inédite des inégalités. Pour surmonter cette crise, ressentie dans toute la zone, Moscou répond par des propositions d'intégration économique renforcée. L'accord sur le partage de la dette extérieure de l'URSS est signé à l'unanimité en mars 1992 (la Russie s'engage à en rembourser 61,4 %, l'Ukraine 16,3 %). En septembre, neuf membres signent à Moscou un accord-cadre d'union économique (espace économique unique, libre circulation des marchandises, unification des régimes douaniers), auquel l'Ukraine s'associe. Les projets ultérieurs plus élaborés d'union douanière ne feront jamais l'unanimité. L'idée initiale du rouble comme monnaie unique va quant à elle être très vite oubliée.

L'autre domaine de friction, encore plus crucial, concerne les questions de sécurité et de défense. Le souhait de Moscou va vers une défense intégrée avec un commandement unique, sous contrôle des militaires russes, qui s'estiment les mieux préparés à cette tâche. Une force collective de maintien de la paix est créée à Kiev en mars 1992, puis six États (la Russie,

LA CEI ET SES ÉVOLUTIONS

LA CEI, DES CHOIX STRATÉGIQUES DIVERGENTS

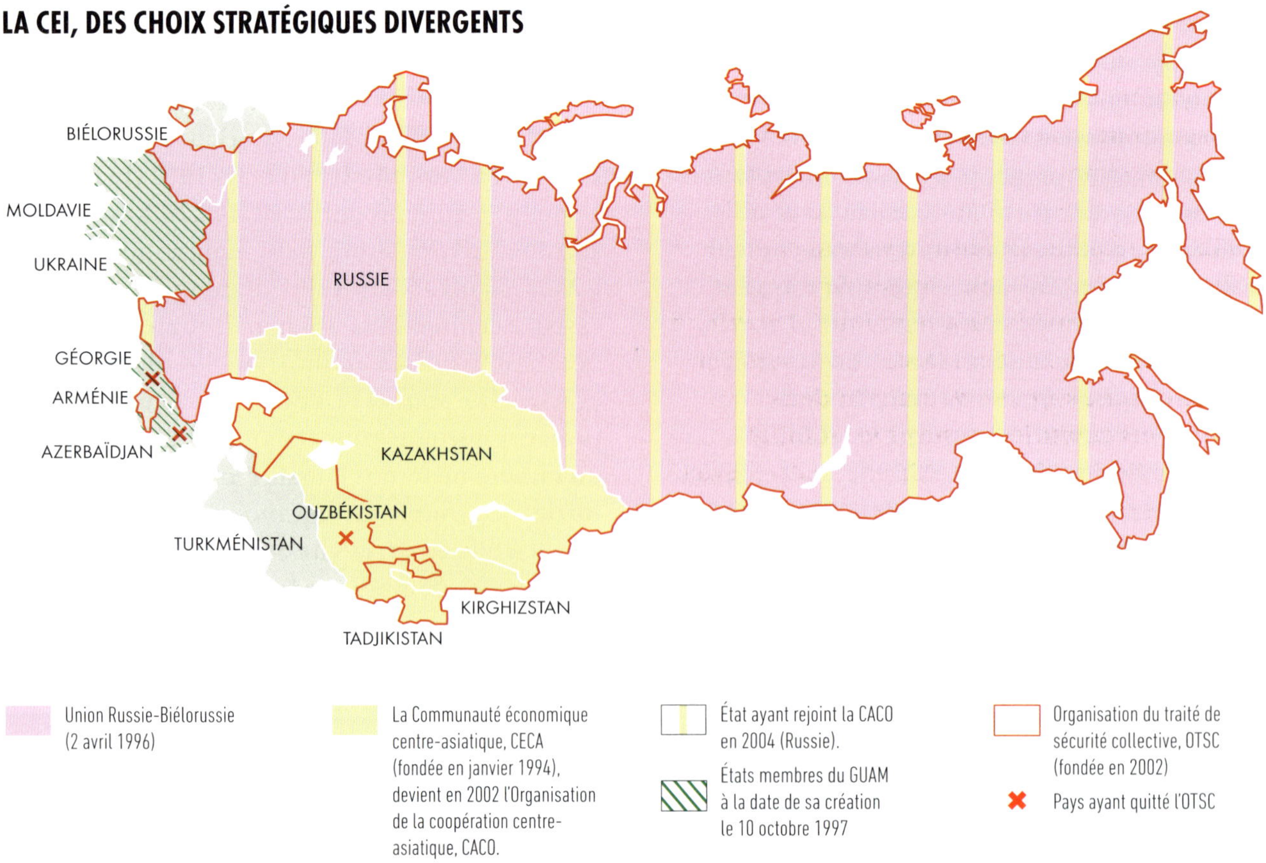

le Kazakhstan, l'Arménie, le Tadjikistan, le Kirghizstan, l'Ouzbékistan) signent en mai 1992 à Tachkent un traité de sécurité collective que rejoignent, l'année suivante, la Biélorussie, l'Azerbaïdjan et la Géorgie. Plus tard, en 1995, ces huit États (l'Azerbaïdjan s'étant retiré) s'accordent sur un système de défense aérienne unifié, mais sept seulement signent le traité de défense commune des frontières extérieures (l'Azerbaïdjan, la Moldavie, l'Ukraine, l'Ouzbékistan et le Turkménistan s'opposent à la présence de gardes russes à leurs frontières). Toutefois, les intentions du pouvoir russe vont bien au-delà d'une simple coopération ou d'un partage des tâches.

Dès le début de 1992, Andreï Kozyrev, le ministre des affaires étrangères, et Andranik Migranian, un de ses conseillers, introduisent un nouveau terme, celui d'*étranger proche (blijnee zarubeje),* pour désigner, du point de vue de Moscou, l'ensemble des ex-républiques soviétiques. Adoptée dans le monde entier[9], cette expression est vite interprétée comme une volonté néo-impériale. Les dirigeants russes estiment qu'il s'agit d'une catégorie particulière d'États pour lesquels ils devraient conserver un rôle spécifique. Boris Eltsine l'exprime clairement dans son adresse au Conseil de sécurité à New York, le 31 janvier 1992 : *« La Russie, située à la jointure de l'Europe et de l'Asie, est obligée de remplir enfin sa mission historique unique, devenir un maillon reliant l'Est et l'Ouest. La résolution de cette tâche suppose de remplir deux conditions capitales : assurer la stabilité dans les limites de l'ex-URSS et construire des relations constructives avec les autres États pour renforcer la sécurité internationale. »* Une note rédigée par le ministère des affaires étrangères est encore plus explicite : *« En tant que légataire internationalement reconnue de l'URSS, la Fédération de Russie doit se fonder, pour sa politique extérieure, sur la doctrine qui consiste à déclarer sphère d'intérêt vital tout l'espace géopolitique de l'ex-Union soviétique (à l'instar de la "doctrine Monroe"*

Les principes de la CEI

Au terme de l'accord de Bieloviejie (la résidence de Stanislav Chouchkevitch) confirmé à Alma-Ata, la Communauté des États indépendants réunit librement des États indépendants et souverains. La CEI n'est ni un État, ni une structure supra-étatique. Toutes les administrations soviétiques sont dissoutes et des instruments de concertation et de coopération seront institués avec pour siège Minsk. Les membres se garantissent mutuellement l'intégrité de leurs territoires et l'intangibilité des frontières héritées de l'URSS.
Ils s'engagent :
- à respecter l'égalité des droits et les principes de non-intervention dans leurs affaires intérieures en rejetant le recours à la force et toute forme de pression ;
- à garantir des droits et libertés égaux à tous leurs citoyens quelle que soit leur nationalité et à respecter toutes les minorités sur leurs territoires ;
- à établir une coopération égale et mutuellement avantageuse ;
- à créer un espace de libre-échange et de libre circulation des hommes – sans visas – et des marchandises ;
- à ne pas prendre sans concertation de décision qui pourrait nuire aux autres ;
- à œuvrer pour la paix, la sécurité et le désarmement. Ils placent les armes nucléaires sous un contrôle unique ;
- à coordonner leurs politiques extérieures et la coopération en matière économique, douanière, de transport et communication, de sauvegarde de l'environnement, de politique d'immigration.

9. Citons le remarquable ouvrage de Gerard Toal, *Near Abroad. Putin, the West, and the Contest over Ukraine and the Caucasus*, Oxford Univ. Press, 2017.

des États-Unis en Amérique latine); elle doit obtenir de la communauté internationale la reconnaissance de son rôle de garante de la stabilité politique et militaire sur tout le territoire de l'ex-URSS[10]. » S'ils sont prêts à soutenir Boris Eltsine sur la voie des réformes libérales, les États occidentaux refusent naturellement de reconnaître ce rôle, qui leur paraît trop proche de la « souveraineté limitée » qu'exerçait Moscou sur les pays du camp socialiste avant 1989.

En créant la CEI, les libéraux russes qui entouraient alors Boris Eltsine n'ont jamais caché qu'ils prenaient modèle sur l'Union européenne, dont ils espéraient développer un équivalent postsoviétique. Or quiconque a étudié la formation de l'UE sait combien ce processus est difficile, *a fortiori* dans un contexte de démocraties balbutiantes ou incertaines. Autant les diplomates russes savent manœuvrer dans les négociations bilatérales, autant ils n'ont guère d'appétence pour les longs compromis qu'implique la mise en place d'une structure multilatérale équilibrée. C'est d'ailleurs là une des principales faiblesses de la politique de Moscou vis-à-vis des anciennes républiques de l'URSS. Les dirigeants russes ont trop souvent compté sur l'énorme disparité de territoire, de ressources et de puissance dont ils bénéficiaient objectivement ; ils ont trop souvent préféré utiliser des pressions diverses pour obtenir la signature de tel ou tel accord plutôt qu'une négociation d'égal à égal. Ils ont ainsi systématiquement monnayé le maintien de prix préférentiels pour les hydrocarbures qu'ils livraient à leurs partenaires contre des exigences de cession d'entreprises stratégiques ou le soutien à l'une ou l'autre de leurs initiatives. Si les États-Unis ont souvent pratiqué eux aussi diverses formes de conditionnalités avec leurs voisins américains, voire européens, en échange de leur aide ou de concessions commerciales ou politiques, le cas de la Russie est singulier. Il s'agit plutôt d'une conception, formée au cours des siècles, de rapports d'une puissance impériale à ses marges, qui ne prédispose pas à des relations d'égalité. Quel que soit le nom qu'on donne à ces marges, « zone tampon », « espace de sécurité », « sphère d'intérêt », la Russie ne peut avoir que des voisins soumis, des vassaux avec lesquels on passe un contrat d'alliance, ou des ennemis qu'il faut soumettre. Or, tandis que se multiplient les conflits à ses frontières, ce type de politique ne fait que renforcer la méfiance de ses partenaires et les inciter à rechercher, à l'extérieur de la CEI, des acteurs susceptibles d'équilibrer les pressions de leur grand voisin.

En quête de modèles extérieurs, espoirs et crises

Un des aspects les plus marquants de l'éclatement de l'URSS concerne les relations internationales. En dépit des suggestions ou des pressions de Moscou, chacun des nouveaux États indépendants va rapidement créer sa propre armée et tenter de mettre en œuvre une politique étrangère souveraine. Là encore, les situations sont fort diverses et, en fonction de leur position géographique, de leur histoire, de l'habileté de leurs dirigeants à valoriser leurs atouts, les trajectoires vont sensiblement différer. Le cadre général suggéré par nombre d'experts occidentaux sous la rubrique de « transition » (sous-entendant un rapprochement inévitable vers le modèle démocratique à l'occidentale) va vite s'avérer peu probant. Les dirigeants russes de leur côté vont tarder à comprendre qu'ils sont en train de perdre le monopole d'influence qu'ils exerçaient depuis la période tsariste et qu'ils ne peuvent plus éviter l'ingérence d'acteurs extérieurs, proches ou lointains, dans ce qu'ils considéraient comme leur zone de sécurité.

Pour les trois États baltes, qui ont toujours été considérés à l'époque soviétique comme des républiques particulières, la cause est vite entendue. Ni Boris Eltsine ni plus tard Vladimir Poutine n'empêcheront leur adhésion à l'OTAN et à l'Union européenne ni ne remettront en cause leur indépendance. La réaffirmation de leur appartenance à l'espace européen est admise dès l'été 1991, mais les négociations de nouveau voisinage vont être âpres car elles interfèrent avec la question de l'accès à la région de Kaliningrad, qui constitue désormais une sorte « d'exclave » détachée du reste du pays. Très dissemblables, les six États qui constituent les marges occidentales et méridionales de l'ex-URSS partagent en partie le choix des Baltes. Pour eux, l'indépendance, c'est d'abord la possibilité de retrouver des aspirations européennes qui ont mobilisé leurs élites dès la seconde moitié du XIXe siècle. L'idée que les réformes libérales pourraient les rapprocher rapidement du modèle de l'Europe occidentale est de l'ordre de la pensée magique, espoir incantatoire qu'on retrouve dans certains textes d'Egor Gaïdar expliquant aux Russes tous les bienfaits à attendre des privatisations. Mais l'idée fait son chemin et diverses ONG, européennes et surtout américaines (comme l'Open Society de George Soros[11]), vont conforter ces aspirations. Si ces pays sont parfaitement conscients de leur interdépendance économique, politique et culturelle avec la Russie (plusieurs États dépendent alors entièrement de Moscou pour leurs livraisons de gaz, de pétrole et de bien d'autres intrants indispensables à leurs économies), ils prennent vite conscience que la dépendance est désormais croisée et qu'ils constituent dorénavant un espace de transit indispensable aux exportations russes vers l'Union européenne, son marché principal. Cet état de fait va être au cœur de nombreux conflits qui surgissent dans la décennie suivante et fournir des leviers d'influence aux nouveaux acteurs extérieurs. Par ailleurs, si tous les nouveaux États se tournent vers l'UE et les États-Unis, chacun redécouvre des voisins immédiats. Ukrainiens de l'Ouest et Biélorusses retissent des rapports avec la Pologne. Les Moldaves réaffirment leur proximité avec la Roumanie, dont ils partagent la langue. Au Caucase, Azéris et Géorgiens multiplient

Crises et croissance économique des États postsoviétiques

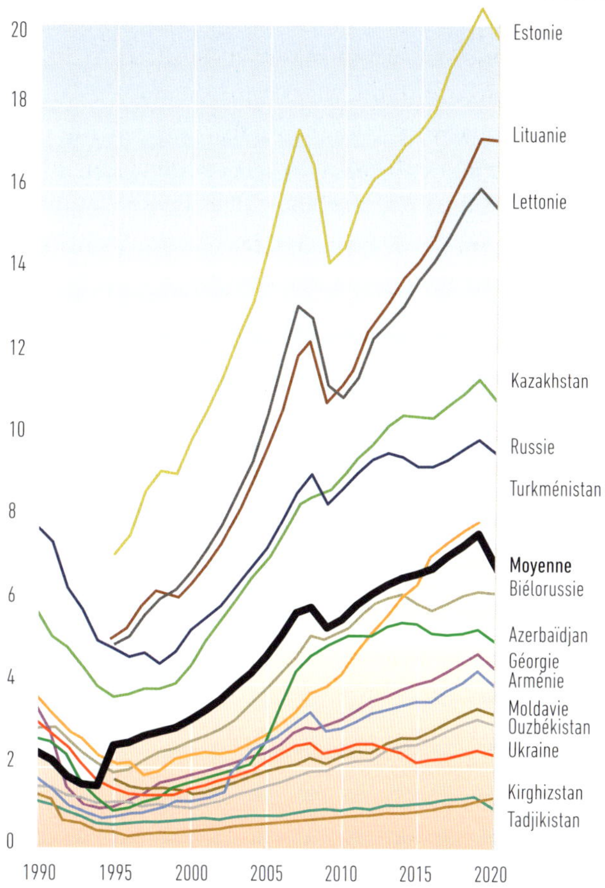

PNB par habitant, en milliers de dollars de 2015. Source FMI.

10. Cité par Marie Mendras *in Russie : le débat sur l'intérêt national*, PPS n° 694, La Documentation française, 1992.

11. Ce milliardaire américain d'origine hongroise va en particulier, lors de la crise, financer systématiquement les salaires de milliers d'universitaires, de chercheurs et de politiciens des différents États désireux de se rapprocher de l'UE et de l'OTAN.

les échanges avec la Turquie, qui voit là une opportunité inattendue pour réaffirmer son rôle de puissance régionale.

Les Arméniens, eux, sont plus démunis car leur position d'enclavement total est encore renforcée par le conflit du Karabakh et ils n'ont d'autre issue que des voies commerciales fragiles par l'Iran au sud et la Géorgie au nord. Cet enclavement est encore plus sensible pour les cinq États d'Asie centrale qui, privés de débouché direct vers le système océanique, dépendent entièrement, en 1991, des axes de transport conçus à l'époque impériale, puis soviétique, en relation avec la Russie. Toutes leurs exportations sont alors soumises aux conditions de Moscou, qui ne va pas se priver d'abuser de ce fait. Ainsi, le Turkménistan va devoir un temps réduire sa production de gaz à sa seule consommation intérieure faute d'avoir trouvé un accord de transit par les gazoducs russes. Ces cinq États souhaitent aussi se dégager d'une trop forte influence russe mais leurs frontières méridionales ouvrent sur des pays eux-mêmes en crise, l'Iran et l'Afghanistan, ou sur la Chine, dont ils craignent la puissance. Situés entre deux empires, l'un disloqué au nord mais encore actif et l'autre en plein renforcement au sud, ils vont chercher un certain équilibre en adhérant, dès 1996, au traité de sécurité régionale signé à Shanghai et parrainé par Moscou et Pékin. En dépit de traditions politiques beaucoup plus conservatrices, favorables à diverses pratiques de clanisme et d'autoritarisme, c'est cependant avec la Chine et les autres pays du Sud que des ouvertures vont peu à peu s'organiser.

Les Russes eux-mêmes sont profondément divisés. Les premiers gouvernements réunis autour de Boris Eltsine sont déterminés à imposer rapidement leurs réformes libérales. Outre la libération des prix et du commerce extérieur, leur programme prévoit la privatisation des entreprises (y compris agricoles) et la mise en place de services concurrentiels privés dans tous les domaines. Mais la brutalité de la mise en œuvre de ces mesures, alors que ni les cadres légaux ni les personnels qualifiés ne sont prêts, va avoir des effets délétères. Tandis qu'apparaissent ceux qu'on va bientôt appeler les oligarques, une grande partie de la population voit ses revenus et son épargne s'effondrer et les régions elles-mêmes se révoltent contre des mesures qui les fragilisent. L'assimilation entre ces effets pervers et le modèle libéral lui-même va peser dans tous les débats ultérieurs et ouvrir la voie au retour de la centralisation et de l'autoritarisme – la « verticale du pouvoir » prônée par Vladimir Poutine dès la fin de 1999. Ce dernier va pouvoir s'appuyer sur divers courants de pensée nationalistes, dont l'influence grandit. Ces courants critiquent l'ouverture trop rapide du pays aux influences occidentales et l'application des modèles libéraux. Pour Alexander Douguine[12] par exemple, la Russie doit au contraire valoriser sa situation de pont entre l'Orient et l'Occident. Le théoricien remet au goût du jour le concept d'eurasisme, développé par des penseurs russes des années 1920, qui définissaient une voie spécifique non assujettie aux puissances occidentales, une vision messianique d'un Empire russe reliant les continents européen et asiatique. Ces débats sont comme une toile de fond durant les années 1990 alors que l'attention de tous est accaparée par la crise économique et les premiers conflits.

Tous les États issus de l'URSS sont touchés par cette crise, plus sévère selon certains experts que celle de 1929 en Occident (la crise touche moins les Baltes, qui bénéficient très vite de diverses aides européennes). Dans la plupart des cas, le pic de la chute du PIB survient en 1998 quand, dans le sillage de la crise asiatique de 1997, la Russie subit à son tour une crise boursière majeure qui retentit chez tous ses partenaires. Deux facteurs vont, selon les pays, atténuer cette crise ou au contraire l'aggraver : la disponibilité en matières premières et surtout en hydrocarbures, et l'accumulation des conflits. Dans le premier cas, les pays comme la Russie bien sûr ou l'Azerbaïdjan, le Kazakhstan et le Turkménistan retrouvent assez vite le chemin de la croissance. Dans le second cas, les États sans réserves minérales et où se déroule une véritable guerre civile (la Géorgie, le Tadjikistan) ou ceux qui sont frappés par des conflits comme la Moldavie, l'Arménie, l'Ouzbékistan et le Kirghizstan, accusent les plus fortes baisses de leur PIB.

Les premiers conflits. Un gendarme russe ?

Si les craintes formulées par de nombreux experts que l'éclatement de l'URSS ne reproduise à une échelle plus vaste les guerres qu'avait connues la Yougoslavie restent infondées au début des années 1990, il n'en reste pas moins que les premiers conflits armés surgissent rapidement. Pour certains, comme au Karabakh, il s'agit de conflits déjà présents sous la *perestroïka* et que Gorbatchev n'a pas su apaiser. La fin de l'URSS a sonné le départ des forces d'interposition soviétiques sur le terrain et l'opposition entre Arméniens et Azéris change de dimension. D'autres guerres locales, comme en Transnistrie ou en Ingouchie, ne surprennent que les observateurs peu au fait de la complexité des situations engendrées par l'héritage soviétique. On retrouve là les « bombes à retardement » évoquées au chapitre précédent et repérées par nos collègues géographes des *Nouvelles de Moscou*.

Plusieurs facteurs s'entremêlent. Dans de nombreux cas, la nation « titulaire » (celle qui donne son nom à l'État) prend des décisions stratégiques qui ne tiennent pas compte des intérêts des minorités résidant sur son territoire. Si l'on a accordé l'indépendance aux Estoniens, peu nombreux, comment la refuser à d'autres (aux Tatars, aux Tchétchènes, aux Abkhazes, etc.) ? Quelles vont être les conséquences de la suppression, envisagée par certains des nouveaux États, des régions ou des républiques autonomes créées en leur sein dans les années 1920 ? Quelles conséquences, y compris sur le plan territorial, aura le vote de la loi de Boris Eltsine affirmant la réhabilitation totale des « peuples punis » ? Plusieurs d'entre eux (les Ingouches, les Tchétchènes, les Tatars de Crimée) réclament déjà qu'on leur rende leurs terres et leurs villages, des districts entiers occupés par d'autres depuis 1945. Comme nous l'avons dit, une grande partie de ces tensions découlent des choix staliniens mais d'autres ont des racines encore plus lointaines et, depuis la fin des années 1980, toute une littérature, portée par des mouvements nationaux multiples, détaille ces enjeux, jouant, faute d'archives, avec des réalités mal connues ou prenant volontairement fait et cause pour une revendication, au mépris parfois de toute évidence historique.

Cette vague de revendications croisées et d'effervescence nationaliste atteint son apogée au cours des années 1990, en profitant de l'exceptionnelle liberté de la presse et d'association accordée pratiquement dans tous les nouveaux États. Certaines réclamations se voient par ailleurs appuyées à l'extérieur des régions concernées, en particulier quand existent des diasporas actives, qu'elles soient dans des républiques voisines ou à l'étranger comme c'est le cas des Arméniens dans le monde entier, des Ukrainiens en Amérique du Nord ou des Caucasiens du Nord en Turquie et au Proche-Orient. C'est cependant l'implication des Russes qui devient vite le facteur déterminant de l'évolution de ces conflits. Bien que présents partout dans l'ex-URSS, ils ne sont pratiquement jamais pris en tant que tels comme boucs émissaires et peuvent donc s'interposer comme force pacificatrice. Toutefois, outre le fait que ce sont presque toujours des décisions antérieures du pouvoir

---

12. Alexander Douguine, théoricien prolifique proche des milieux ultranationalistes, de Pamiat, de Jean-Marie de Benoist et de l'écrivain provocateur Édouard Limonov et de son Parti national-bolchevique. Il devient expert en géopolitique et conseiller de l'Académie de l'état-major général puis du président de la Douma. Il fut, dit-on un temps, un des conseillers de Vladimir Poutine.

russe qui sont à l'origine de ces conflits, les Russes vont s'impliquer partout en imposant le plus souvent des solutions qui protègent leurs intérêts.

Dès mars 1992, une force de maintien de la paix est créée au sein de la CEI, renforcée par le traité de Tachkent de sécurité collective, en mai. Disposant du plus grand nombre d'unités disponibles, c'est l'armée russe (ou les forces du ministère de l'intérieur) qui intervient au Caucase, en Moldavie ou en Asie centrale. Au Tadjikistan, c'est elle encore qui s'interpose dans une guerre civile qui prend de l'ampleur (mai 1992) jusqu'à ce qu'un accord de réconciliation soit trouvé en 1997 entre les factions régionales rivales. Face à l'exacerbation des nationalismes, ces interventions sont certainement nécessaires. Mais on observe très vite un manque de neutralité. Dans la plupart des cas, Moscou propose certes des cessez-le-feu, participant au besoin à des forces d'interposition agréées ou non par des organisations internationales (ONU ou OSCE), mais elle le fait en fonction de ses intérêts propres ou de ceux des Russes (ou russophones) présents dans les territoires concernés. Dès 1995, Boris Eltsine crée un programme de soutien en leur faveur qui deviendra, en mai 1999, une loi définissant la politique russe envers les « compatriotes à l'étranger ». Plus tard, Vladimir Poutine accentuera encore cette politique en distribuant des passeports russes aux résidents de régions en crise, ouvrant ainsi la voie à diverses formes d'ingérence ciblée. Souvent, Moscou ne se prive pas au passage de vendre des armes aux belligérants, parfois à deux camps opposés comme ce fut le cas à propos du Karabakh dans le cadre de deux traités d'amitié et de coopération, l'un avec Bakou, l'autre, un peu plus précis, avec Erevan ! Et l'on comprend rapidement que les faveurs du Kremlin découlent de choix géopolitiques assumés : elles visent soit à conforter celui des belligérants qui sera le plus sensible à la défense des intérêts russes dans sa région, soit à affaiblir un voisin qui rechigne à souscrire aux propositions de Moscou au sein de la CEI ou qui recherche des alliances alternatives. Entre 1992 et 1994, on voit ainsi apparaître quatre régions sécessionnistes (Transnistrie, Abkhazie, Ossétie du Sud et Karabakh) qualifiées de « conflits gelés ». Ils vont être utilisés par Moscou pour bloquer l'éventuel rapprochement des États concernés avec l'OTAN.

On a décrit ce mode d'intervention comme une volonté russe de devenir le « gendarme » de l'espace postsoviétique. Pourtant, chacun de ces conflits a sa spécificité, qui tient pour beaucoup à la façon dont les acteurs locaux, enfermés dans leur logique nationale, pensent devoir régler un héritage complexe. Si l'on se place dans une perspective postimpériale, les interférences avec l'ancienne puissance tutélaire (ici la Russie, ailleurs l'Empire britannique ou l'Empire ottoman) sont pratiquement inévitables. La conception de ces interventions est toujours liée à la façon dont une puissance déclinante interprète la défense de ses intérêts propres et l'évolution des rapports de force. En ce début des années 1990, la Russie est pratiquement la seule force qui puisse tenter d'intervenir sur ses marges. La façon dont elle exerce ce pouvoir va susciter de nouvelles méfiances et des appels à faire intervenir des acteurs extérieurs. En Russie même, l'éclatement de l'URSS est vécu par beaucoup de leaders régionaux comme une chance à saisir. Pratiquement toutes les républiques ou régions autonomes qui la constituent, et même certaines régions russes comme l'Oural, réclament des droits supplémentaires, voire une vraie autonomie. Certaines n'hésitent pas à voter leurs propres lois, leur Constitution, créent des impôts, des taxes douanières et la presse russe parle de « guerre des lois ». Pour tenter d'enrayer ce mouvement, Boris Eltsine va proposer un nouveau traité fédéral censé régir le partage des compétences entre le gouvernement fédéral et les différents « sujets » de la Fédération[13]. Ce texte, qui vise à reprendre le contrôle des régions, est voté le 31 mars 1992 mais deux des républiques les plus contestataires le refusent, le Tatarstan et la Tchétchénie. En 1994, Eltsine tentera de réduire cette opposition de deux manières très différentes.

Abkhazie et Ossétie du Sud, le défi des minorités en Géorgie

À la fin du XIXe siècle, le nationalisme géorgien se définit par l'exceptionnalité de sa langue et de sa culture et par la défense de son territoire chrétien, menacé depuis toujours par ses voisins musulmans. Territoire refuge pour de multiples peuples, comme l'ensemble du Caucase, le statut de ses minorités va devenir un enjeu brûlant dès l'apparition d'un État géorgien indépendant, en 1918. Deux approches s'opposent : les élites géorgiennes entendent fonder un État-nation unifié où les minorités, sans aucun droit spécifique, seraient bienvenues à condition qu'elles acceptent les règles choisies par la majorité. Or, dans l'agitation qui succède à la chute de l'Empire tsariste, les minorités sont elles-mêmes mobilisées pour accéder à des droits nouveaux et réclament une sorte de droit à l'autodétermination qui pousse le gouvernement de la Première République à des interventions militaires brutales.

En 1990 à Tbilissi, la « parade des souverainetés » se traduit par la montée des revendications nationalistes, qui se radicalisent. La « main de Moscou », l'explication donnée en Géorgie pour expliquer le regain de tension et les surenchères des minorités abkhazes et ossètes, ne suffit pas. Depuis les années 1920, Abkhazes et Ossètes ont bénéficié d'une entité autonome et comptent sur leur voisin russe pour la sauvegarder. Ils ont aussi en mémoire plusieurs évènements qui suscitent leur méfiance envers Tbilissi. Ce sont les incursions militaires sur leur territoire lors de la Première République, en 1918-1919, entraînant des flots de réfugiés. C'est aussi la décision de Beria[14], dans les années 1930, d'imposer aux Abkhazes l'alphabet géorgien au lieu du cyrillique. Pour l'heure, la volonté du mouvement nationaliste géorgien de Zviad Gamsakhourdia de rétablir la Constitution de la Première République (Constitution qui n'accordait pas de statut aux entités autonomes) met le feu aux poudres. Meetings et résolutions se succèdent : les Abkhazes demandent l'autonomie, puis l'indépendance ou leur rattachement à la Russie ; les Ossètes leur rattachement à l'Ossétie du Nord. Le Parlement géorgien dissout la région ossète en décembre 1990. Élu le 31 mai 1991 avec 87 % des voix, Gamsakhourdia rétablit la Constitution de 1921. Renversé le 22 décembre, Gamsakhourdia s'enfuit en Russie mais revient en Géorgie occidentale, où il déclenche une guerre civile avec ses partisans. Le Conseil militaire qui le remplace fait appel à Edouard Chevardnadze, qui devient chef d'État provisoire en mars 1992.

La volonté des nationalistes géorgiens conduits par Gamsakhourdia d'imposer leur ordre constitutionnel aux entités autonomes sans aucune concertation a échoué. Dans les conditions d'une guerre civile désastreuse entre Géorgiens (elle dure jusqu'en décembre 1993), Chevardnadze ne réussit pas à dissiper la méfiance des Abkhazes ni des Ossètes envers Tbilissi. De vraies guerres éclatent, l'une en Ossétie du Sud, l'autre en Abkhazie. À la fin de ce double conflit, et au prix d'une situation précaire, la Russie de Boris Eltsine en profite pour imposer ses conditions : les deux régions sécessionnistes ne sont pas reconnues mais dépendent étroitement de Moscou pour leur fonctionnement. On compte environ 300 000 réfugiés, essentiellement géorgiens. Et, profitant de l'affaiblissement du pouvoir en Géorgie, Eltsine impose à Chevardnadze d'entrer dans la CEI, contre la volonté d'une grande partie de la classe politique géorgienne.

---

13. On compte aujourd'hui 85 « sujets » *(subekty)* répartis en 6 catégories hiérarchisées qui disposent de droits spécifiques : 22 républiques, 9 kraïs (territoires), 46 oblasts (régions), 3 villes fédérales (Moscou, Saint-Pétersbourg et Sébastopol), 1 région autonome et 4 districts (okrougs) autonomes.

14. Avant de diriger le NKVD (ancêtre du KGB), Lavrenti Beria fut le premier secrétaire du PC de Géorgie, de 1931 à 1938.

Les guerres en Ossétie et en Abkhazie

La guerre commence en Ossétie du Sud le 5 janvier 1991 avec l'intervention de la garde nationale et des milices géorgiennes, qui tentent de s'emparer de la capitale, Tskhinvali. Les gardes ossètes, soutenus par des volontaires venus d'Ossétie du Nord avec l'appui de l'armée russe, résistent et menacent les villages géorgiens de la région. Le 29 mai 1992, l'Ossétie du Sud déclare son indépendance. Devant la menace d'intervention de l'aviation russe jusqu'à Tbilissi, des négociations s'engagent. Le 24 juin, Chevardnadze et Eltsine signent à Sotchi un accord qui entérine la sécession et prévoit une force mixte d'interposition tripartite (géorgienne, ossète du Nord et russe). Au total, les combats auront fait environ 1 000 morts. Deux groupes de villages géorgiens demeurent au sein de l'Ossétie du Sud, qui joueront un rôle important lors de la guerre de 2008. Les Ossètes, nombreux dans d'autres régions de Géorgie, sont chassés du pays. Les combats sont beaucoup plus violents en Abkhazie, qui déclare son indépendance en juillet 1992. En août, Chevardnadze y envoie la garde nationale géorgienne, qui se livre à des pillages et prend la capitale, Soukhoumi. Les Abkhazes reçoivent le soutien de la Confédération des montagnards du Caucase* qui envoie, avec l'appui de l'armée russe, plusieurs bataillons de volontaires, tchétchènes, kabardes et tcherkesses. Des actions meurtrières (le nombre de morts est estimé à 4 000 dans chaque camp) se succèdent de part et d'autre jusqu'en juillet 1993, où un premier cessez-le-feu est signé à Sotchi. En août, le Conseil de sécurité de l'ONU crée une force d'interposition (UNOMIG). Les combats reprennent cependant jusqu'à fin septembre 1993. Le 27 septembre, Chevardnadze, qui a cru bon de venir en personne à Soukhoumi, doit être exfiltré par l'armée russe, qui le ramène à Tbilissi. Les troupes géorgiennes se retirent de façon chaotique, entraînant la fuite de 200 000 Géorgiens qui trouvent refuge dans les districts avoisinants et dans la capitale.

LE CONFLIT ABKHAZE

Zone montagneuse

Zone démilitarisée selon les accords de cessez-le-feu de 1993

Exfiltration (depuis Soukhoumi) d'Edouard Chevardnadze par l'armée russe en septembre 1993

Région passée sous le contrôle de l'ex-président Zviad Gamsakhourdia pendant la guerre civile

Infrastructures

Voies ferrées : ouverte / fermée

Routes

Points de blocus

Aéroport

Station touristique

Barrage hydroélectrique

Peuplements

Abkhazes

Arméniens

Géorgiens

Villages géorgiens vidés de leurs habitants en 1993

* Réunis en congrès à Soukhoumi le 25 août 1989, tous les peuples du Caucase du Nord et les Abkhazes avaient reconstitué cette confédération, active entre 1918 et 1919. Son programme était de mobiliser les Caucasiens contre la domination russe.

LA GUERRE EN OSSÉTIE DU SUD

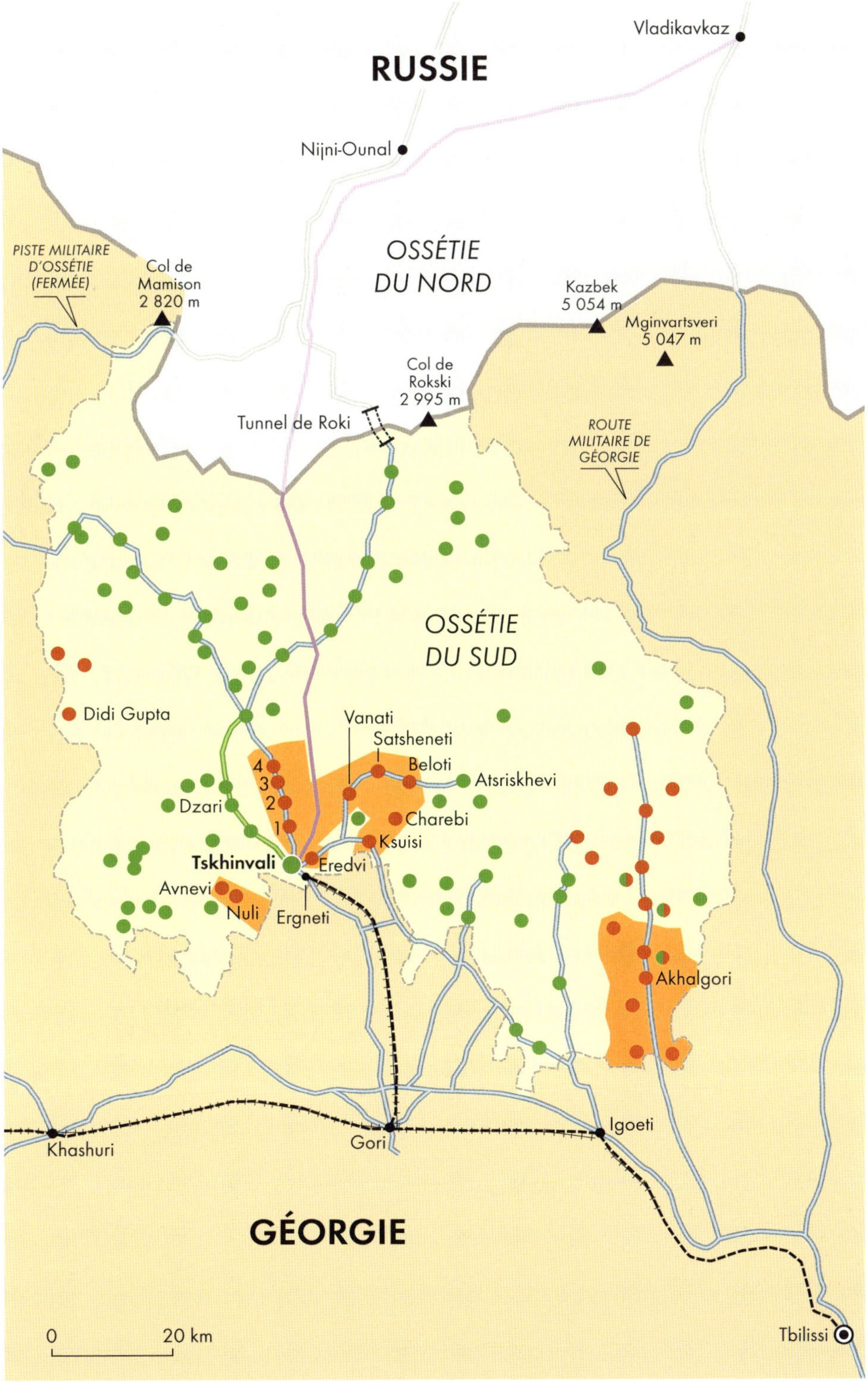

Routes

Gazoduc

Voies ferrées

Principaux villages géorgiens

Territoires restés sous contrôle géorgien après 1992

Villages ossètes

Route « de la vie » : elle permet d'assurer les échanges entre l'Ossétie du Nord et Tskhinvali en évitant les territoires controlés par les Géorgiens.

1. Tamaracheni
2. Kurta
3. Kekhvi
4. Kemerti

NB : La région autonome d'Ossétie du Sud a été dissoute par la Géorgie en décembre 1990.

La Géorgie et l'ensemble de la communauté internationale ne reconnaissent pas l'indépendance de l'Ossétie du Sud.

Haut-Karabakh. Une vraie guerre interétatique

La dissolution de l'URSS en décembre 1991 modifie sensiblement la situation au Karabakh. Fin décembre, les troupes d'interposition soviétiques se retirent. Dans les deux États voisins désormais indépendants (l'Azerbaïdjan depuis le 30 août 1991, l'Arménie depuis le 23 septembre 1991), les tensions s'exacerbent. Le 2 septembre, les autorités de la région autonome du Haut-Karabakh créent une république du Karabakh. Le 26 novembre, le Parlement azéri abolit l'autonomie de la région. La guerre commence dès le 1er janvier 1992. Les combats prennent de l'ampleur avec, de part et d'autre, leur cortège de massacres (Khodjali), de victimes et de réfugiés[15]. Rapidement, les forces arméniennes, soutenues par des volontaires de la diaspora, prennent le dessus et s'emparent successivement de Choucha et du couloir de Latchine (mai 1992), ce qui permet l'ouverture d'un accès routier vers l'Arménie. Plusieurs acteurs extérieurs – l'Iran, le Kazakhstan, la Russie – tentent sans succès de proposer des cessez-le-feu. En avril 1993, les forces arméniennes s'emparent du district de Kelbadjar (en dehors des limites du Karabakh proprement dit) et continuent leur avancée au sud vers la frontière iranienne. Plusieurs résolutions du Conseil de sécurité de l'ONU exigeant l'arrêt des combats restent lettre morte. Le 24 juillet 1993, les Arméniens prennent la ville azerbaïdjanaise d'Agdam (28 000 habitants). L'avancée des forces arméniennes hors de la région autonome provoque une série de crises politiques à Bakou, où le président azéri est démis à trois reprises. En juin 1993, Eltchibey prend la fuite et est remplacé par Geidar Aliev, l'ancien premier secrétaire du PCUS de la république, qui sera élu président le 3 octobre. C'est finalement sous son mandat qu'un véritable accord de cessez-le-feu est préparé, le 5 mai 1994, sur proposition de Moscou. Entériné successivement par Bakou, Erevan et par les autorités du Karabakh, il entre en vigueur le 12 mai. La situation sur le terrain est complètement modifiée : les Arméniens contrôlent toute la région autonome à l'exception de deux petits secteurs, au nord et au sud. Mais ils occupent aussi tous les districts entre le Karabakh, l'Arménie et l'Iran, au total 13 % du territoire de l'Azerbaïdjan. Dans les districts occupés hors Karabakh, on assiste à une véritable purification ethnique doublée du démontage de toutes les maisons : les portes, les fenêtres, les cloisons, tout est récupéré pour aider à la reconstruction des maisons arméniennes détruites pendant la guerre ou vendu en Iran. Une guerre du langage commence : les Arméniens parlent de ces conquêtes comme des territoires « libérés » et les incluent dans leur carte de l'Arménie alors que Bakou clame sa souveraineté sur les « territoires occupés ». Les pertes sont considérables. Environ 720 000 Azéris et 400 000 Arméniens sont déplacés. Les Arméniens crient victoire alors que les dirigeants azéris promettent de reprendre le contrôle de leur territoire.

15. Les deux États ont hérité de l'armée soviétique un important stock d'armes, tanks, avions, munitions, avec un certain avantage en faveur de l'Azerbaïdjan, où les bases étaient plus nombreuses.

Frontières internationales
Azerbaïdjan
Arménie
Voies ferrées
Routes stratégiques en partie financées par la diaspora arménienne

Territoires azéris occupés

Districts azéris occupés par les forces arméniennes et entièrement vidés de leur population azérie
Ancienne région autonome du Haut-Karabakh officiellement dissoute par l'Azerbaïdjan en août 1990
Villes et villages détruits
Destructions partielles
Ligne de cessez-le-feu (ligne de contrôle) minée
Territoires du Haut-Karabakh restés sous le contrôle de l'Azerbaïdjan
District de Chaoumian, extérieur à la région autonome et vidé de sa population arménienne, mais revendiqué par le Karabakh
Gisements miniers dans les territoires occupés : or, mercure, cuivre, charbon
« Blocus » sur les sources et le débit des cours d'eau
Blocus routier et ferroviaire

LA GUERRE DU HAUT-KARABAKH, 1991-1994

Le « groupe de Minsk », créé en mars 1992 par l'Organisation pour la sécurité et la coopération en Europe (OSCE) et coprésidé par la France, les États-Unis et la Russie[16] afin de trouver une solution diplomatique à la guerre, est chargé de régler le statut définitif du Karabakh. Un accord est pratiquement trouvé en 1997 avec la promesse du président arménien Levon Ter-Petrossian de rétrocéder une partie des districts azéris occupés par les Arméniens. Mais les dirigeants du Karabakh rejettent ce compromis et poussent Ter-Petrossian à la démission. Le 30 mars 1998, Robert Kotcharian, originaire et président du Karabakh depuis 1994, est élu président de l'Arménie. Pendant vingt ans, le pays sera dirigé par des Arméniens du Karabakh, qui ne cherchent pas réellement un compromis avec l'Azerbaïdjan. Dans les deux États, aucun effort n'est fait pour inciter les opinions publiques à accepter les termes d'un éventuel accord. Pendant ces vingt années, Geidar Aliev puis, après sa mort, en 2003, son fils Ilham utilisent une partie des revenus pétroliers du pays pour s'armer. Les Azéris vont prendre leur revanche en septembre 2020.

Transnistrie. Un autre conflit gelé en Moldavie

La Bessarabie, nom donné à la partie orientale (à l'est du Prout) de la Moldavie roumaine, est cédée par l'Empire ottoman à l'Empire russe en 1812 (traité de Bucarest). La politique russe vise, dès le XIXe siècle, à séparer de force Moldaves et Roumains, qui partagent pourtant la même langue et la religion orthodoxe. Entre 1829 et 1871, la « langue moldave » est interdite dans l'administration au profit du russe, puis dans les églises, les écoles et enfin dans tous les espaces publics. En mars 1918, pour éviter la bolchévisation, le Parlement moldave vote son rattachement à la Roumanie. Mais, pour conserver un droit sur cette région stratégique qui donne accès au Danube, axe de transport majeur vers l'Europe centrale, Staline décide de créer, en 1924, une République autonome moldave en prélevant à l'est du Dniestr, en territoire ukrainien, une longue bande de terre, la Transnistrie. Comme pour les États baltes, les protocoles secrets du pacte germano-soviétique prévoient le rattachement de la Bessarabie à l'URSS, qui l'annexe brièvement en 1940 avant que la Roumanie, alliée d'Hitler, ne la réoccupe en 1941.

Les Gagaouz

Les Gagaouz sont une population turcophone de religion orthodoxe répartis dans plusieurs districts du sud de la Moldavie. Le 25 octobre 1990, le premier ministre moldave (et leader du Front populaire), Mirtcha Drouk, lance une expédition armée et occupe Komrat, la capitale de la Gagaouzie. La résistance s'organise avec l'appui de volontaires de Transnistrie. Devant la menace d'une guerre civile, Drouk fait reculer ses hommes et une république de Gagaouzie est déclarée le 31 octobre. Après de longues négociations, le gouvernement moldave, qui redoute une seconde sécession, reconnaît en 1994 une région autonome spéciale gagaouze (Gagaouz-Eri) bénéficiant de droits particuliers.

16. Il inclut aussi l'Allemagne, la Biélorussie, la Finlande, l'Italie, les Pays-Bas, le Portugal, la Suède, la Turquie, ainsi que l'Arménie et l'Azerbaïdjan.

Un Tatarstan indépendant ?

À la fin des années 1980, l'agitation nationaliste est particulièrement vive à Kazan, la capitale du Tatarstan. Les Tatars sont la première minorité ethnique de Russie (5,5 millions en 1989), dont seulement 1,7 vivent au Tatarstan, les autres étant intégrés dans diverses régions de la Russie. Ils sont musulmans sunnites et turcophones et partagent leur république avec les Russes. Si les relations entre les deux communautés sont plutôt bonnes au quotidien, l'histoire de la soumission des Tatars à l'Empire tsariste a laissé des traces sensibles. Après la prise de Kazan en 1552, Ivan IV (le Terrible) ordonne la destruction du palais des khans et de la grande mosquée Koul-Sharif qui le jouxte et les remplace par un kremlin orné d'églises orthodoxes. Dès 1989, des mouvements nationalistes comme Ittifak (Parti tatar pour l'indépendance) ou le VTOTs (Centre public pan-tatar) réclament l'indépendance de la république, le choix du tatar comme seule langue d'État et la destruction des églises orthodoxes. Les populations russes manifestent contre

LES CONFLITS EN MOLDAVIE, 1992

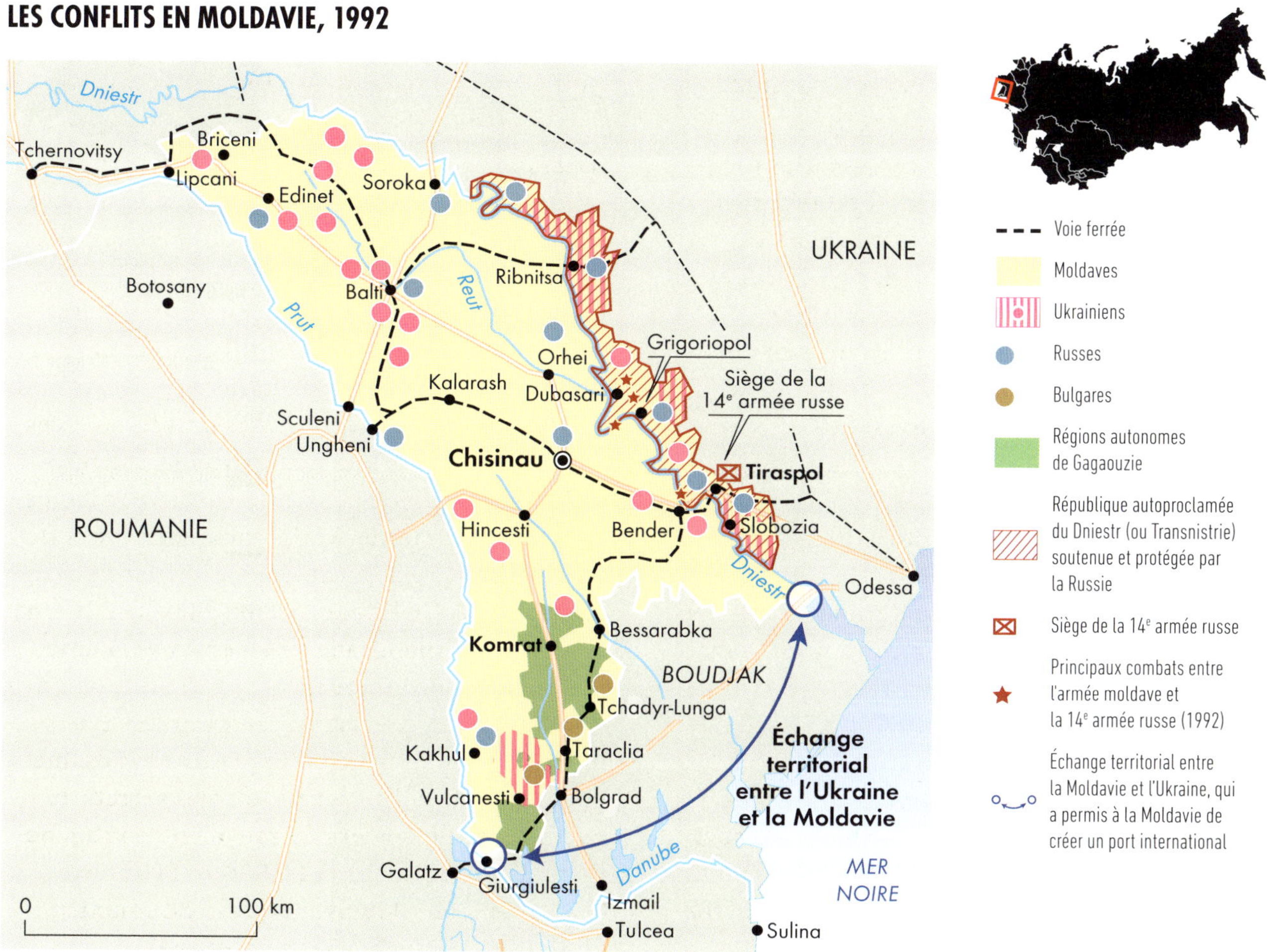

le séparatisme et la « tatarisation » (l'instauration de l'apprentissage obligatoire du tatar dans les écoles). L'habileté du premier ministre Mintimer Chaïmiev (élu président de la République le 12 juin 1991) permet d'éviter la confrontation. Actant le fait qu'une indépendance est impensable au cœur de la Russie, il réussit, en dépit de nombreux soubresauts, à désarmer les radicaux des deux bords. Il fait voter en août 1990 la souveraineté du Tatarstan puis il fait adopter le 26 novembre 1992 sa propre Constitution. Chaïmiev soutient l'idée que les républiques souveraines, au sein de la nouvelle Fédération, doivent déléguer une partie de leurs pouvoirs (armée, sécurité, monnaie) au centre fédéral et non l'inverse. Aussi, il rejette le traité fédéral de mars 1992 et négocie un compromis avec Moscou. Le 15 février 1994, il signe avec Boris Eltsine un traité spécial de partage des compétences qui accorde de larges droits politiques et culturels au Tatarstan. La république est qualifiée « d'État uni à la Fédération de Russie » ; elle dispose du droit d'entretenir des relations diplomatiques et commerciales avec l'étranger. Plus important encore, elle obtient une part notable de la privatisation des grands secteurs économiques (les hydrocarbures, l'usine de camions Kamaz, l'aéronautique). Face aux islamistes de plus en plus agressifs qui proposent de créer un émirat regroupant plusieurs régions de la Volga (*« Vilayat Idel-Oural »*), Chaïmiev soutient un mouvement réformiste de l'islam bientôt qualifié « d'euro-islam », qui reprend l'héritage des djadidistes*. En 1995, il décide de reconstruire Koul-Sharif avec l'aide des Saoudiens, des Émirats et de l'Iran. Inaugurée en 2005, la mosquée domine le kremlin et les églises orthodoxes, préservées. L'exemple du Tatarstan joue un rôle positif majeur dans ces années d'extrêmes tensions. Boris Eltsine n'hésitera pas à louer l'apport décisif de Mintimer Chaïmiev alors que la question nationale menaçait l'unité du pays. Les relations seront beaucoup plus compliquées avec Vladimir Poutine, qui va peu à peu rogner les avantages acquis par Kazan en 1994.

* Le djadidisme (la nouvelle voie) fut un important mouvement progressiste de réforme de l'islam né à la fin du XIXe siècle en Crimée et très actif à Kazan avant que ses promoteurs soient éliminés lors des purges de 1937.

LA GUERRE ENTRE OSSÈTES ET INGOUCHES, 1992

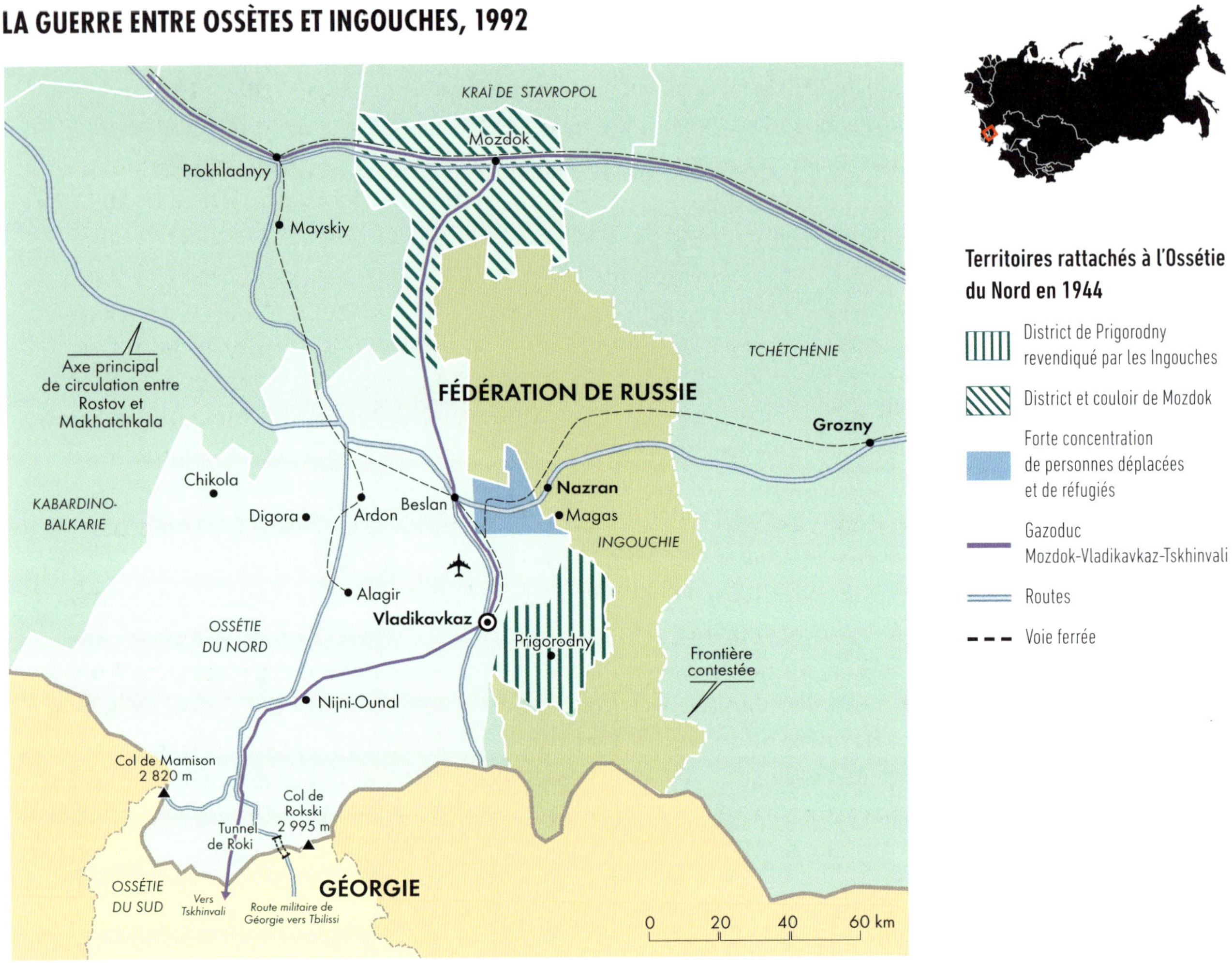

Ossètes et Ingouches

Après avoir déporté en février 1944 l'ensemble des Tchétchènes et des Ingouches* en Asie centrale, Staline démembre la république de Tchétchéno-Ingouchie. En 1956, les survivants sont réhabilités et autorisés à rentrer au Caucase. La république est reconstituée mais ses frontières sont modifiées. Elle gagne quelques districts au nord (peuplés de cosaques russes !) mais perd le district de Prigorodny à l'ouest, ancien territoire ingouche intégré dans la banlieue d'Ordjonikidzé**, capitale de l'Ossétie du Nord. Depuis le XIXe siècle, les Ossètes, en majorité orthodoxes, constituent un point d'appui essentiel des Russes dans le Caucase du Nord. Ils contrôlent l'accès à la « route militaire de Géorgie », qui va de Vladikavkaz à Tbilissi, et sont des alliés fidèles du pouvoir russe. Après le vote de la loi du 26 avril 1991 réhabilitant les territoires des « peuples punis », la question du rétablissement des frontières d'avant 1944 devient cruciale. Par référendum du 30 novembre 1991, les Ingouches votent massivement leur séparation d'avec les Tchétchènes. La République ingouche, créée officiellement le 4 juin 1992 au sein de la Fédération de Russie, réclame le retour du district de Prigorodny.
En octobre 1992, des incidents sanglants se multiplient de part et d'autre. Le 31, des groupes armés ingouches interviennent dans le district. Boris Eltsine décrète l'état d'urgence et fait intervenir l'armée russe, qui prend fait et cause pour les Ossètes. Les combats durent cinq jours et font plus de 600 morts. La frontière de 1956 sera maintenue et plus de 30 000 Ingouches sont contraints de se réfugier en République ingouche, où ils continuent jusqu'à aujourd'hui de réclamer justice, entretenant des tensions latentes.

* Tchétchènes et Ingouches font partie du même sous-groupe *(vaïnakh)* de langues caucasiennes. Très proches culturellement, les deux peuples sont cependant bien distincts.

** Le nom tsariste Vladikavkaz *(Domine le Caucase)* est rétabli en 1990.

En septembre 1944, quand l'Armée rouge reprend le contrôle de la région, Staline recrée la république socialiste soviétique de Moldavie, une des 15 républiques fédérées, mais procède à deux importants changements de territoire : il rattache la Transnistrie à la Moldavie et, dans le même temps, donne le Boudjak (le sud de la Bessarabie au bord de la mer Noire) jusqu'aux bouches du Danube à l'Ukraine, ce qui permet à celle-ci d'accéder à ce fleuve stratégique tout en privant la Moldavie d'un accès à la mer. Par la suite, Staline n'aura de cesse de modifier son équilibre démographique en favorisant la venue de Russes et d'Ukrainiens et il réaffirme la politique consistant à séparer le moldave du roumain en imposant l'alphabet cyrillique aux Moldaves.

En mai 1989 se forme le Front populaire moldave, dont les premières revendications sont l'autonomie de la république et la reconnaissance que moldave et roumain sont une même langue. Le 31 août 1989, le Parlement rétablit le moldave comme langue d'État à la place du russe et officialise le retour de l'alphabet latin. Mais le Front propose une autre option beaucoup plus radicale : le rattachement de la Moldavie à la Roumanie. Cette proposition, que défend une minorité de nationalistes roumanophiles (les « unionistes »), n'est pas largement partagée et va déclencher de profondes divisions au sein de la république. Tous les sondages et le référendum du début des années 1990 indiquent qu'une très forte majorité rejette ce projet. Plus grave, dès sa formulation, deux régions menacent de faire sécession : la Transnistrie et la Gagaouzie. À majorité non roumanophone, elles craignent par-dessus tout d'être assujetties à Bucarest et en appellent au soutien de la Russie. Les déclarations de Mircea Snegur (premier président moldave, de 1990 à 1997) affirmant que la Moldavie engageait l'union avec la Roumanie et choisissait l'hymne roumain pour le nouvel État jettent encore de l'huile sur le feu. L'indépendance est proclamée le 27 août 1991.

En Transnistrie, ces propositions suscitent une forte opposition dans la majorité slave. La région abrite une grande partie de l'industrie moldave (raffineries, centrales électriques) et surtout la 14e armée, basée à Tiraspol, élément majeur du dispositif soviétique face à l'OTAN. Le 2 septembre 1990, une « république socialiste soviétique moldave de Transnistrie » est proclamée. Entre la fin 1990 et le début de 1992, plusieurs escarmouches opposent la garde de Transnistrie, aidée par des volontaires cosaques, et l'armée moldave, qui veut reprendre le contrôle des ponts sur le Dniestr. La guerre commence en mars 1992 autour de la ville de Bender. Alors qu'Alexandre Routskoï, le vice-président russe, appelle à soutenir les séparatistes, l'armée moldave lance le 19 juin une grande offensive mais est mise en déroute par la 14e armée, commandée par le général Alexandre Lebed. Le 21 juillet, les présidents Eltsine et Snegur signent un accord de cessez-le-feu qui prévoit une force de maintien de la paix tripartite (russe, moldave et transnistrienne) qui sera déployée sous l'égide de la CEI. Le cessez-le-feu sera respecté mais la région séparatiste devient un nouveau « conflit gelé ». Diverses tentatives russes, puis européennes, pour définir un statut pour la Transnistrie échouent, en grande partie par la faute des autorités locales, qui demandent leur rattachement à la Russie. La région devient un de ces « trous noirs » propices à toutes sortes de contrebandes.

La Russie a largement profité des erreurs initiales des autorités moldaves et pris une position clef dans une région stratégique. Boris Eltsine va pratiquement dissoudre la 14e armée, ne maintenant sur place que quelques centaines de soldats, mais Moscou continue de peser sur la vie politique chaotique de la Moldavie. De son côté, Bucarest, qui n'a pas totalement écarté l'hypothèse d'une fusion, a distribué à la plupart des Moldaves un passeport roumain (et donc européen !) et cette question revient de temps à autre dans les débats. Seule réelle satisfaction, en 1992, Kiev et Chisinau ont échangé deux petits territoires, qui ont permis à la Moldavie d'ouvrir un port international sur le Danube et à l'Ukraine de contrôler totalement la route reliant Odessa à Reni.

Tchétchénie. Un simple conflit intérieur ?

Depuis le XVIIIe siècle, les Tchétchènes sont un des principaux obstacles à la conquête du Caucase nord par les Russes. Lors des grandes guerres du Caucase (1817-1864), ils ont un rôle majeur auprès de l'imam Chamil, chef religieux et militaire daghestanais qui tient tête aux troupes russes jusqu'en 1859. Par la suite, après une vaine tentative pour constituer une confédération des montagnards à la chute de l'empire, ils s'opposent durant les années 1920-1930 à la soviétisation (qui implique la remise en cause de leurs traditions religieuses et claniques) et à la collectivisation. Ce sont justement ces traditions claniques[17] et les confréries soufies qui leur permettent de survivre lors de la déportation des « peuples punis ». Réhabilités par Nikita Khrouchtchev, la plupart d'entre eux reviennent dans leur république reconstituée en 1957 mais gardent en mémoire cette injustice majeure que fut leur déportation de masse[18].

On comprend dès lors que la « parade des souverainetés » prend un sens particulier en Tchétchénie, où le mouvement national se radicalise rapidement avec l'indépendance comme mot d'ordre principal. Moins nombreux que les Tatars (un peu moins de 900 000 en 1989), les Tchétchènes sont pour la plupart (715 000) regroupés dans leur république, dont ils constituent 60 % de la population, ce qui renforce leur cohésion. Le pouvoir soviétique tient cependant la région sous un contrôle strict et les Russes forment la majorité (76 %) de la population de Grozny *(la Terrible)*. La ville est célèbre pour ses gisements d'hydrocarbures (en voie d'épuisement), son institut du pétrole et ses raffineries, qui fournissent une grande partie du kérosène et des huiles nécessaires à l'aviation civile et militaire du pays. Après l'éclatement de l'URSS en 1991 et contrairement au Tatarstan, la Tchétchénie dispose d'une frontière avec l'étranger (la Géorgie), facteur favorable à une éventuelle indépendance. Le début des années 1990 est chaotique avec, de la part des Tchétchènes, la multiplication de coups de main contre les populations russes (cosaques) de la république (vols de bétail, enlèvements de personnes et attaques de trains sur la ligne stratégique Moscou-Bakou). Boris Eltsine de son côté fait plusieurs tentatives pour renverser le régime indépendantiste du général Djokhar Doudaev[19] en s'appuyant sur des factions rivales.

Désormais séparés des Ingouches, les Tchétchènes refusent le compromis de nouveau traité fédéral proposé par Eltsine en mars 1992 et s'engagent frontalement dans la voie indépendantiste. Incapable de reprendre politiquement le contrôle de cette région rebelle, très mal conseillé par le ministre de la défense, Pavel Gratchev, qui promettait une *Blitzkrieg,* Eltsine décide d'employer la force. Le 1er décembre 1994, l'aviation russe bombarde Grozny et, le 4, l'armée de terre intervient massivement, suscitant de vives critiques dans le pays. Contrairement à l'avis de nombreux experts, Gratchev avait promis une prise rapide de la capitale. C'est tout le contraire qui se produit et cette première guerre tchétchène va durer près de deux ans, préfigurant les horreurs d'autres conflits futurs (villes rasées, champs de mines, massacres, exode massif des populations civiles vers les villages avoisinants ou vers d'autres régions de Russie). L'Occident critique *« l'usage disproportionné de la force »* mais ne condamne pas réellement le président russe : la signature de l'accord de partenariat Union

17. Les *teïp*, structures territoriales et familiales, parfois férocement rivales, mais plutôt alliées face à un ennemi commun.

18. Rappelons que, si certains Tchétchènes ont effectivement collaboré avec les nazis – comme beaucoup d'Ukrainiens ou de Russes –, la Tchétchénie proprement dite ne fut jamais occupée par les troupes du Reich. Beria fit même capturer les soldats tchétchènes de l'Armée rouge qui rentraient victorieux du front !

19. Djokhar Doudaev, général de l'aviation, est élu président de la Tchétchénie en octobre 1991 et fait voter l'indépendance de la république (Itchkérie) en novembre.

CAUCASE DU NORD, UNE MOSAÏQUE ETHNIQUE SOUS TENSIONS

LES ATTENTATS DANS LE CAUCASE DU NORD, 1990-2000

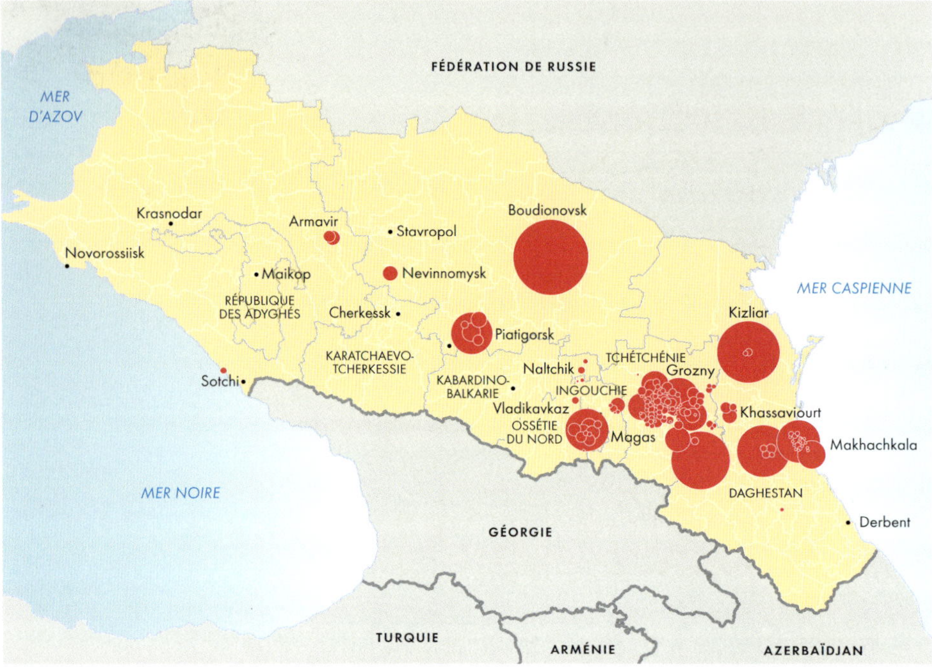

européenne-Russie, un temps gelée, est reportée à juillet 1995 ; qui plus est, la Russie devient même membre du Conseil de l'Europe en pleine guerre (février 1996). Très vite, une véritable guérilla tchétchène s'organise, qui va empêcher les forces russes de prendre réellement l'avantage. Doudaev est tué par un missile en avril 1996 mais d'autres chefs de guerre reprennent le flambeau. Grozny est prise en mars 1995 au prix de lourdes pertes[20] mais, début août 1996, la résistance tchétchène reprend la ville, ce qui met l'armée russe en grande difficulté.

Alors que les élections présidentielles approchent, Boris Eltsine préfère trouver un compromis. Le 31 août 1996, le général Lebed signe en son nom les accords de Khassaviourt avec Aslan Maskhadov au nom des forces tchétchènes. Outre un cessez-le-feu, l'accord prévoit le retrait complet des troupes fédérales de Tchétchénie et un délai de cinq ans pour préciser le futur statut de la république. En dépit d'une situation très fragile sur le terrain, Moscou accepte que l'OSCE organise début 1997 des élections présidentielles, qui voient la victoire de Maskhadov, considéré comme un modéré. Le 12 mai 1997, il se rend à Moscou et signe un traité de paix avec Boris Eltsine, qui a été réélu président le 3 juillet 1996. Le traité prévoit une aide importante pour la reconstruction de la Tchétchénie, aide qui ne sera jamais versée. La république s'enfonce dans une période chaotique. Le président Maskhadov est partagé entre trois systèmes de valeurs contradictoires : les institutions démocratiques, qui ont permis son élection, les structures traditionnelles, qui l'obligent à composer avec les chefs de clans territoriaux, et, surtout, une force nouvelle apparue dans les derniers mois de la guerre, le mouvement islamiste radical, mené par plusieurs jeunes chefs de guerre. Ces derniers veulent imposer un islam « pur », débarrassé des traditions soufies, et ne cachent pas leur intention d'élargir leur influence bien au-delà de la Tchétchénie. Toutes les conditions pour une reprise du conflit sont réunies.

En Russie même et dans le monde entier, les reportages indépendants et les nombreuses images des exactions russes ont mobilisé les opinions. Les destructions, dont celle de la

LA PREMIÈRE GUERRE EN TCHÉTCHÉNIE, 1994-1996

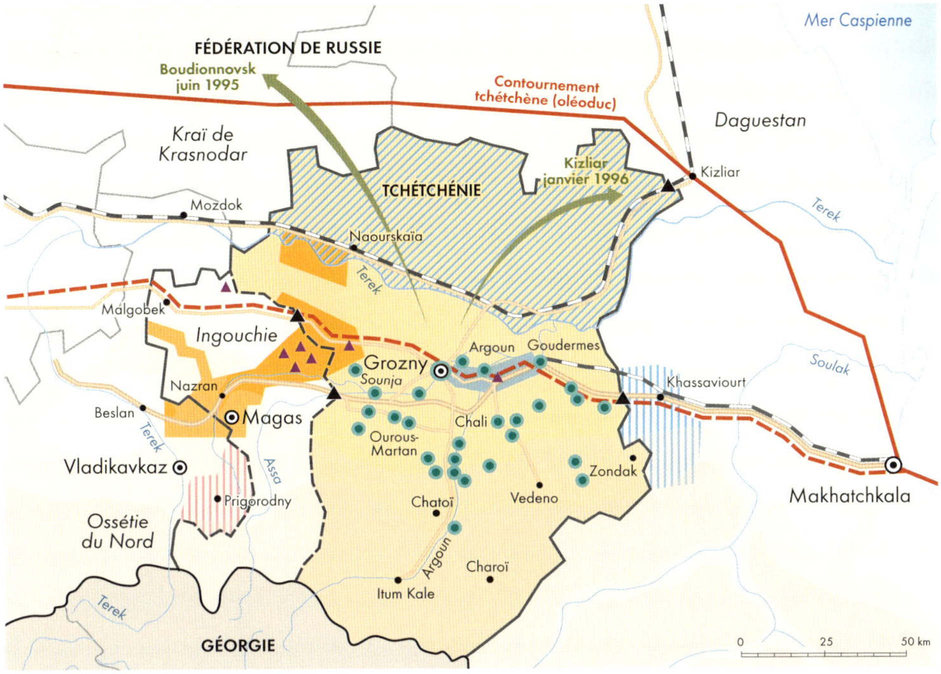

Voies ferrées

Route Rostov-Makhatchkala

Autres routes

Principaux check points

Oléoducs

En fonctionnement

Fermé

Villes et villages détruits entre 1994 et 2001, reconstruits depuis

Ancien district d'Aoukh au Daghestan, peuplé de Tchétchènes Akkines

Districts rattachés à la Tchétchénie en 1957 et vidés de leur population russe (cosaques) après 1991

District de Prigorodny, rattaché à l'Ossétie du Nord en 1944

Camps de réfugiés

Limites administratives contestées

Principales attaques tchétchènes à l'extérieur

Forte concentration de personnes déplacées et de réfugiés

Altitude en mètres

500

1 000

ville de Grozny (que beaucoup comparent à Dresde après les bombardements américains), frappent les esprits. Pourtant, comme lors du bombardement de la « Maison blanche » en octobre 1993, les principales puissances occidentales limitent leurs critiques envers Eltsine, l'homme des réformes libérales. La Tchétchénie ne serait donc qu'une affaire intérieure russe[21] ? L'emploi de la force est certainement jugé disproportionné et on critique les crimes de guerre mais le président Clinton lui-même réitère son *« soutien franc et massif »* à Eltsine et compare le conflit tchétchène à la guerre de Sécession. Le monde paraît soulagé que l'éclatement de l'URSS n'ait pas entraîné de plus graves soubresauts.

20. Le nombre de morts de la première guerre tchétchène varie beaucoup selon les sources. L'armée russe reconnaît officiellement la perte de 5 042 soldats. Le comité des mères de soldats parle de 14 000 morts. On parle de 3 000 à 17 000 morts parmi les combattants tchétchènes et il faut ajouter environ 50 000 pertes civiles, russes et tchétchènes.

21. A. Le Huérou, A. Merlin, A. Regamey et S. Serrano, *Tchétchénie : une affaire intérieure ? Russes et Tchétchènes dans l'étau de la guerre*, CERI/Autrement, 2005.

Chronologie de la recomposition de l'espace postsoviétique*

Principaux accords et traités de la Communauté des États indépendants (CEI)

8 décembre 1991
Accord de Minsk créant la CEI.

21 décembre 1991
Accord d'Alma-Ata élargissant la CEI. Création de deux conseils (chefs d'État et de gouvernement). Accord des quatre puissances nucléaires (Russie, Ukraine, Biélorussie, Kazakhstan) sur l'instauration d'un commandement unique des forces nucléaires stratégiques.

13 mars 1992
Accord sur le partage de la dette extérieure de l'ex-URSS.

20 mars 1992
Création à Kiev d'une force collective de maintien de la paix.

15 mai 1992
Signature à Tachkent du traité de sécurité collective.

24 septembre 1993
Signature à Moscou par neuf États d'un accord-cadre d'union économique (espace économique unique, libre circulation des marchandises, unification des régimes douaniers).

23 octobre 1993
Adhésion de la Géorgie à la CEI (adhésion au traité de sécurité collective le 3 février 1994).

14 avril 1994
Accord pour une zone de libre-échange. Le 24 avril, création du Comité interétatique économique, première structure supranationale qui siège à Moscou. La Russie détient 50 % des voix, l'Ukraine 14 %, le Turkménistan s'abstient, le Tadjikistan est observateur.

10 février 1995
Accord sur le système de défense aérienne unifié.

26 mai 1995
Traité de défense commune des frontières extérieures.

23 octobre 1997
(Chisinau) Critique de la « communauté à géométrie variable » et décision d'engager une réforme en profondeur de la CEI.

2 avril 1999
L'Azerbaïdjan, la Géorgie et l'Ouzbékistan décident de sortir du traité de sécurité collective, qui est reconduit le 21 mai par six États (Russie, Biélorussie, Arménie, Kazakhstan, Kirghizstan, Tadjikistan).

11 octobre 2000
Décision d'une force d'intervention rapide (Russie, Biélorussie, Kazakhstan, Arménie, Tadjikistan, Kirghizstan) dont le premier élément est créé le 25 mai 2001 pour l'Asie centrale (état-major à Bichkek).

7 octobre 2002
Le traité de sécurité collective de Tachkent se transforme en Organisation du traité de sécurité collective (OTSC) avec l'Arménie, la Biélorussie, le Kazakhstan, le Kirghizstan, l'Ouzbékistan, la Russie, le Tadjikistan. L'Ouzbékistan adhère le 16 août 2006 mais en sort le 28 juin 2012.

26 août 2005
Le Turkménistan annonce qu'il n'est plus que « membre associé » de la CEI.

18 août 2008
La Géorgie annonce son retrait de la CEI.

18 octobre 2011
Huit États (Russie, Ukraine, Biélorussie, Kazakhstan, Arménie, Kirghizstan, Moldavie, Tadjikistan) créent une zone de libre-échange.

19 mars 2014
L'Ukraine annonce son retrait de la CEI (mais elle n'avait jamais ratifié le traité !)

6 janvier 2022
Première intervention de l'OTSC (au Kazakhstan).

Accords régionaux séparés au sein de la CEI

Avec la Russie

6 janvier 1995
Instauration d'une union douanière entre la Russie et la Biélorussie, rejointes le 20 janvier par le Kazakhstan, par le Kirghizstan en mars 1996 et par le Tadjikistan en février 1999.

2 avril 1996
Création de l'Union des républiques souveraines (SSR), par la Russie et la Biélorussie.

10 octobre 2000
L'union douanière devient la Communauté économique euro-asiatique.

19 septembre 2003
Création de l'Espace économique commun, une nouvelle union réunissant Russie, Ukraine, Biélorussie et Kazakhstan.

1er janvier 2015
Lancement de l'Union économique eurasienne (Russie, Biélorussie et Kazakhstan, rejoints par l'Arménie puis le Kirghizstan).

Sans la Russie

23 avril 1994
Accord de coopération économique des cinq États d'Asie centrale.

10 juillet 1994
Création de la Communauté économique centre-asiatique (CECA) avec l'Ouzbékistan, le Kazakhstan et le Kirghizstan. Le Tadjikistan adhère en 1998. Devient Organisation de la coopération centre-asiatique en février 2002.

13 octobre 1997
Annonce à Strasbourg (en marge du Conseil de l'Europe) de la création du GUAM, associant la Géorgie, l'Ukraine, l'Azerbaïdjan et la Moldavie.

23 avril 1999
Au sommet de l'OTAN à Washington, l'Ouzbékistan rejoint le GUAM qui devient GOUAM (il le quitte en 2005).

18 octobre 2004
La Russie est admise dans l'Organisation de la coopération centre-asiatique. Celle-ci disparaît en octobre 2005 après sa fusion avec la Communauté économique euro-asiatique

2 décembre 2005
Le GUAM devient l'Organisation pour la démocratie et le développement économique - GUAM.

14 juin 2006
Les présidents d'Abkhazie, d'Ossétie du Sud et de Transnistrie créent la Communauté pour la démocratie et les droits des peuples.

---

* Chronologie mise à jour d'après J. Radvanyi (dir.), *Les États postsoviétiques*, Armand Colin, 3e édition, 2011.

Principaux accords hors CEI

Avec la Russie

6 mars 1992
Création du Conseil des États de la mer Baltique (dix États dont les trois États baltes et la Russie puis onze avec l'Islande).

25 juin 1992
Création à Istanbul de la Zone de coopération économique de la mer Noire (ZCEMN). Onze États, dont la Russie, l'Ukraine, la Moldavie, l'Arménie, l'Azerbaïdjan et la Géorgie.

3 décembre 1993
Proposition par l'OTAN du Partenariat pour la paix (PPP).

24 juin 1994
Accord de partenariat Union européenne-Russie.

8 juillet 1994
La Russie invitée au G7 de Naples.

25 janvier 1996
Adhésion de la Russie au Conseil de l'Europe.

26 avril 1996
Traité de sécurité régionale signé à Shanghai par la Chine, la Russie, le Kazakhstan, le Kirghizstan, le Tadjikistan. Devient l'Organisation de coopération de Shanghai en juin 2001.

27 mai 1997
Acte fondateur des relations Russie-OTAN, création du Conseil permanent commun (19+1).

Mai 1998
Le G7 devient G8 avec la Russie.

17 novembre 1998
Adhésion de la Russie au forum de Coopération économique Asie-Pacifique (APEC.)

25 novembre 1998
Adoption à Bruxelles de la Dimension septentrionale (avec les trois États baltes et la Russie).

28 mai 2002
Création du Conseil OTAN-Russie à vingt membres, qui remplace le Conseil permanent commun.

16 juin 2009
Premier sommet des BRIC à Ekaterinbourg.

4 juin 2014
La Russie est exclue du G8, qui redevient G7.

Sans la Russie

12 mai 1990
Création du Conseil des États baltes (trois républiques baltes).

30 novembre 1992
Adhésion de l'Azerbaïdjan, du Kazakhstan, du Kirghizstan, du Turkménistan et de l'Ouzbékistan à l'OCE (Organisation de la coopération économique avec l'Iran, le Pakistan et la Turquie).

1994
Adhésion des États postsoviétiques au Partenariat pour la paix.

14 juin 1994
Accord de partenariat Union européenne-Ukraine, puis avec la Moldavie le 28 novembre, le Kazakhstan le 23 janvier 1995, le Kirghizstan le 9 février 1995, la Biélorussie le 6 mars 1995, l'Arménie, l'Azerbaïdjan et la Géorgie le 22 avril 1996, l'Ouzbékistan le 21 juin 1996.

12 juin 1995
Accords d'association entre l'Union européenne et les trois États baltes.

Octobre-novembre 1995
Début de la procédure d'adhésion des États baltes à l'Union européenne.

29 mai 1997
Charte de partenariat Ukraine-OTAN (officialisée le 9 juillet).

9 septembre 1998
Sommet TRACECA à Bakou avec 32 États dont la Moldavie, l'Ukraine, les trois États du Caucase du Sud et les cinq d'Asie centrale.

29 mars 2004
Entrée des trois États baltes dans l'OTAN.

1er mai 2004
Entrée des trois États baltes dans l'Union européenne.

Mai 2004
Annonce de la Politique européenne de voisinage (PEV). Après la Biélorussie, l'Ukraine et la Moldavie (la Russie refuse d'y participer), elle est élargie aux États du Caucase du Sud.

2 décembre 2005
Les membres du GUAM, les trois États baltes, la Macédoine, la Roumanie et la Slovénie créent à Kiev la Communauté du choix démocratique destinée à faciliter l'adhésion des pays non membres à l'UE.

7 mai 2009
Signature à Prague de l'accord d'association du Partenariat oriental entre l'UE et l'Arménie, l'Azerbaïdjan, la Géorgie, la Moldavie, l'Ukraine et la Biélorussie.

27 juin 2014
Signature de protocoles d'accord d'association de l'Union européenne avec la Géorgie (27 juin), la Moldavie (27 juin) et l'Ukraine (21 mars et 27 juin) en attente de ratification.

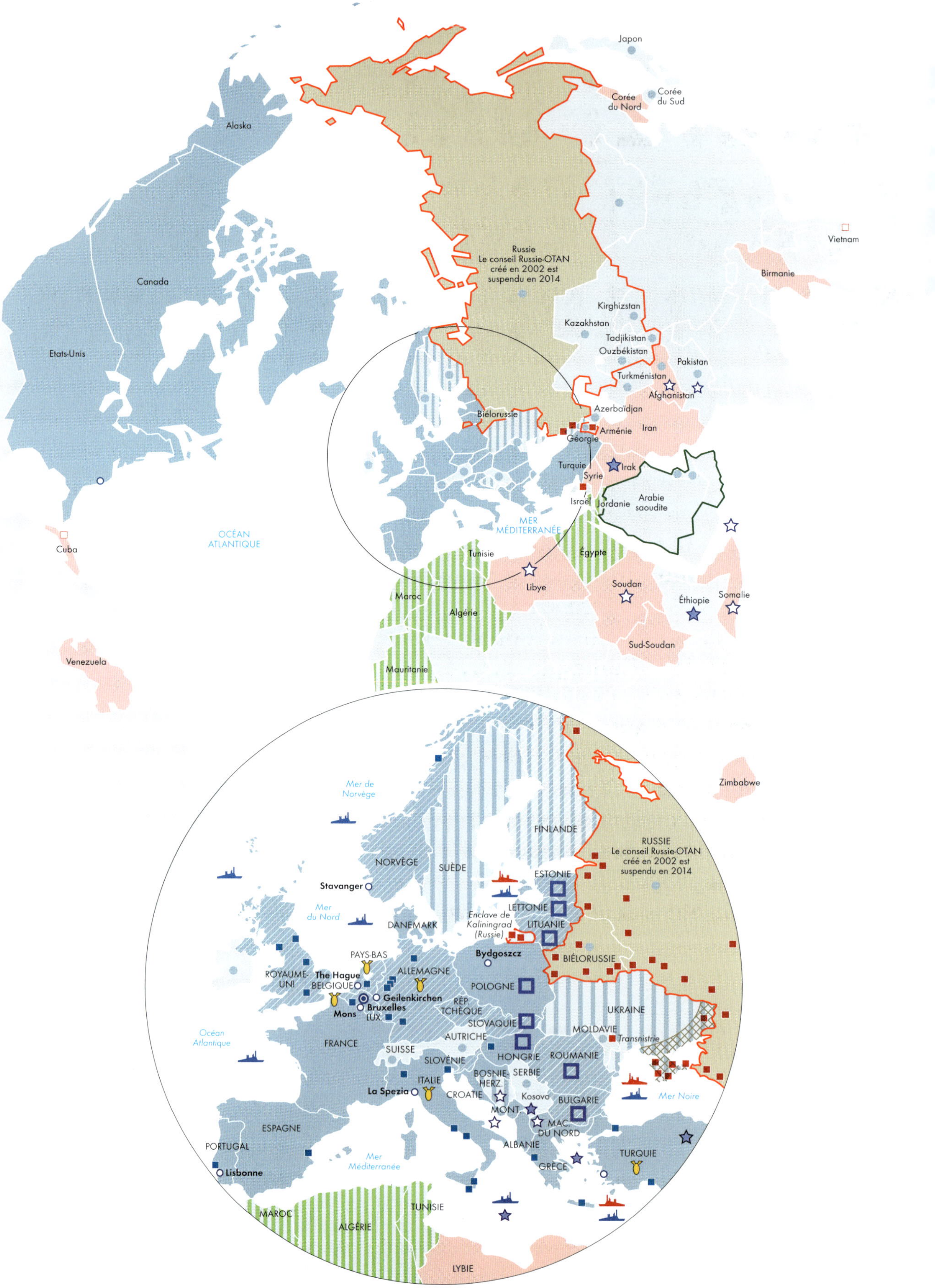

Japon
Corée du Nord
Corée du Sud
Alaska
Canada
Etats-Unis
Russie
Le conseil Russie-OTAN créé en 2002 est suspendu en 2014
Vietnam
Birmanie
Kirghizstan
Kazakhstan
Tadjikistan
Ouzbékistan
Pakistan
Turkménistan
Afghanistan
Azerbaïdjan
Biélorussie
Arménie
Iran
Géorgie
Turquie
Irak
Syrie
Arabie saoudite
Israël
Jordanie
Cuba
OCÉAN ATLANTIQUE
MER MÉDITERRANÉE
Tunisie
Égypte
Libye
Soudan
Éthiopie
Somalie
Maroc
Algérie
Sud-Soudan
Mauritanie
Venezuela
Zimbabwe
Mer de Norvège
FINLANDE
RUSSIE
Le conseil Russie-OTAN créé en 2002 est suspendu en 2014
NORVÈGE
SUÈDE
ESTONIE
Stavanger
Mer du Nord
LETTONIE
Enclave de Kaliningrad (Russie)
DANEMARK
LITUANIE
PAYS-BAS
Bydgoszcz
BIÉLORUSSIE
ROYAUME-UNI
The Hague
ALLEMAGNE
BELGIQUE
POLOGNE
Geilenkirchen
Bruxelles
Mons
LUX.
RÉP. TCHÈQUE
UKRAINE
SLOVAQUIE
Océan Atlantique
FRANCE
AUTRICHE
MOLDAVIE
Transnistrie
SUISSE
HONGRIE
ROUMANIE
SLOVÉNIE
ITALIE
BOSNIE-HERZ.
SERBIE
La Spezia
CROATIE
Kosovo
Mer Noire
MONT.
BULGARIE
MAC. DU NORD
ESPAGNE
ALBANIE
PORTUGAL
TURQUIE
GRÈCE
Mer Méditerranée
Lisbonne
TUNISIE
MAROC
ALGÉRIE
LYBIE

OTAN ET UNION EUROPÉENNE, LE DÉFI DES ÉLARGISSEMENTS

La sécurité peut-elle se partager sans tenir compte des sentiments de menace perçus par l'une ou l'autre partie ? C'est le dilemme auquel on assiste lors des négociations sur la réunification allemande, qui précèdent la dissolution du pacte de Varsovie. Alors que Mikhaïl Gorbatchev a affirmé n'avoir jamais demandé d'engagement formel de non-élargissement de l'OTAN à l'est de l'Allemagne, l'ouverture récente des archives atteste de la multiplicité de propos ambigus de part et d'autre. C'est en s'appuyant sur ces ambivalences que Boris Eltsine, puis Vladimir Poutine vont critiquer l'élargissement de l'OTAN, puis de l'Union européenne, vers la frontière russe. Autant de « lignes rouges » énoncées par le Kremlin (en particulier à propos de la neutralité de l'Ukraine) qui n'ont jamais été discutées sur le fond.

1989-2004

Pays membres et partenaires

Pays membre de l'Organisation du traité de l'Atlantique nord (OTAN)

Pays candidat à l'adhésion

Principaux partenariats

Partenariat pour la paix et « Partenariat global »

Pays du Dialogue méditerranéen

Initiative de coopération d'Istanbul

Présence de missiles nucléaires américains en Europe

Présence militaire des troupes de l'OTAN

Groupements tactiques multinationaux

Principales bases et facilités militaires utilisées par l'OTAN

États participant au projet de bouclier antimissile (ou « bouclier antiaérien européen »)

Autres opérations de l'OTAN

Terminée

Toujours en cours

État considéré par l'OTAN comme menaçant ou hostile depuis le début des années 1990

Pays agresseur de l'Ukraine et État allié soutenant l'invasion

Territoires ukrainiens toujours illégalement occupés par les forces russes en décembre 2022

Principales bases et facilités militaires utilisées par la Russie

Anciennes bases russes à l'étranger (fermées en 2002)

Présence de la flotte militaire russe

Organisation « concurrente »

Organisation du traité de sécurité collective (OTSC), créée en 2002

L'héritage incertain de la *perestroïka*

L'un des aspects les plus spectaculaires des mutations engagées pendant la *perestroïka* concerne les relations internationales, placées par Gorbatchev sous le signe de la « nouvelle pensée ». Exposées dans son livre *La Perestroïka et la nouvelle pensée politique* (1987), puis réaffirmées dans un discours à l'ONU en décembre 1988, ses propositions relancent vigoureusement la coexistence pacifique en donnant la priorité au dialogue politique avec l'Occident. Son idée passe par un désarmement contrôlé qui devait permettre à l'URSS d'engager les réformes intérieures nécessaires à son développement. Outre le retrait des forces soviétiques d'Afghanistan (1989), trois décisions majeures jalonnent ce qui inaugure la fin de la guerre froide. Le 8 décembre 1987, Gorbatchev signe à Washington avec Ronald Reagan le traité sur les forces nucléaires à portée intermédiaire (FNI), premier traité à proposer la disparition de toute une catégorie d'armements[1]. L'année suivante, il déclare renoncer à la « doctrine Brejnev » (énoncée lors du « printemps de Prague », en 1968), qui limitait la souveraineté des États du camp socialiste. Suit un tournant décisif en trois étapes : la réunification allemande officialisée le 3 octobre 1990, la dissolution du Conseil d'aide économique mutuelle (CAEM, Comecon en anglais) le 28 juin 1991 et, surtout, celle du pacte de Varsovie, le 1er juillet. Ce tournant doctrinal, salué en Occident et qui vaudra à Gorbatchev le prix Nobel de la paix en 1990, a toujours suscité de vives critiques en interne, de nombreux dirigeants russes reprochant à Gorbatchev de ne pas avoir assez « monnayé » les concessions faites par Moscou et d'avoir ainsi affaibli la sécurité du pays.

C'est au cours des négociations pour le retrait des troupes soviétiques basées en République démocratique allemande (RDA) et la réunification des deux Allemagnes que sont abordés plusieurs sujets majeurs qui sont aujourd'hui encore sources de polémiques. La discussion porte sur les conditions auxquelles la sécurité de l'URSS et celle de l'Europe seraient assurées dans la nouvelle configuration géopolitique. Avec sa « maison commune européenne » (1989), Gorbatchev propose que son pays soit partie prenante dans l'élaboration des futures structures de sécurité qui intégreraient toute l'Europe. Début 1990, d'intenses négociations débutent entre les dirigeants soviétiques et leurs homologues occidentaux. Elles portent d'abord sur la réunification de l'Allemagne et le statut de Berlin mais vont se prolonger, après la réunification et l'éclatement de l'URSS en 1991, afin de préciser les équilibres de l'après-guerre froide. Elles impliquent en premier lieu les dirigeants allemands et les Américains, qui assurent la sécurité de la République fédérale au sein de l'OTAN et ont de ce fait une voix décisive sur l'ensemble de ce processus. Français et Anglais, les autres puissances occupantes de Berlin ouest, sont aussi consultés.

L'ouverture récente de certaines archives (en particulier aux États-Unis) et la publication des mémoires des différents protagonistes permettent d'avoir une vision plus précise, sinon définitive, de ces échanges qui demeurent l'objet de controverses majeures[2]. Les dirigeants russes ne cessent de répéter depuis Boris Eltsine que les Américains et leurs alliés avaient promis que l'Alliance atlantique ne se rapprocherait pas de leurs frontières. Ils parlent de trahison, de non-respect de la parole donnée et de l'impossibilité de faire confiance à leurs partenaires[3]. En réalité, Gorbatchev n'a jamais exigé de promesse formelle de non-extension

1. Il s'agissait de l'élimination de tous les missiles de croisière et missiles balistiques américains et soviétiques, lancés depuis le sol et ayant une portée se situant entre 500 et 5 500 km.

2. Mary Elise Sarotte, *Not One Inch: America, Russia, and the Making of Post-Cold War Stalemate*, Yale University Press, 2022.

de l'OTAN vers l'est, c'est d'ailleurs un des reproches que lui adressent les dirigeants russes après 1991. Dans une interview de 2014[4], Gorbatchev affirme que la discussion portait sur *« l'assurance que les structures militaires de l'OTAN n'avanceraient pas et qu'aucune force armée additionnelle de l'Alliance ne serait déployée sur le territoire de l'ex-RDA ». « La question de l'expansion de l'OTAN ne fut pas discutée du tout »*, ajoute-t-il. Même si l'on a acquis la certitude qu'aucun accord écrit ne vient fonder les accusations russes, les documents d'époque, en particulier américains récemment rendus publics, démontrent clairement que dirigeants américains et allemands ont multiplié les déclarations qui peuvent fonder cette interprétation. Anticipant l'évolution constante de la situation en Europe, ils ne souhaitaient en aucun cas limiter leur marge de manœuvre. Comme Robert Gates (alors directeur de la CIA) l'affirme en 2000, *« Gorbatchev et les autres ont été conduits à croire que cela (l'expansion de l'OTAN vers l'est) n'arriverait pas, au moins avant longtemps[5] ».*

En février 1990, l'enjeu crucial pour les Occidentaux est d'obtenir que Gorbatchev accepte définitivement la réunification allemande et évacue les soldats stationnés en RDA. Au cours des premières discussions, Hans-Dietrich Genscher et James Baker, respectivement ministre des affaires étrangères de la RFA et secrétaire d'État américain, promettent à Gorbatchev que, selon une formule de Baker, *« il n'y aurait pas d'extension d'un pouce vers l'est de la juridiction de l'OTAN et des forces de l'OTAN »*. Les Américains craignent alors que l'accord sur l'Allemagne, considéré en URSS comme une atteinte à son prestige, soit bloqué. Baker commente : *« L'Union soviétique ne veut pas apparaître comme le perdant. »*

Pour clarifier les conditions de cet accord, Moscou suggère qu'on temporise sur la réunification afin d'organiser la dissolution parallèle du pacte de Varsovie et de l'OTAN, qui pourraient être remplacés par une structure paneuropéenne de sécurité basée sur la Conférence sur la sécurité et la coopération en Europe (CSCE)[6], dont le rôle serait accru. En mai, l'administration de George H. W. Bush répond par un *package* reprenant les points discutés et connu sous le nom de *Nine Insurances* (« Neuf assurances »). Outre des mesures pour limiter les forces conventionnelles en Europe, il prévoit le renforcement de la CSCE, mais maintient l'OTAN, qui deviendrait une organisation plus politique. Muni de ces assurances verbales, Gorbatchev accepte en juillet le principe de la réunification, qui sera effective le 3 octobre 1990. Le passionnant livre de Mary Elise Sarotte, qui décrit pratiquement au jour le jour le détail de ces échanges, nous montre un dirigeant soviétique de plus en plus préoccupé par l'évolution interne en URSS et demandant surtout des aides financières destinées à compenser la crise économique qui y sévit. Peu expérimenté en matière de négociations internationales, il apparaît faible et manipulable et ne réclame finalement aucune garantie de sécurité réelle.

À cette date, aucune décision d'élargissement n'est réellement envisagée, mais, dès l'été 1990, plusieurs pays européens, Pologne, Tchécoslovaquie et Hongrie, envoient des émissaires à Bruxelles pour discuter avec les dirigeants de l'OTAN de leur souhait d'une adhésion à l'Alliance. Parmi les notes de l'administration américaine aujourd'hui

---

3. Rappelons ici que, quelle que soit la conclusion de cette controverse, le sentiment russe de non-respect de la parole donnée ne peut justifier la guerre d'agression menée en 2022 contre l'Ukraine.

4. https://www.rbth.com/international/2014/10/16/mikhail_gorbachev_i_am_against_all_walls_40673.html

5. http://web1.millercenter.org/poh/transcripts/ohp_2000_0723_gates.pdf, p. 101

6. La Conférence sur la sécurité et la coopération en Europe (CSCE) est née en 1973 dans le cadre du dialogue entre l'Est et l'Ouest. Elle aboutit à la signature de l'Acte final d'Helsinki le 1er août 1975. Au cours des négociations de l'après-guerre froide engagées en 1989-1990, la CSCE élabore la Charte de Paris pour une nouvelle Europe, et devient l'Organisation pour la sécurité et la coopération en Europe (OSCE) lors du sommet de Budapest fin 1994.

déclassifiées, Joshua Shifrinson[7] relève deux positions opposées qui témoignent d'une certaine ambivalence. La première, un mémo du Département d'État d'octobre 1990, exprime la position suivante : *« Nous ne sommes pas dans la position de garantir la sécurité de ces pays [d'Europe de l'Est] (...) et nous ne souhaitons pas organiser une coalition antisoviétique aux frontières soviétiques. Cette coalition serait perçue très négativement par les Soviets et pourrait retourner le courant positif actuel qu'on observe en Europe de l'Est et en URSS. »* À l'opposé, une autre note du Secrétariat à la défense indique : *« Il faut laisser la porte de l'OTAN entrouverte et ne pas donner l'impression aux Européens de l'Est que l'Alliance est pour toujours un club fermé. »* En réalité, une fois la réunification allemande acquise, une vive controverse s'engage au sein de l'administration américaine entre les partisans d'un élargissement rapide et ceux qui souhaitent temporiser. Dans ces négociations qui s'étirent jusqu'en 1994, il faut aussi tenir compte des changements de dirigeants, aussi bien aux États-Unis (le républicain Bush est battu en 1992 par le démocrate Clinton) qu'en Russie avec l'arrivée au pouvoir de Boris Eltsine. Une chose est claire, les États-Unis entendent bien maintenir ouvertes toutes les options.

Fin 1990, alors que l'Allemagne célèbre sa réunification, plusieurs dirigeants européens semblent vouloir concrétiser l'hypothèse d'un effacement relatif et parallèle de l'OTAN et du pacte de Varsovie et la montée en puissance d'une structure de sécurité unique sur la base de la CSCE. Signée à Paris par 34 États le 21 novembre 1990, la Charte de Paris pour une nouvelle Europe stipule ainsi dans son premier paragraphe : *« Nous, chefs d'État ou de gouvernement des États participant à la Conférence sur la sécurité et la coopération en Europe, sommes réunis à Paris à une époque de profonds changements et d'espérances historiques. L'ère de la confrontation et de la division en Europe est révolue. Nous déclarons que nos relations seront fondées désormais sur le respect et la coopération. »* En réalité, les Américains, initialement assez réticents quant à l'organisation de cette conférence, vont s'employer à trouver d'autres voies avec comme souci majeur celui de préserver le rôle éminent de l'OTAN. Ce souhait est d'ailleurs partagé par une bonne partie des Européens. Lors d'une rencontre à la Martinique en mars 1991 entre George Bush et François Mitterrand, le ministre des affaires étrangères Roland Dumas insiste sur le fait que c'est l'OTAN, plutôt que l'UE, qui est la mieux habilitée à traiter avec les anciens membres du pacte de Varsovie[8].

Du Partenariat pour la paix à l'élargissement de l'OTAN : un jeu de dupes ?

Il faut se remettre dans le contexte si particulier de cette époque charnière. L'ouverture de la frontière hongroise en mai 1989, la chute du mur de Berlin en novembre constituent des étapes majeures d'un bouleversement géopolitique radical. Pour les Américains, cette évolution marque la fin de la guerre froide, dont ils estiment à juste titre être les grands vainqueurs. Or, dès cette date, plusieurs pays autrefois satellites de l'URSS frappent avec insistance aux portes de l'OTAN et de l'Union européenne. En Pologne, en Hongrie, en Tchécoslovaquie, des partis politiques font de cette éventualité le cœur de leur programme et ces trois États créent le groupe de Višegrad afin d'appuyer leur démarche. L'éclatement de l'URSS en décembre 1991 amplifie encore ce mouvement : les trois États baltes, l'Ukraine ainsi que la Géorgie sont à l'unisson sans

7. Joshua R. Itzkowitz Shifrinson, « Deal or No Deal? The End of the Cold War and the U.S. Offer to Limit NATO Expansion », *International Security*, 2016, n° 4.

8. Mary Elise. Sarotte, *op. cit.*, pp. 111-112.

qu'aucune propagande ne soit nécessaire. L'histoire de leurs relations avec Moscou tout au long du XXe siècle suffit largement à les inciter à se rapprocher de l'Ouest et les premiers pas du nouveau pouvoir russe ne peuvent que renforcer leur détermination. En mars 1992, la fuite d'un document du Pentagone énonce clairement que la stratégie des États-Unis dans l'après-guerre froide ne devait pas être de coopérer avec la Russie mais de *« s'assurer qu'aucune grande puissance rivale ne pourrait émerger*[9] *»*.

L'élection de Bill Clinton à la présidence des États-Unis (novembre 1992) contribue à l'infléchissement de la position américaine. En 1993, Anthony Lake, le conseiller à la sécurité, donne un nom à la doctrine qui doit remplacer la politique de *containment* de George Kennan[10]. On parlera désormais d'*enlargement,* doctrine définie comme une *« extension de la communauté mondiale libre des démocraties de marché »* et qui est bientôt présentée aux alliés et à Boris Eltsine lui-même. Celui-ci a émis des opinions ambivalentes sur l'OTAN. Fin 1991, il envisage que la coalition militaire de la CEI pourrait s'associer à l'Alliance et il va jusqu'à envoyer une lettre à Bruxelles suggérant une possible adhésion de la Russie[11]. Et, en août 1993, lors d'un mémorable voyage à Varsovie, il déclare à Lech Walesa que *« l'adhésion de la Pologne à l'OTAN ne serait contraire aux intérêts d'aucun Etat y compris ceux de la Russie »*, déclaration qu'il regrettera par la suite. Dès janvier 1994, Clinton annonce que l'OTAN pourrait accepter de nouveaux membres et lance le Partenariat pour la paix (PPP), une structure souple destinée à permettre l'approfondissement des relations entre l'Alliance et les pays de l'Est sans que l'adhésion soit formalisée. En quelques mois, 34 pays européens y adhèrent, dont tous les États postsoviétiques y compris la Russie. Toutefois, le PPP est loin de satisfaire l'attente de tous les dirigeants de ces pays, qui souhaitent obtenir des garanties de sécurité plus concrètes et une réelle intégration dans les structures européennes et atlantiques. Les préparatifs en vue d'une première vague d'élargissement commencent. Boris Eltsine proteste. Il écrit à Bill Clinton que *« le traité sur la réunification allemande signé en 1990 exclut, par son esprit, la possibilité de l'expansion de la zone OTAN vers l'est »*. Toutefois, le bombardement du Parlement russe (octobre 1993) puis le début de la première guerre tchétchène (décembre 1994) renforcent la détermination des partisans d'un élargissement. Des voix comme Kennan, aux États-Unis, s'inquiètent de cette décision. Dans un article du *New York Times* de février 1997, il estime que cet élargissement intervient à un mauvais moment en raison de l'instabilité que traverse la Russie. L'année suivante, il déclare : *« Je pense que c'est une erreur tragique. Il n'y avait aucune raison de faire cela. Personne ne menaçait personne. »* Et il ajoute : *« C'est le début d'une nouvelle guerre froide. Les Russes vont graduellement réagir de manière hostile et cela va affecter leur politique. »* Mais le mouvement est lancé. Une première vague d'élargissement de l'OTAN est annoncée en 1997 pour la Hongrie, la Pologne et la Tchéquie.

En mai 1997, Eltsine vient à Paris pour signer l'Acte fondateur sur les relations, la coopération et la sécurité mutuelles entre l'OTAN et la Russie, affirmant que l'OTAN et la Russie

---

9. P. Tyler, « US Strategy Plan Calls for Insuring No Rivals Develop », *The New York Times*, 8 mars 1992, cité par M. Sarotte.

10. La politique de *containment* (limitation de l'expansion des pays communistes) proposée par George Kennan, secrétaire d'État adjoint américain, sera un des principes essentiels de la guerre froide.

11. T. Friedman, « Yeltsin says Russia Seeks to Join NATO », *The New York Times*, 21 décembre 1991, cité par M. Sarotte.

LES ÉLARGISSEMENTS DE L'UNION EUROPÉENNE

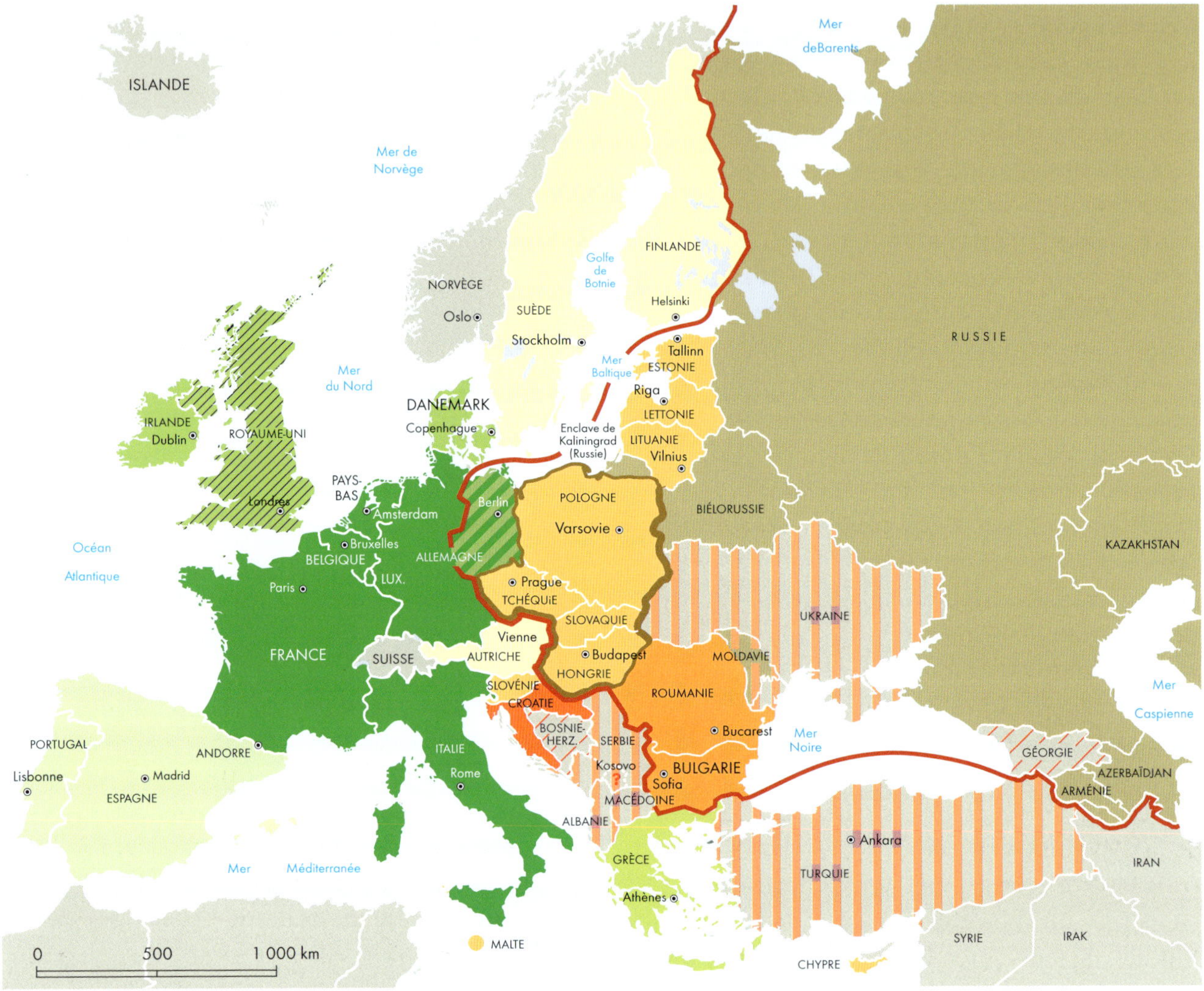

Pays encore membres de la Communauté des États indépendants (CEI) en 2022

Ancienne limite des pays membres du Conseil d'assistance économique mutuelle (COMECON) disparu en 1990 avec l'effondrement de l'Union soviétique

1951 : Communauté européenne du charbon et de l'acier (CECA), puis Communauté économique européenne (CEE) à partir de 1958.

L'Allemagne de l'Est (hachurée sur la carte), réunifiée à l'Allemagne fédérale rejoint l'Union européenne en 1990.

Construction européenne

- 1951
- 1973
- 1981
- 1986
- 1995
- 2004
- 2007
- 2013
- 1990 : rattachement de l'Allemagne de l'Est
- 2020 : Brexit, le Royaume-Uni sort de l'UE

Élargissement

- Pays candidats et qualifiés
- Pays ayant déposé une candidature
- ? Candidature possible
- Groupe de Visegrad

ne sont plus des adversaires et portant création du Conseil conjoint permanent. Mais, selon Javier Solana, secrétaire général de l'Alliance, l'Acte fondateur n'est pas un moyen d'offrir à la Russie une *« compensation »* à l'élargissement et il ne diluera pas l'efficacité de l'Alliance. Le document n'aura aucune incidence sur le calendrier que s'est fixé l'OTAN pour l'admission de nouveaux membres ni sur le statut de sécurité de ces derniers. Boris Eltsine n'obtient ni le droit de veto qu'il demandait sur les futurs élargissements de l'OTAN, en particulier pour les États baltes, ni la charte contraignante engageant l'OTAN à ne pas disposer d'armes nucléaires dans les nouveaux États membres, ce qu'avait pourtant promis Madeleine Albright à Moscou en février. Tout au plus parvient-il à faire modifier le traité FCE (de limitation des armements conventionnels) de 1990, ce qui permet à la Russie d'élever son plafond d'armes au Caucase, et l'Alliance proclame qu'elle n'a *« aucune intention, aucun projet et aucune raison »* de procéder au déploiement de nouvelles armes nucléaires en Europe dans la situation actuelle. Une seconde vague d'élargissement de l'OTAN intervient en 2004, incluant les trois États baltes.

L'Union européenne, un nouvel acteur à l'est de l'Europe

L'élargissement de la Communauté (Union à partir de 1993) européenne à l'est de l'Europe n'a jamais été perçu, à l'inverse de celui de l'OTAN, comme une menace inquiétante par le pouvoir russe. Dans de nombreuses déclarations des présidents successifs, l'extrême faiblesse de ses capacités militaires est autant soulignée que le caractère politique et économique de l'Union. D'ailleurs, la cohérence même de la Communauté a longtemps suscité une certaine incompréhension de la part des analystes russes. Les dirigeants du Kremlin ont toujours tenté de profiter de ce qu'ils prenaient pour des facteurs de fragilité pour essayer de diviser l'Union en favorisant des relations bilatérales avec ses différents membres.

Une fois dépassées les appréhensions françaises face à la réunification allemande et profitant de la nouvelle dynamique établie par le couple Kohl-Mitterrand dès 1984, la Communauté élargit le concept d'*Ostpolitik* déjà élaboré à Bonn. Avec l'accord de ses douze membres d'alors, la Commission de Bruxelles entame le long processus permettant l'intégration des anciens satellites de l'URSS, libérés des pressions soviétiques dans le cadre de la nouvelle politique de Gorbatchev. Une première étape consiste à favoriser l'élaboration de cadres institutionnels aussi bien que de structures politiques et économiques pour permettre le rapprochement, ce qu'on a dénommé à partir de 2004 « l'acquis communautaire ». Dès décembre 1989, un programme d'aide aux pays d'Europe centrale et orientale (PHARE) est lancé pour financer la reconstruction économique et la préadhésion de la Pologne et de la Hongrie. En mai 1990 est créée la Banque européenne pour la reconstruction et le développement (BERD), qui va jouer un rôle majeur dans l'assistance aux futurs nouveaux élus, aidés souvent par des « parrains » dédiés choisis parmi les anciens membres.

L'éclatement de l'URSS fin 1991 bouscule ce processus puisqu'il apparaît qu'au moins les trois États baltes ont vocation à entrer dans la Communauté mais que plusieurs autres aspirent à s'en rapprocher. Plusieurs instruments sont progressivement élaborés pour faciliter la transition des nouveaux États indépendants vers des économies de marché libérales. La Communauté lance dès décembre 1991 le programme TACIS *(Technical Assistance to the Commonwealth of Independent States)*, un programme d'assistance technique destiné à faciliter la transition des douze États de la CEI. Des centaines de spécialistes – économistes, juristes, administrateurs divers – sont missionnés pendant une dizaine d'années afin

LES EURORÉGIONS

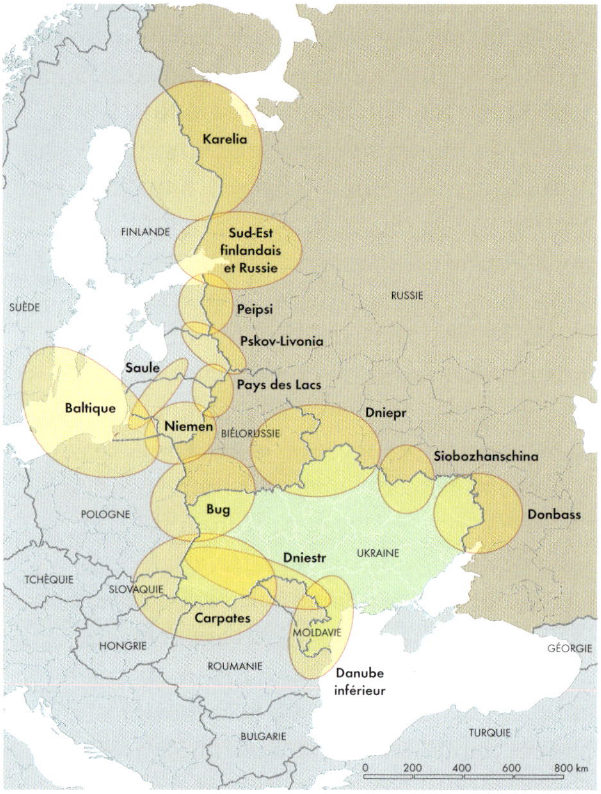

de rapprocher les législations, les pratiques politiques et économiques. La BERD fournit l'essentiel de l'aide financière (elle inclut le budget de sécurité nucléaire adopté après l'accident de la centrale de Tchernobyl en 1986). Son mandat est explicitement orienté puisqu'il se limite en principe aux pays *« qui s'engagent à respecter et à mettre en pratique les principes de la démocratie pluraliste, du pluralisme et de l'économie de marché, à favoriser la transition de leurs économies vers des économies de marché, et à y promouvoir l'initiative privée et l'esprit d'entreprise »*. Son activité est donc réduite dans des pays comme la Biélorussie, l'Ouzbékistan et le Turkménistan, dont la dérive autoritaire se manifeste rapidement. Le développement de la corruption et la gestion opaque qui se répand en Géorgie, en Ukraine ou en Russie n'empêchent pas la BERD d'y être très active.

En 2009, dans le cadre de sa Politique de voisinage, l'Union européenne lance le Partenariat oriental destiné à faciliter des accords avec l'Arménie, l'Azerbaïdjan, la Géorgie, la Moldavie, l'Ukraine et la Biélorussie. Divers accords d'association ou partenariats sont prévus. À partir de 2010, l'Union négocie avec la Géorgie, la Moldavie et l'Ukraine un accord de libre-échange complet et approfondi (ALECA) intégrant un accord d'association et un autre de libre-échange, c'est-à-dire un ensemble complet de mesures douanières et tarifaires. Comme on l'a vu au premier chapitre, c'est justement le reniement de cet accord par le président ukrainien Ianoukovitch qui déclenche la crise de 2014 à Kiev.

Tout en étant évidemment d'une nature différente de celle apportée aux pays ayant pour vocation d'intégrer l'Union, l'aide proposée par l'Union européenne au États de la CEI va s'avérer considérable. La demande est grande, au moins au début des années 1990, tant l'attente des populations est immense. Son efficacité se heurte à l'ampleur de la crise économique qui sévit alors, dont les effets sont renforcés par la généralisation des pratiques de corruption propres aux systèmes oligarchiques qui se mettent en place un peu partout. Dans plusieurs États, le flottement de l'opinion publique vis-à-vis des réformes libérales va faciliter la venue au pouvoir de dirigeants populistes misant sur les sentiments nationalistes toujours vifs. Cependant, en quelques années, l'Union devient le premier investisseur et le premier partenaire commercial de la Russie et de pratiquement tous les États postsoviétiques. En dépit d'une politique commune, fondamentale dans la proposition d'un cadre institutionnel et normatif commun, les membres de l'Union n'interviennent pas tous au même rythme et avec le même engagement. Dans le droit fil de son *Ostpolitik*, l'Allemagne est l'État le plus présent dans tous les domaines (industrie et banque, commerce et culture). La France est très présente en Russie, mais souvent surpassée dans les autres pays par d'autres membres de l'Union comme l'Italie, dont les entreprises sont particulièrement hardies. Au total, et en dépit de multiples aléas politiques et juridiques, c'est un tissu dense de relations tous azimuts qui s'instaure en peu d'années, tissu qui va être remis en cause, au moins pour la Russie, par les deux grandes vagues de sanctions de 2014 et 2022.

Un des aspects prometteurs de l'action communautaire est l'application aux pays d'Europe centrale, puis à ceux de la CEI, du programme des eurorégions. Ces structures transnationales, associant des régions contiguës de deux ou plusieurs États de l'Union, permettent de financer des projets communs dans plusieurs domaines, comme l'aménagement du territoire, les transports, l'économie locale, les activités culturelles ou l'environnement. L'eurorégion Niemen, qui associe des territoires appartenant à la Lituanie, à la Biélorussie, à la Pologne et à Kaliningrad, est lancée dès 1995. D'autres suivront, suscitant un grand intérêt des populations et des dirigeants locaux. Toutefois, avec l'arrivée au pouvoir de Vladimir Poutine en 2000, les craintes de Moscou que les régions prennent goût à plus d'autonomie vont se renforcer et les conditions pour ce type d'expérience vont peu à peu se détériorer. Plus largement, le président russe est de plus en plus critique vis-à-vis de l'Union européenne. Il a qualifié à plusieurs reprises les pays européens de vassaux des États-Unis qui auraient abdiqué leur pleine souveraineté[12]. Quatre décennies de patient rapprochement sont ainsi annulées. D'ailleurs, beaucoup regrettent, comme Michel Foucher, que l'Union européenne n'ait pas créé un statut intermédiaire entre membre de l'Union et pays du voisinage, ce qui aurait permis de proposer des structures plus souples de coopération ménageant les craintes de Moscou[13].

« Rollback », les terrains concrets des nouveaux affrontements Russie-Occident

La question de l'élargissement de l'Alliance atlantique et de l'Union européenne occupe le devant de la scène tout au long des années 1990 et au-delà. Mais l'éclatement de l'URSS fait surgir une multitude d'enjeux régionaux plus concrets entre la Russie et ses voisins immédiats, qui constituent le terreau de conflits de basse intensité dans lesquels plusieurs acteurs extérieurs interviennent. Dans tous les cas, les dossiers politiques et économiques, sécuritaires et géostratégiques s'entremêlent. Et, comme on l'a vu précédemment dans le cas ukrainien, si les Européens sont concernés par ces enjeux concrets, ce sont bien les États-Unis, eu égard à leur puissance globale et à leur hégémonie dans le système euro-atlantique, qui vont exercer les principaux arbitrages.

Comme toujours, Washington énonce sa stratégie dans des documents programmes, rendus publics ou non, qui définissent la politique menée dans une période donnée en la qualifiant par des mots ou des concepts clefs choisis pour frapper l'opinion et les médias. Outre le concept d'*enlargement*, choisi au début de la présidence Clinton, en 1993, c'est Zbigniew Brzezinski, ex-conseiller à la sécurité de Jimmy Carter, qui fournit en 1997 un des autres concepts clefs qui vont accompagner la politique américaine de ces années. Brzezinski développe l'idée qu'il faut refouler *(roll back)* l'influence russe à l'intérieur de ses frontières en se servant de trois États pivots au sein de la CEI, l'Ukraine, l'Azerbaïdjan et l'Ouzbékistan[14]. Notons au

12. Intervention au club Valdaï, 22 octobre 2020, et au forum de Saint-Pétersbourg, 17 juin 2022.

13. Foucher, Michel, « Ukraine. Les échelles d'une guerre de libération nationale », *in Ramses 2023*, Dunod.

14. Z. Brzezinski, « A Geostrategy for Eurasia », *Foreign Affairs*, n° 5, 1997, et *Le Grand Échiquier*, Fayard, 1997.

passage que ce nouveau concept de *rollback* a, dans la pensée américaine, une connotation bien plus forte que le simple refoulement puisqu'il est au cœur du texte américain le plus belliciste de la guerre froide, le NSC-68[15].

Alors même que les nouveaux États indépendants cherchent à définir leurs relations avec l'ancienne puissance de tutelle, le contrôle de certaines infrastructures devient un enjeu stratégique. Outre l'Ukraine, deux régions retiennent surtout l'attention : la façade baltique au nord, le Caucase au sud.

Au nord, les enjeux de la façade balte

Les relations entre les Russes et les peuples baltes n'ont jamais été sereines. Les récits nationaux de ces trois petites nations (Estonie, Lettonie et Lituanie) résonnent de traumatismes liés à la tutelle russe et le narratif historique élaboré après 1991 diffère sur des points essentiels de celui circulant en Russie. Les jalons décisifs en sont la conquête tsariste en 1721 (traité de Nystad avec la Suède) puis, après une période d'indépendance entre 1918 et 1940, une première soviétisation en 1940 suite au pacte Molotov-Ribbentrop, et une seconde soviétisation en 1945, avec son cortège de déportations et de purges faisant suite à l'occupation nazie marquée par l'extermination des communautés juives. Quand l'historiographie russe évoque, pour 1944, une libération par l'Armée rouge, les historiens baltes parlent, eux, d'une seconde annexion. Les migrants russes installés entre 1945 et 1991 sont souvent qualifiés d'occupants, même quand il s'agit de simples civils. Des musées de l'Occupation sont édifiés à Riga et à Tallinn. Jusqu'en 2011, le musée du Génocide de Vilnius, installé en 1992 dans l'ancien bâtiment du KGB, n'évoquait que les victimes de l'occupation soviétique sans mentionner le massacre des Juifs de Lituanie perpétré par l'armée nazie et des collaborateurs lituaniens[16].

En recouvrant leur indépendance en 1991, les trois États baltes adoptent une position tout à fait claire : pour eux, la période soviétique n'est qu'une parenthèse qui se referme et il ne sera plus jamais question de s'engager dans une structure politique avec Moscou. Les *captive nations*[17] se tournent sans hésiter vers l'Union européenne et l'OTAN, dont ces pays attendent les garanties de leur développement et de leur sécurité. Ils se trouvent cependant confrontés à trois dossiers épineux. Le premier est l'adoption d'un traité de démarcation frontalière avec la Russie. Lors de la soviétisation, en 1945, Staline a modifié les frontières de l'Estonie et de la Lettonie par rapport aux traités signés en 1920-1921 avec les bolcheviques et a transféré plusieurs districts des deux républiques peuplés de Russes à la république socialiste fédérative soviétique de Russie (RSFSR). Tallinn et Riga envisagent un temps d'exiger leur restitution puis, comprenant que cela risque de faire obstacle à leur intégration rapide à l'Union européenne et à l'OTAN, préfèrent y renoncer.

Le second dossier concerne la population. En 1989, les Russes sont nombreux dans deux des trois républiques. Les Baltes y voient une politique délibérée de Moscou visant à asseoir sa domination. Accusation sans doute fondée s'agissant des nombreux militaires et personnels du KGB[18], mais plus contestable en ce qui concerne le personnel des activités

15. Le *United States Objectives and Programs for National Security*, rapport secret connu sous le nom de NSC-68 est présenté au président Harry Truman en 1950, au plus fort de la guerre froide. Il prévoyait de remplacer la politique de *containment* par le concept de *rollback* incluant des mesures militaires directes contre l'URSS afin de renverser le régime soviétique. On traduit souvent ce concept de *rollback* par « changement de régime ».

16. Après de vives protestations, il a été renommé Musée des occupations et des luttes pour la liberté, et des salles sur l'holocauste ont été ajoutées.

17. En 1959, Eisenhower crée un Comité national des nations captives, qui dresse une liste de 22 nations « *capturées par les politiques impérialistes de la Russie communiste* ».

18. Ils devront se retirer, eux et leurs familles, mais Eltsine retarde ce départ en espérant des concessions. L'essentiel des troupes est replié dès août 1994 mais le radar de Skrunda est fermé en 1998 et le dernier soldat russe quitte le sol balte en octobre 1999.

LA RÉORGANISATION DE L'ESPACE BALTE

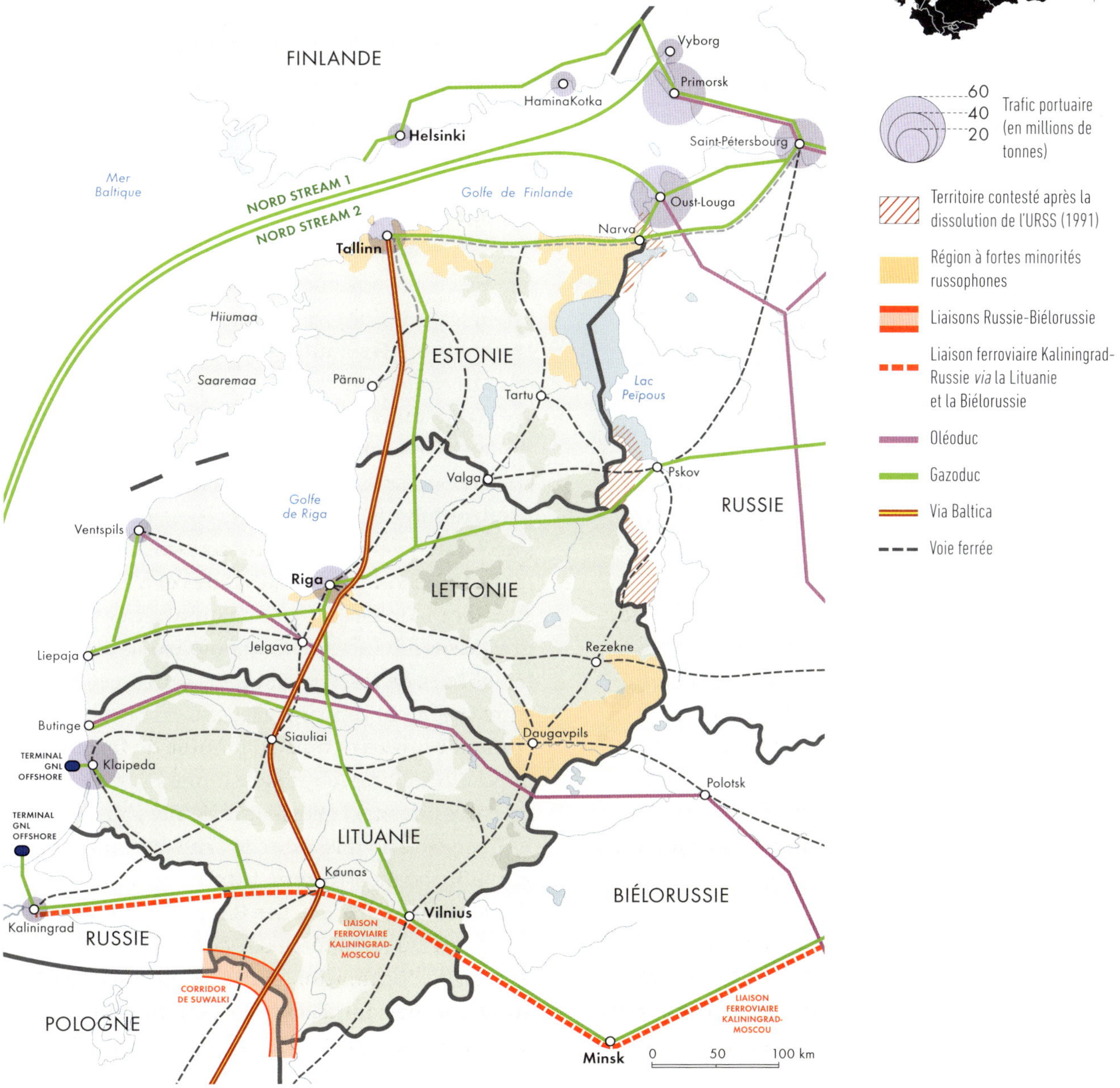

Population des trois États baltes et pourcentage de populations russes en 1989

(en milliers)	1897	1959	1989	2000	2021
Estonie	1 958	1 197	1 565	1 370	1 332
% Russes	3,9	20	30	26	24
Lettonie	2 080	2 666	2 382	1 893	
% Russes	(1935) 8,8	26,7	34	29,6	(2011) 26,9
Lituanie	2 000	2 711	3 674	3 512	2 810
% Russes	(1923) 2,5	8,5	9,3	(2001) 6,7	(2011) 5,8

portuaires (élément essentiel de l'économie régionale qui aurait attiré des migrants quelle que soit la configuration politique). Pour gérer ces communautés russophones, les trois États adoptent des stratégies différentes. En Lituanie, où les Russes sont peu nombreux, le nouveau pouvoir décide d'accorder la citoyenneté à tous ceux qui la demandent. À l'inverse, l'Estonie et la Lettonie adoptent des législations restrictives : seuls les habitants pouvant prouver qu'eux ou leurs ascendants étaient présents avant 1940 seront considérés comme citoyens. Les autres devront partir (l'Estonie propose même une prime au départ) ou entamer des démarches incertaines afin d'obtenir la citoyenneté (conditionnée à divers examens, à la connaissance de la langue nationale, etc.). L'Union européenne réagit mollement à ces décisions, qui créent plusieurs centaines de milliers d'apatrides, privés de droits civiques. Très peu repartent, attirés par la perspective de devenir un jour citoyens européens.

En Russie par contre, on crie au scandale et la presse fourmille de menaces de sanctions et de blocus ou d'accusations indignées mettant ces mesures en parallèle avec la renaissance de groupes néonazis que les nouvelles autorités laissent s'afficher en public. Le pouvoir russe, que ce soit sous Eltsine jusqu'en 1999, ou sous Poutine plus tard, tente d'obtenir des concessions en liant cette question au troisième dossier épineux que constitue la situation de l'enclave de Kaliningrad, une partie de la Prusse orientale (avec le port stratégique de Königsberg) arrachée par Staline à la conférence de Potsdam en 1945. En la rattachant à la RSFSR après la guerre, Staline n'a pas jugé nécessaire de modifier la frontière sud de la région, laissant à la Lituanie un étroit corridor (dit de Suwałki) qui la sépare de la Biélorussie et est aujourd'hui un verrou stratégique majeur (c'est par là que passe l'autoroute reliant les trois États baltes au reste de l'Union européenne). Dans la perspective de l'adhésion des trois États à l'Union européenne, Kaliningrad va devenir une enclave au sein de l'Union, totalement coupée du reste de la Russie. Dans les années 1990, Moscou essaie d'obtenir pour les habitants de l'enclave un droit de passage terrestre libre, soit par la Lituanie soit par la Lettonie. Après des mois de tensions, les Russes doivent se contenter d'un document de transit annuel qui leur permet de faire le voyage en train ou en voiture. Après 2004, les relations de l'enclave avec ses voisins connaissent des hauts et des bas. Elle bénéficie d'un régime favorable de « zone économique spéciale » mais sa base militaire est réduite. En 2011, un accord permet à ses habitants de circuler sans visa Schengen dans les régions limitrophes de Pologne mais il est suspendu par Varsovie avant la tenue du sommet de l'OTAN de juillet 2016. À ce sommet, l'Alliance annonce la mise en place de quatre nouveaux groupements tactiques, en Pologne et dans les trois États baltes. On est certes loin du scénario catastrophe imaginé par la BBC en 2016[19] mais, comme à chaque étape de montée des tensions, on voit ressurgir la menace d'installation de missiles de longue portée sur le territoire de Kaliningrad. La décision de Vilnius, prise en juin 2022, d'interrompre le trafic ferroviaire entre la Russie et l'enclave vient encore rappeler le caractère très sensible de cette situation.

Au sud, un « Nouveau Grand Jeu » : TRACECA et guerre des tubes

Dès 1991, nos collègues géorgiens nous prient de ne plus utiliser le terme de Transcaucasie, qui reflète la vision impériale russe (par-delà le Caucase, vu de Moscou) et de le remplacer par Sud Caucase. Comme dans le cas des États baltes, il s'agit de trois nouveaux États indépendants (Arménie, Azerbaïdjan et Géorgie) auxquels les Occidentaux vont aussi être tentés d'appliquer des propositions communes, plan qui va se heurter à l'ampleur des conflits qui

19. Le docufiction *World War Three: Inside The War Room* (2016) imagine qu'un incident dans une ville russophone lettone dégénère en conflit nucléaire mondial. Disponible sur le net.

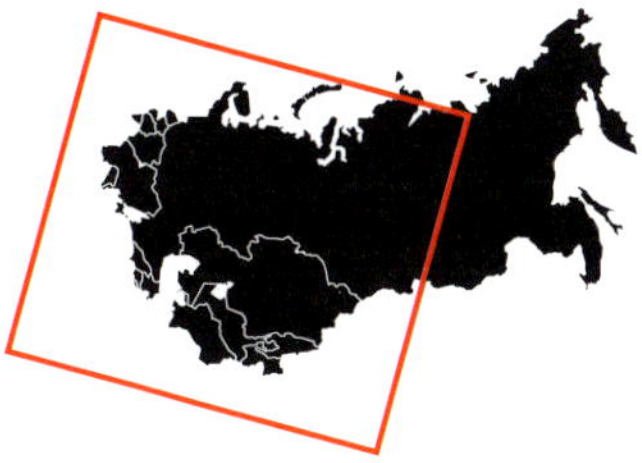

LA GUERRE DES TUBES ET LE PROJET TRACECA

Corridor multimodal

Autoroutes, routes, chemins de fer et éventuellement pipelines en combinaison

- Projets développés avec la Russie
- Projets développés sans la Russie

Corridor unimodal

Projets développés avec la Russie

- Voie ferrée
- Oléoduc et gazoduc

Projets développés avec l'Europe et l'Amérique du Nord

- Voie ferrée
- Oléoduc et gazoduc

Projets développés avec la Chine

- Voie ferrée
- Oléoduc et gazoduc

Inauguration à Ceyhan, le 13 juillet 2006, de l'oléoduc Bakou-Tbilissi-Ceyhan (BTC).

De gauche à droite, les présidents turc (Ahmet Sezer), géorgien (Mikhaïl Saakachvili) et azéri (Ilham Aliev), le 1er ministre turc Recep Erdogan et Lord Browne, PDG de BP, l'opérateur de l'oléoduc. Hors cadre, le sous-secrétaire d'État américain à l'énergie Clay Sell. Le plus extraordinaire est la carte qui réalise le vieux rêve pan-turc de la continuité territoriale entre la Turquie et l'Azerbaïdjan : la frontière de l'Arménie a été modifiée si bien qu'elle ne dispose plus, sur la carte, d'un accès direct à l'Iran !

les opposent. Plusieurs projets majeurs, basés sur des infrastructures stratégiques, vont être développés avec dans chaque cas, comme en filigrane, l'idée de débrancher ces trois pays de leur ancienne puissance tutélaire. Une sorte d'application concrète de la théorie du *rolling back* qui va être vite décrite sous le titre de « Nouveau Grand Jeu[20] ».

Le premier grand projet, porté par l'Union européenne dès 1993, est le TRACECA (Transport Corridor Europe-Caucase-Asie). Réunissant initialement les trois États du Caucase du Sud et les cinq d'Asie centrale, c'est un programme de transport multimodal visant à créer une voie terrestre et maritime entre l'Europe et l'Asie. Bien avant les initiatives chinoises, il est baptisé « Route de la soie du XXIe siècle ». L'idée est non seulement de rénover les ports de la mer Noire et de la mer Caspienne (ainsi que les voies ferrées et les routes qui les relient), mais aussi de favoriser une coopération internationale aboutissant à l'harmonisation douanière et tarifaire des pays concernés. Pour les Européens, il s'agit de faciliter les échanges avec une région jusque-là soumise à des itinéraires passant presque tous par la Russie (volontairement exclue du TRACECA). Les États-Unis rejoignent bientôt le projet, ce qui leur permet du même coup d'accéder par le nord à des régions stratégiques majeures, comme l'Afghanistan et le Xinjiang chinois. Plusieurs pays de la mer Noire (dont l'Ukraine et la Turquie) sont ensuite intégrés dans le projet, dont le siège est fixé à Bakou. Lancé dans l'enthousiasme comme un des projets d'assistance européenne TACIS[21], ce corridor est-ouest va durablement pâtir des tensions régionales : le conflit entre Azéris et Arméniens (l'Arménie est pratiquement marginalisée du fait du blocus) mais aussi des mésententes entre les États d'Asie centrale. Cependant, les investissements conjoints de l'Union européenne, des États-Unis et de banques asiatiques se concrétisent peu à peu et aident à moderniser les installations portuaires et à mettre en service plusieurs voies terrestres. En avril 2022, TRACECA trouve un regain d'activité pour le transport de conteneurs entre la Chine et l'Europe en contournant les voies russes.

Le second projet est d'une tout autre ampleur. Il associe l'exploitation des ressources en hydrocarbures de la Caspienne et les infrastructures (tubes) destinées à exporter la production vers les clients potentiels. Tout commence par un pari du président azéri Geidar Aliev après son retour au pouvoir en juin 1993. Aliev est persuadé que les dirigeants soviétiques ont volontairement négligé les réserves de pétrole de son pays pour privilégier

La Caspienne, mer ou lac ?

Plus grand lac fermé au monde, la « mer » Caspienne, avec ses 372 000 km^2 (sans le golfe de Kara Bogaz), est devenue après 1991 un enjeu politique et économique majeur. Auparavant partagée uniquement entre l'URSS et l'Iran, son statut revient au premier plan après l'éclatement de l'URSS et l'apparition de trois nouveaux riverains, l'Azerbaïdjan, le Kazakhstan et le Turkménistan. Un premier enjeu est lié à son accès : si c'est une mer, des navires tiers pourraient prétendre emprunter le canal Volga-Don, en territoire russe, pour accéder à ses eaux internationales ; si c'est un lac, la Russie peut empêcher ce passage. Par ailleurs, des différends opposent d'une part l'Iran à l'Azerbaïdjan et d'autre part l'Azerbaïdjan au Turkménistan sur le partage d'éventuels gisements offshores limitrophes. Ce n'est qu'en 2018, au sommet d'Aktaou, qui réunit les cinq États riverains, qu'est signée une convention qui détermine le statut juridique de la Caspienne : un statut hybride, mi-lac, mi-mer. Les États riverains se partagent les ressources aquatiques et sous-marines selon des secteurs prédéfinis ; l'accès de flottes militaires tierces est interdit ; la pose de tubes sous-marins est soumise à l'accord des pays traversés.

les gisements sibériens. Il entame alors une étonnante campagne de lobbying et fait appel aux pétroliers occidentaux pour partager l'exploitation de toute une série de concessions offshores encore à explorer. L'administration américaine et le gouvernement azéri rivalisent de chiffres mirifiques et toutes les majors se ruent à Bakou, où l'on parle d'un « second Koweït ». Le « contrat du siècle » sera signé en septembre 1994.

En parallèle, la bataille s'engage pour le choix des voies d'exportation de ce nouvel or noir. Jusqu'en 1991, l'essentiel du brut azéri partait en Russie vers les raffineries de Grozny, le reste étant exporté par un petit oléoduc en mauvais état construit à l'époque tsariste, qui reliait Bakou à Batoumi, sur la mer Noire. Lors des discussions, les Américains refusent toute solution vers le nord (qui replacerait la production azérie sous contrôle russe), tout comme ils refusent la solution par l'Iran, sans doute la moins coûteuse mais qui aurait créé une dépendance envers un État voyou *(rogue state)*[22]. Dans un premier temps, le vieux tube tsariste est rénové jusqu'au nouveau terminal de Soupsa, ouvert en Géorgie en 1998. Mais une solution plus radicale se dégage, élaborée conjointement par Washington et Ankara[23], qui proposent la construction d'un oléoduc partant de Bakou, traversant la Géorgie au sud-est de Tbilissi et aboutissant au port turc de Ceyhan, sur la mer Méditerranée, en évitant l'Arménie[24]. Ce sera le BTC (Bakou-Tbilissi-Ceyhan), long de 1 768 km, dont la construction commence en 1993 et qui est inauguré en 2006.

Mais, entre déconvenue et surprise, la bataille est loin d'être terminée. En premier lieu, aucun nouveau gisement de pétrole n'est découvert en dépit des énormes moyens de forage offshore déployés. Et puis, surprise, on découvre en 1999 un grand gisement de gaz (Shah Deniz), qui vient atténuer la déception. On prend donc la décision de construire rapidement un gazoduc parallèle au BTC vers Erzurum (Turquie), qui rejoint dès 2006 le réseau turc existant. C'est une manne inespérée autant pour la Géorgie (Tbilissi bénéficie de droits de transit et d'un approvisionnement privilégié en hydrocarbures) que pour l'Azerbaïdjan qui, en dépit d'un pillage massif par les clans au pouvoir, peut transformer le visage de Bakou, ébaucher la modernisation du pays et investir massivement dans une

20. Le Grand Jeu renvoie à l'opposition britannique face à l'expansion russe vers le sous-continent indien à la fin du XIXe siècle. Sur le Nouveau Grand Jeu, voir Cheterian, Vicken, *War and Peace in the Caucasus: Ethnic Conflict and the New Geopolitics*, Columbia University Press, 2008.

21. TACIS est le sigle anglais pour *Technical Assistance to the Commonwealth of Independent States*, soit en français Assistance technique à la Communauté des États indépendants.

22. C'est Anthony Lake, alors conseiller à la sécurité du président Clinton, qui avait dressé la liste des « États voyous » : Corée du Nord, Cuba, Iran, Libye et Irak.

23. Les Turcs craignent par-dessus tout qu'un gros tanker s'échoue dans le détroit du Bosphore, passage obligé de tous les pétroliers desservant les ports de la mer Noire.

24. Un trajet le long du fleuve Araxe aurait été plus simple mais il est catégoriquement refusé par Bakou.

militarisation qui permettra d'envisager la reconquête du Karabakh. Les États-Unis s'affirment durant cette période comme un acteur décisif pour tous les États sur le flanc sud de la Russie. Le Congrès américain vote en 1999 une loi-cadre, le *Silk Road Strategy Act*, qui leur permet d'élargir leurs investissements aux huit États du Sud Caucase et d'Asie centrale.

Les Russes ne restent cependant pas les bras croisés face à cette percée de l'influence américaine dans ce qu'ils considéraient comme leur pré-carré. Les rapports avec Bakou sont altérés (les pétroliers russes sont écartés des consortiums offshores azéris) mais le président azéri, contrairement à ce que feront un peu plus tard les Géorgiens, veille à maintenir une relation positive avec son puissant voisin. Par ailleurs, Moscou utilise tous les leviers à sa disposition pour atténuer la perte du contrôle des gisements azéris. Dans un premier temps, les Russes sécurisent l'exportation du pétrole kazakh, l'autre grand producteur de la Caspienne. Ils créent en juillet 1992, avec le Kazakhstan et Oman, le Consortium de tubes de la Caspienne (KTK) qu'intégreront ensuite plusieurs majors occidentales. Le KTK entreprend la construction d'un oléoduc (achevé en 2001) reliant Tenguiz à Novorossiisk, dont Moscou fait un pôle majeur d'exportation d'hydrocarbures. Puis, en 1997 (soit deux ans avant la découverte du gisement azéri de Shah Deniz), Moscou propose à Ankara de construire un gazoduc sous la mer Noire afin de livrer du gaz sibérien à la Turquie. Ce sera le Blue Stream, dont la construction par l'italien ENI (396 km sous-marins) débute en septembre 2001 et s'achève en mai 2002 ! Dans le même temps, Moscou veille à faire traîner les négociations sur le statut de la mer Caspienne, ce qui bloque pendant des années tout projet de tube sous-marin entre les deux rives. La Russie demeure ainsi la seule voie d'exportation des hydrocarbures d'Asie centrale. Au passage, les projets russo-turcs (Blue Stream sera suivi en 2017-2019 par Turkish Stream) anéantissent l'espoir de voir se réaliser le projet de gazoduc européen Nabucco (soutenu par l'Union européenne) qui devait amener une partie du gaz azéri vers l'Europe centrale (Tchéquie, Hongrie, Autriche). Mal préparé, mal défendu, ce projet lancé en 2002 sera finalement abandonné. C'est la Chine, acteur inattendu que ni les Russes ni les Occidentaux n'avaient vu venir, qui viendra troubler ce Grand Jeu. Désireux de diversifier ses sources d'approvisionnement, Pékin rompt le monopole russe en Asie centrale. Un premier oléoduc Kazakhstan-Chine est inauguré en décembre 2005 et le premier gazoduc Turkménistan-Chine en décembre 2009.

Réorganiser un espace intégré avec la Russie ?

Alors que les années 1990 voient donc le monopole d'influence de Moscou contesté (aussi bien dans les États socialistes est-européens qu'au sein même de l'ex-URSS après son éclatement), la Russie tente de maintenir son rôle par une série de propositions régionales. Dans le cadre de la CEI, et s'inspirant des modèles d'intégration appliqués auparavant dans la Communauté européenne, elle essaie de promouvoir auprès de ses partenaires plusieurs organismes intégrés sur le plan économique, douanier et réglementaire. Souhaitant approfondir l'accord-cadre d'union économique signé en septembre 1993 par neuf États de la CEI, Boris Eltsine propose une zone de libre-échange dès avril 1994 puis, en janvier 1995, une union douanière réunissant autour de la Russie la Biélorussie et le Kazakhstan, puis le Kirghizstan.

Cet effort d'intégration sera prolongé par Vladimir Poutine selon les mêmes modalités, et avec les mêmes difficultés. Très vite, les observateurs relèvent des dysfonctionnements récurrents, ce dont témoigne l'étonnante instabilité des dénominations et des périmètres des organisations qui se succèdent jusqu'en 2015, année de lancement de l'Union économique eurasienne. Ce terme d'eurasien (ou euro-asiatique) proposé dès 1994 par Nazarbaïev,

L'Union Biélorussie-Russie

Le 2 avril 1996, en pleine campagne présidentielle, Boris Eltsine signe avec son homologue biélorusse, Alexandre Loukachenko, un accord fondant la Communauté Biélorussie-Russie. Tous les observateurs interprètent ce geste comme une simple manœuvre destinée à troubler l'électorat de son principal adversaire, le communiste Guennadi Ziouganov. Mais, une fois réélu, Eltsine concrétise ce projet : l'Union Biélorussie-Russie est créée en avril 1997 puis se dote d'une charte en mai. Contrairement à toutes les autres organisations, il s'agit cette fois d'une structure supra-étatique qui prévoit à terme une intégration complète des deux membres sur le plan politique (avec un Parlement, voire un président communs), économique, militaire, douanier, monétaire (une monnaie commune), juridique et culturel. Pour Loukachenko, qui a été à l'instigation de ce projet lors de sa propre campagne présidentielle en 1994, l'avantage est clair. Il va recevoir de Moscou pendant des années une aide multiforme décisive qui lui permettra de se maintenir au pouvoir en dépit d'une opposition croissante dénonçant une perte de souveraineté. L'intérêt est tout aussi évident pour Moscou. Concrètement, la Biélorussie est un verrou stratégique majeur, carrefour exceptionnel de l'axe mer Baltique-mer Noire et du grand corridor européen Paris-Berlin-Varsovie-Minsk-Moscou, passage de toutes les invasions des deux siècles passés devenu un axe commercial majeur. Aussi, en dépit des aléas provoqués par le capricieux président biélorusse, la saga de cette union se perpétue sous Poutine, jusqu'au soutien sans faille lors des émeutes qui suivent les élections truquées de 2020. Mais peut-être le Kremlin pensait-il déjà à la perspective d'une opération en Ukraine, lors de laquelle, on le sait, le territoire biélorusse va jouer un rôle initial important.

LA CEI : UNE COMMUNAUTÉ À GÉOMÉTRIE VARIABLE

le président kazakh, ne sera accepté par Moscou qu'en 2000. Rétrospectivement, on peut pointer quelques-uns des écueils qui expliquent ces hésitations et ces échecs. Le Kremlin n'étant guère enclin à se plier aux patientes négociations multilatérales nécessaires à l'élaboration d'organisations paritaires, la tentation d'imposer sa prééminence économique l'emporte. Un des instruments favoris de pression de Moscou fut longtemps la politique des rabais (parfois fort élevés) sur les prix des matières premières et des équipements techniques ou de transport vendus à ses partenaires. Cette politique n'était jamais sans contreparties, elle consistait le plus souvent, pour le partenaire, à accepter de céder à des entreprises russes des parts de marché dans tel ou tel secteur (énergie, minerais, infrastructures de transport, etc.). Nous avons évoqué quelques exemples ukrainiens ; des pressions analogues ont abouti à ce que l'ensemble du secteur énergétique et métallurgique arménien ou biélorusse passe au fil des années sous contrôle russe. Autre contrepartie, la propension à déborder du champ strictement économique et à intégrer des exigences politiques – soutien à telle décision du Kremlin à l'intérieur comme à l'international – perçues par les partenaires comme autant d'atteintes à leur souveraineté. Ces pressions russes expliquent le revirement de l'Ouzbékistan, qui intègre l'Union économique eurasienne en 2006 pour en sortir en 2008. À l'opposé, le cas de l'Union Russie-Biélorussie mérite une mention particulière. Allant au-delà d'une coopération réellement respectueuse des situations de chacun, le Kremlin propose une sorte de rapport de clientélisme. On conçoit que ce type de rapport suscite à la longue une méfiance croissante qui explique les déboires de telle ou telle organisation et la nécessité de rechercher perpétuellement une nouvelle formulation.

La sécurité peut-elle être partagée ?

Le 18 mai 1990, en présentant à Gorbatchev le plan dit des Neuf Assurances, James Baker explique que les États-Unis ne souhaitent pas obtenir de ces négociations un avantage unilatéral. Baker promet une *« OTAN d'un autre type »* et assure que son pays souhaite, comme l'URSS, construire des institutions paneuropéennes de sécurité. Le 31 mai, le président Bush confirme à Gorbatchev que l'OTAN, avec la Conférence pour la sécurité et la coopération en Europe (CSCE) et l'Union européenne, seront *« les pierres angulaires d'une nouvelle Europe inclusive »*. Il n'y aura pas, dit-il, de *« gagnants et de perdants »* mais une Union soviétique intégrée dans une nouvelle Europe. Évidemment, la disparition de l'URSS fin 1991 change radicalement la situation, en créant un vide institutionnel et stratégique majeur. Mais le fond du débat demeure inchangé : comment assurer la sécurité européenne dans cette période de grande instabilité et quels sont les termes d'un nouvel équilibre ? En visite à Varsovie en août 1993, Boris Eltsine exprime, comme on l'a vu, devant Lech Walesa sa compréhension sur l'intention de la Pologne d'adhérer à terme à l'OTAN mais s'insurge en revanche sur l'adhésion envisagée des États baltes.

Durant toutes les années 1990, la question des équilibres de l'après-guerre froide est centrale. C'est un enjeu à la fois d'analyse théorique et de prospective, la toile de fond de toutes les décisions concrètes qui peinent à se dégager entre les différents acteurs, les États-Unis, leurs alliés et la nouvelle Russie. *« L'émergence de l'Amérique comme unique superpuissance globale rend nécessaire une stratégie intégrée »*, écrit Brzezinski. *« La seule alternative au leadership américain est l'anarchie internationale. Le président Clinton a raison quand il dit que l'Amérique est devenue la "nation indispensable" »*, poursuit-il. Et il ajoute : *« Les seuls challengers politiques ou économiques de la primauté américaine sont*

25. Brzezinski, article cité p. 25 ou 111.

en Eurasie » (outre la Russie, il cite la Chine et l'Inde)[25]. Nombreux sont ceux aux États-Unis qui considèrent comme Brzezinski qu'il est nécessaire, pour exclure toute récidive impériale de la part de Moscou, de renforcer la souveraineté des nouveaux États indépendants, en particulier de l'Ukraine, sans laquelle, selon Brzezinski, *« la Russie ne peut plus être un empire »*. Dans toutes les capitales des nouveaux États indépendants, les diplomates américains critiquent les velléités d'intégration que Moscou cherche à développer au sein de la CEI. À leurs yeux, celle-ci ne peut être qu'une structure de pouvoir aux mains du Kremlin, lui permettant d'exercer les « responsabilités particulières » que lui dénient les Occidentaux. Il faut donc créer un nouveau rapport de force, favorable à l'expansion définitive du modèle démocratique de marché, condition indispensable au respect de la souveraineté des nouveaux États indépendants. La crise politique d'octobre 1993 avec le bombardement du Parlement russe, puis le déclenchement de la première guerre tchétchène et enfin le soutien de Moscou aux régions sécessionnistes de Géorgie ou de Moldavie donnent de l'eau au moulin de ceux qui demeurent méfiants quant aux velléités réformatrices de Boris Eltsine.

LES BASES MILITAIRES DE L'OTAN ET DE LA RUSSIE

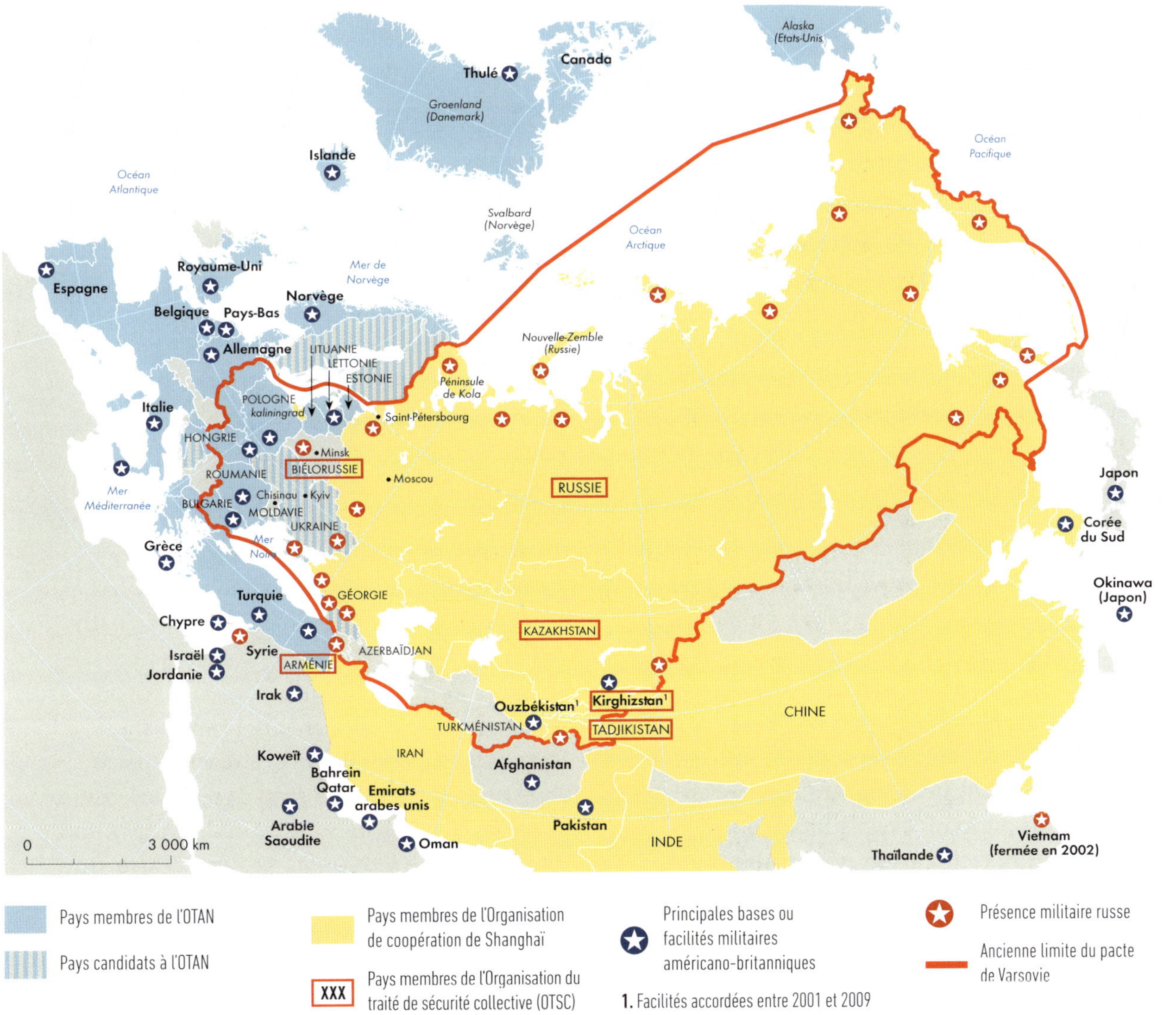

Parallèlement, un courant réaliste prône une certaine retenue afin de soutenir les réformes engagées par Eltsine et maintenir la nouvelle Russie dans la voie d'un rapprochement avec les structures euro-atlantiques. C'est dans le cadre de cette démarche que la Russie, dès 1994, est invitée à assister comme observateur aux sommets du G7, puis y est intégrée en 1998 comme membre à part entière[26]. La cordialité apparente des relations personnelles entre Clinton et Eltsine semble conforter cette approche pragmatique. Lors d'une réunion du G8 sur les enjeux nucléaires, organisée à Moscou en avril 1996 (juste avant les élections russes), Clinton affirme son soutien au « candidat Eltsine » ! Cette attitude bienveillante, qui a prévalu en octobre 1993 quand Eltsine n'a pas hésité à faire tirer au canon sur le Parlement, est confirmée par toute une série d'aides concrètes : des dizaines de conseillers sont dépêchés dans les administrations russes ; des tranches de prêts du FMI (auquel la Russie adhère en 1992) sont allouées dès 1993 au titre des « facilités de transformation systémique » ; les dettes auprès du Club de Paris sont rééchelonnées. Mais, des deux côtés, on veille à préserver une autonomie de décision : les États-Unis en ce qui concerne l'élargissement de l'OTAN, les Russes en continuant de réclamer une « responsabilité particulière » dans ce qu'ils considèrent toujours comme leur sphère d'influence.

Deux grands dossiers vont servir de baromètre à l'état de cette coopération. Le premier est la poursuite, cahin-caha, des négociations entamées sous Gorbatchev pour la réduction des armes stratégiques. Signé par Gorbatchev et George W. Bush en juillet 1991, Start I entre en vigueur en décembre 1994 et c'est Eltsine qui signe en janvier 1993 (toujours avec le même Bush) Start II, dont la ratification n'intervient qu'en avril 2000 suite à des divergences qui n'empêchent pas Clinton et Eltsine de négocier Start III en mars 1997 afin de réduire encore les plafonds autorisés par les deux pays. L'autre dossier, beaucoup plus compliqué, est la guerre en Yougoslavie. Les autorités russes, tout en critiquant à de nombreuses reprises les actions des dirigeants serbes, ont du mal à sanctionner ceux qu'ils considèrent comme des alliés potentiels. Ils vont cependant se joindre à certains ultimatums adressés à Milosevic, entrer dans le groupe de contact avec les États-Unis, la France et la Grande-Bretagne et même envoyer des troupes dès 1994 au sein de la FORPRONU, tout en refusant qu'elle passe sous le contrôle de l'OTAN.

La situation se dégrade à la fin de cette décennie 1990. La crise économique endémique atteint son apogée avec le crack financier de 1998, qui place la Russie en situation de défaut. Jamais la Russie n'a été aussi faible, menacée de l'intérieur par une nouvelle fronde des régions et la remontée des tensions en Tchétchénie, où le Kremlin n'a pas respecté les termes de l'accord de 1997. On commence à évoquer la décision américaine de dénoncer le traité ABM *(Anti-Ballistic Missile)* de 1972 afin de relancer le programme de défense antimissile. La campagne de bombardements par l'OTAN de cibles serbes après l'échec de la conférence de Rambouillet provoque une crise ouverte. Apprenant le début des bombardements, le premier ministre russe Evgueni Primakov, qui se rendait en visite officielle à Washington, décide en plein vol de revenir à Moscou. Toutefois, c'est à Vladimir Poutine, le successeur de Boris Eltsine, qu'il reviendra de gérer cette évolution. Le 31 décembre 1999, en guise de vœux de fin d'année, Eltsine présente sa démission et désigne Poutine comme président intérimaire. Du point de vue américain, le succès de la tentative d'intégration entre la Russie et l'Occident reposait sur l'hypothèse que Moscou accepte de réduire ses prétentions et devienne une puissance intermédiaire, une sorte de *junior partner* aux côtés de *« l'unique puissance globale »*. Comme on le sait aujourd'hui, ce n'était pas du tout le point de vue de Vladimir Poutine.

Chronologie des élargissements

1989-1993
Présidence de George H. W. Bush (États-Unis).

1990
(Mai)
Création de la Banque européenne pour la reconstruction et le développement (BERD, inaugurée en avril 1991).
(Juillet)
Accord Gorbatchev-Kohl sur la réunification de l'Allemagne, effective le 3 octobre.
(Novembre)
Charte de Paris pour une nouvelle Europe ; signature du traité FCE limitant les armements conventionnels.

1991
(Février)
Création du groupe de Višegrad.
(Juillet)
Dissolution du pacte de Varsovie.
(Novembre)
Nouveau concept stratégique de l'OTAN.
(8 et 21 décembre)
Éclatement de l'URSS.
(20 décembre)
Lancement du *North Atlantic Cooperation Council* (NACC) : Conseil de partenariat euro-atlantique avec les membres de l'OTAN, les États d'Europe centrale y compris les 3 baltes et la Russie (les 11 autres États de la CEI y adhèrent le 10 mars 1992). Lancement du programme TACIS.

1992
(7 février)
Signature du traité de Maastricht. La Communauté économique européenne devient Union européenne.

1993-2001
Présidence de Bill Clinton (États-Unis).

26. Fondée en 1975, cette structure comprend les États-Unis, l'Allemagne, la France, la Grande-Bretagne, l'Italie, le Canada et le Japon. L'organisme devient le G8 en 1998, la Russie en sera exclue en 2014.

1993
(Juin)
L'Union européenne entérine le projet d'entrée dans l'Union de dix pays d'Europe centrale et orientale (PECO).

1994
(Janvier)
Bill Clinton déclare que l'OTAN acceptera de nouveaux membres.
Lancement du Partenariat pour la paix (PPP). Y adhèrent : Lituanie (27 janvier), Estonie (3 février), Ukraine (8 février), Lettonie (14 février), Moldavie (16 mars), Géorgie (23 mars), Azerbaïdjan (4 mai), Turkménistan (10 mai), Kazakhstan (27 mai), Kirghizstan (1er juin), Russie (22 juin), Ouzbékistan (13 juillet), Arménie (5 octobre).
(Décembre)
Boris Eltsine lance la guerre en Tchétchénie.

1995
La Biélorussie adhère au PPP (11 janvier). La Conférence sur la sécurité et la coopération en Europe (CSCE) devient Organisation pour la sécurité et la coopération en Europe (OSCE).

1997
(Mai)
Signature de l'acte fondateur sur la coopération OTAN-Russie.

1999
(Janvier)
Création de l'euro.
(Juillet)
Adhésion à l'OTAN de la Hongrie, de la Pologne et de la République tchèque.
(Mars-juin)
L'OTAN bombarde la Yougoslavie.

1999
(Avril)
Plusieurs pays partenaires déploient des soldats dans le cadre de la force de maintien de la paix dirigée par l'OTAN au Kosovo.
(Septembre)
Poutine reprend la guerre en Tchétchénie.

2001-2009
Présidence de George W. Bush (États-Unis).

2002
(Février)
Le Tadjikistan adhère au PPP.
(Mai)
Instauration du Conseil OTAN-Russie.

2003
Lancement de la Politique européenne de voisinage. Quelques pays partenaires participent à la Force internationale d'assistance à la sécurité (FIAS) dirigée par l'OTAN en Afghanistan.

2004
(Mars)
Bulgarie, Estonie, Lettonie, Lituanie, Roumanie, Slovaquie et Slovénie adhèrent à l'OTAN.
(Mai)
Dix nouveaux membres (Chypre, Estonie, Hongrie, Lettonie, Lituanie, Malte, Pologne, République tchèque, Slovaquie et Slovénie) rejoignent l'Union européenne.

2007
(Janvier)
Adhésion de la Roumanie et de la Bulgarie à l'Union européenne.
(Février)
Discours de Munich. Poutine déclare que l'extension de l'OTAN représente une « sérieuse provocation ».

2008
(Avril)
Sommet de Bucarest de l'OTAN.
(Août)
Guerre en Géorgie.

2009-2017
Présidence de Barack Obama (États-Unis).

2009
(Avril)
L'Albanie et la Croatie adhèrent à l'OTAN.
(Mai)
Lancement par l'Union européenne du Partenariat oriental.

2014
(Janvier)
Signature d'un Accord de libre-échange complet et approfondi (ALECA) avec la Géorgie et la Moldavie.
(Mars)
Crise ukrainienne, annexion de la Crimée ; gel de la coopération OTAN-Russie.
(Avril)
Début de la guerre au Donbass.

2017-2021
Présidence de Donald Trump (États-Unis).

2017
Adhésion du Monténégro à l'OTAN.

2018
(4 mars)
Un ancien espion russe, Sergueï Skripal, est empoisonné en Angleterre.

2020
Adhésion de la Macédoine du Nord à l'OTAN.

2021
(Janvier)
Le Royaume-Uni quitte l'Union européenne.
(Décembre)
La Russie demande à l'OTAN de renoncer à toute nouvelle adhésion.

2021
Joe Biden élu président des États-Unis.

2022
(Mars)
L'UE adopte sa « nouvelle boussole stratégique » *(Strategic Compass)*.
(Mai)
Suite à l'invasion de l'Ukraine par la Russie, la Finlande et la Suède demandent à intégrer l'OTAN.
(Juin)
Les 27 appellent à une adhésion accélérée de l'Ukraine à l'Union européenne.
(Octobre)
Lancement de la Communauté politique européenne à Prague.

Mer Baltique
SUÈDE
NORVÈGE
NORD STREAM 2
NORD STREAM 1
"Flèche curonienne"
Kaliningrad
FINLANDE
Mourmansk
Vyborg
Oust-Louga
Primorsk
Mer de Barents
Saint-Pétersbourg
Arkhangelsk
Plessetsk
BIÉLORUSSIE
Mer de K
Doubna
Zelenograd
Skolkovo
"Nouveau Moscou"
MOSCOU
UKRAINE
Oukhta
Nijni-Novgorod
Mer Noire
Lipetsk
TURKISH STREAM
Saransk
Ob
Oulianovsk-Vostotchny
Kazan
Rostov-sur-le-Don
Don
Saratov
Volga
Togliatti
Alabouga
Perm
Verkhniaïa Salda
Gisement d'hydrocarbures de l'Ob moyen
Novorossiïsk
Samara
BLUE STREAM
Volgograd
Stavropol
Ekaterinbourg
Sourgout
Sotchi
Krasnaïa Poliana
Oufa
Piatigorsk
"Grand Spa de Ioutsa"
Orenbourg
Tcheliabinsk
Sites touristiques du Caucase du Nord (KSK)
Olia
GÉORGIE
Omsk
Mer Caspienne
KAZAKHSTAN
Tomsk
AZERBAÏDJAN
Novossibirsk
Novokouzne
"Katoun émeraude"
"Vallée de l'Altaï"
Gazoduc "Chine Altaï" en projet
CHINE
Grands projets de développement d'infrastructures
Liés aux Jeux olympiques d'hiver de 2014
Liés à la Coupe du monde de football de 2018
Grand port en développement
Gazoduc
Oléoduc
Complexe gazier et GNL (gaz naturel liquéfié)
Développement de la Route maritime du Nord
Ligne de trains à grande vitesse existante
Prolongement des lignes TGV en projet
Premières autoroutes à péage
Cosmodrome
Université fédérale
Xxxx Capitale de district fédéral
Zones économiques spéciales (ZES) officielles du ministère du développement économique
Développement et application scientifique
Production industrielle
Développement portuaire
Développement touristique
Territoires à développement accéléré (TOR)

VLADIMIR POUTINE ET LE VERTIGE DE LA PUISSANCE

Le 31 décembre 1999, Boris Eltsine annonce sa démission et présente son premier ministre, Vladimir Poutine, comme successeur potentiel. Lancé dans la seconde guerre tchétchène, Poutine se fixe comme objectif déclaré de restaurer la puissance russe. Profitant d'une décennie d'embellie économique, il renoue avec la croissance, ce qui lui permet d'asseoir auprès de sa population une image de stabilisateur après des années de crise. Mais le vertige de ses premiers succès va altérer l'analyse d'une situation réelle qui reste précaire.

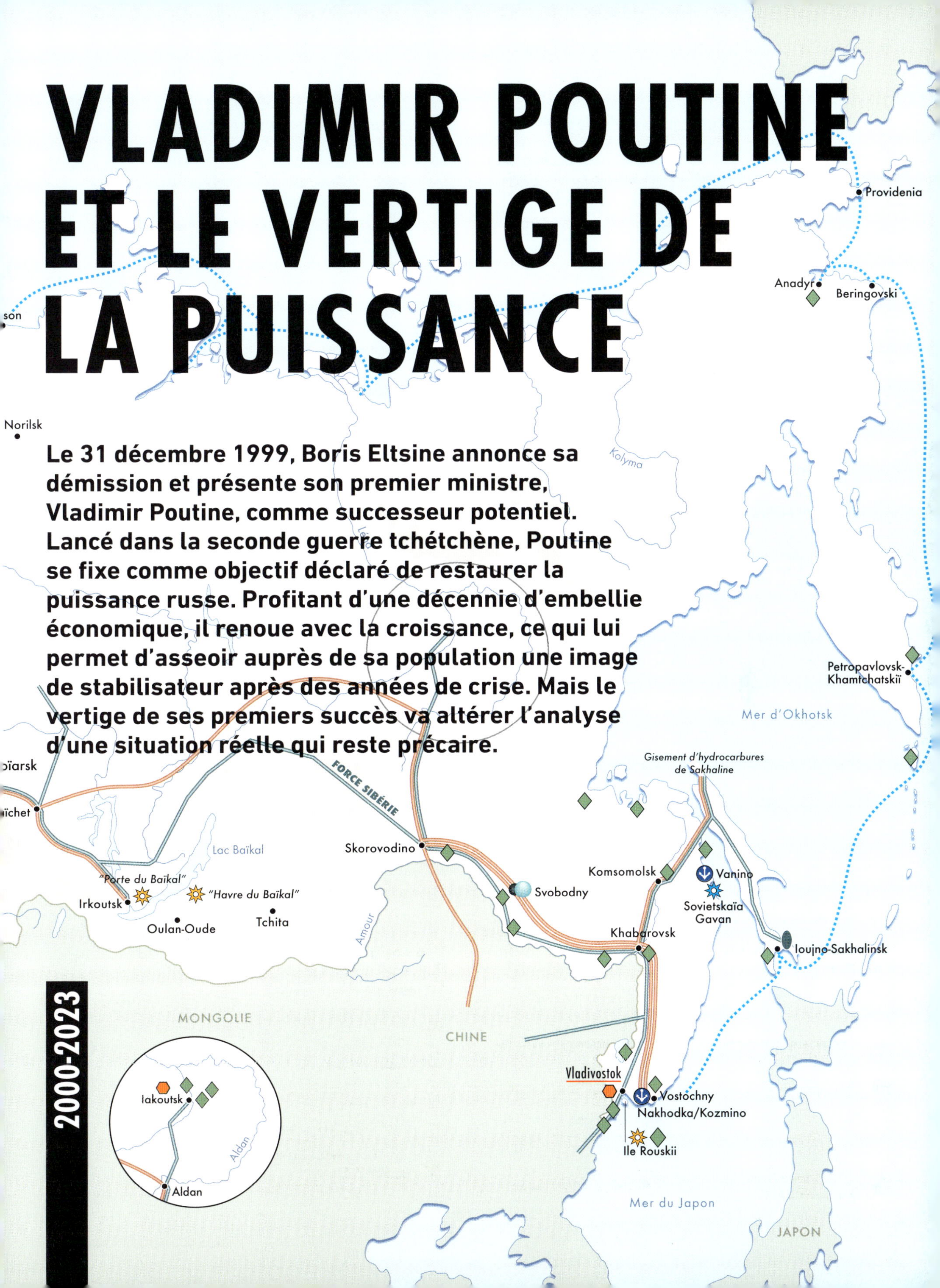

Il est évidemment tentant de reconstituer après coup un cheminement logique qui irait en droite ligne de la prise de pouvoir de Poutine (d'abord premier ministre puis président en 2000 alors qu'il est seulement âgé de 48 ans)[1] jusqu'à sa funeste décision d'envahir l'Ukraine en février 2022. La lecture de ses nombreux discours fournit les prémices de la dérive autoritaire qui, pour certains analystes, était en germe chez cet ancien fonctionnaire du KGB et qui l'a conduit à imposer le régime dictatorial que la Russie connaît aujourd'hui. Mais peut-on se satisfaire d'un tel déterminisme psychologisant ? Après l'effondrement du système soviétique, les choix politiques des dirigeants russes dépendent aussi des décisions des autres acteurs dans le monde en pleine recomposition de l'après-guerre froide. Méfions-nous de tout essentialisme appliqué aux nations, qu'il s'agisse de la nation russe, que son « âme[2] » porterait à accepter, voire à rechercher une certaine soumission à l'autorité, ou de la nation américaine, que l'on dit au contraire encline à la pratique démocratique. L'usage de tels raisonnements téléologiques est hasardeux même s'il est clair, au niveau individuel, que l'éducation, le milieu familial et professionnel impriment des marques inaltérables sur la personnalité de chacun.

Sur ce plan, les deux premiers présidents de la nouvelle Russie ont autant de points communs (une éducation dans le moule idéologique de l'URSS et la critique qu'ils en ont faite) que de nombreuses différences dans leur parcours et dans le déroulé de leur carrière. Tous deux ont été marqués par des événements décisifs, par exemple pour Boris Eltsine la décision que lui a imposée le Politburo en 1977 de détruire la maison où les bolcheviques avaient fait fusiller le tsar Nicolas II et sa famille le 17 juillet 1918. Dès la *perestroïka*, son aspiration à un tournant démocratique et libéral ne fait aucun doute, même s'il n'a jamais cessé de défendre le statut de grande puissance que devait selon lui conserver son pays. Vladimir Poutine, lui, a été profondément marqué par les conditions dans lesquelles Gorbatchev a négocié la réunification allemande, qui a précipité son départ de RDA, où il était en poste comme sous-officier du KGB, puis par le chaos politique et économique qui prévalait à la fin des années 1990. Mais sa position au sein même des *siloviki*, son rôle déterminant comme vice-maire de Saint-Pétersbourg dans une période charnière, celle des privatisations sauvages et de la prédation généralisée, déterminent d'une tout autre façon son rapport à la société et à la démocratie[3].

Une prise de fonction en temps de guerre

L'arrivée de Poutine au pouvoir est marquée par les débuts de la seconde guerre tchétchène. Le 7 août 1999, plusieurs centaines de combattants tchétchènes entrent dans la république voisine du Daghestan. La question n'est plus de revendiquer l'indépendance de la Tchétchénie (Itchkérie), qu'ils considèrent comme acquise. En partant à la conquête du Daghestan, Chamil Bassaïev (un des chefs de guerre vainqueurs de la première guerre

---

1. Né le 7 octobre1952, Vladimir Poutine est nommé par Boris Eltsine responsable adjoint de l'administration présidentielle (mai 1998) puis directeur du FSB (Comité à la sécurité, juillet 1998), secrétaire du Conseil de sécurité (mars 1999) puis premier ministre le 9 août 1999. Comme directeur du FSB, il a gagné la confiance d'Eltsine en évinçant de son poste le procureur général, qui enquêtait sur les malversations de la « famille », l'entourage du président. Il est élu le 26 mars 2000 président au suffrage universel avec 51,9 % des voix dès le premier tour.

2. Ce concept « d'âme russe » est largement utilisé dans toute une littérature qui tend à simplifier l'analyse de la société russe, pourtant beaucoup plus complexe qu'on ne l'entend communément. Le plus souvent, il sert à justifier des comportements apparemment fatalistes face aux grands bouleversements qu'a connus le pays. Poutine lui-même va s'appuyer de plus en plus sur les penseurs russes du XIXe siècle (Léontiev, Danilevski) qui en font un des éléments majeurs démontrant l'exceptionnalité de leur société.

3. Sur Eltsine, plus que ses propres mémoires ou les nombreux livres écrits sur lui, je conseille de voir

tchétchène en 1996) et Amir Khattab (un Saoudien ayant combattu en Afghanistan puis au Tadjikistan aux côtés des wahhabites[4]) veulent créer un émirat islamiste du Caucase, indépendant de Moscou, avec un débouché sur la mer Caspienne. Alors que les mouvements radicaux islamistes progressent dans tout le pays, la menace d'un séparatisme religieux est réelle. La nomination de Poutine le 9 août ne doit rien au hasard. Lors d'un déplacement au Daghestan en 1998, son prédécesseur, Sergueï Stepachine, alors ministre de l'intérieur, avait visité la « zone kadar » et promis d'aider les islamistes qui la contrôlaient[5], suscitant un malaise profond. Poutine, lui, va s'efforcer au contraire d'éradiquer cette mouvance islamiste. Alors que les attentats se multiplient dans plusieurs régions de Russie[6], Poutine lance une contre-offensive au Daghestan en s'appuyant sur le rejet massif de l'influence tchétchène par la majorité des Daghestanais. Sa méthode est brutale, aussi bien verbalement *(« nous poursuivrons les terroristes partout [...], nous les buterons jusque dans les chiottes »)* que militairement. Si c'est Eltsine qui porte l'entière responsabilité de la première guerre russe en Tchétchénie (suscitant bien peu de réactions), c'est bien Poutine (devenu président en mars 2000) qui va multiplier les exactions, bombardant indifféremment des cibles militaires et des cibles civiles. Il assoit sa popularité sur l'image qu'il crée dans l'opinion publique russe : celle d'un président jeune et déterminé qui ne reculera devant rien pour maintenir l'unité du pays et lui redonner la puissance qu'il a perdue dans les années 1990.

La seconde guerre russo-tchétchène

Lâché par Eltsine, qui n'a pas respecté les termes de l'accord de paix signé en 1997, Aslan Maskhadov, le président de la République tchétchène, ne parvient pas à résister aux chefs de guerre qui prônent l'établissement de la charia, qu'ils veulent étendre à tout le Caucase nord. À l'été 1999, deux d'entre eux, Chamil Bassaïev et Amir Khattab lancent une offensive au Daghestan, pensant recevoir un large soutien de la population, une des plus religieuses de Russie. Mais les Daghestanais, très attachés à leur islam traditionnel, rejettent massivement la perspective de passer sous la tutelle tchétchène et soutiennent l'action de l'armée fédérale. Poutine ne se contente pas de reprendre le contrôle des enclaves islamistes au Daghestan mais engage le 30 septembre 1999 une vaste « opération antiterroriste » (il ne parle pas de guerre) contre la Tchétchénie. Mieux coordonnée qu'en 1994, l'armée russe se venge de la défaite subie en 1996 et multiplie les crimes de guerre et les destructions. Au terme de deux mois de siège, elle s'empare de Grozny. Des opérations militaires d'envergure continuent jusqu'en 2006, les combattants tchétchènes multiplient les actions de guérilla en Tchétchénie et dans toute la Russie européenne jusqu'à Moscou, cible de nombreux attentats. Poutine trouve un appui auprès des leaders tchétchènes de tradition soufie, que les salafistes veulent éradiquer. En juin 2000, il nomme Akhmat Kadyrov* chef de l'administration de la Tchétchénie. Kadyrov est victime d'un attentat à Grozny en mai 2004, son fils Ramzan lui succède rapidement. S'appuyant sur une sorte d'armée privée, il aide l'armée fédérale à éliminer peu à peu tous les chefs de guerre qui s'opposent à son pouvoir, dont Aslan Maskhadov, tué en mars 2005. Élu président de la Tchétchénie en mars 2007, Ramzan Kadyrov établit avec Poutine une sorte de relation directe de vassal à suzerain, obtenant pratiquement un blanc-seing sur la gestion de sa république. À l'aide de subventions considérables de Moscou, il reconstruit Grozny et la plupart des villes et infrastructures. Disposant d'un pouvoir absolu en Tchétchénie, il établit un pseudo-régime chariatique, faisant de la république une exception à toutes les lois fédérales. De nombreux Tchétchènes préfèrent s'exiler, sans être à l'abri d'assassinats ciblés.

* Combattant aux côtés de Doudaev lors de la 1re guerre, Kadyrov, mufti de la république, s'oppose violemment aux wahhabites.

les deux étonnants films-interviews qu'a réalisés Alexandre Sokourov : *Élégie soviétique* (1989) et *Un exemple d'intonation* (1991). Sur Poutine, outre *Dans la tête de Vladimir Poutine*, de Michel Eltchaninoff (Actes Sud, 2022), je conseille de voir *Conversations avec M. Poutine* (2015), réalisé par Oliver Stone, et la très révélatrice session du Conseil de sécurité du 21 février 2022 déjà citée au chapitre 1.

4. Par commodité, c'est ainsi qu'on désigne en Russie les radicaux islamistes se revendiquant du salafisme.

5. La « zone kadar » est un groupe de villages du centre du Daghestan, où des radicaux islamistes se rassemblent à partir de 1996 et où Khattab se marie. En août 1998, les wahhabites chassent l'administration soviétique du district et instaurent la charia.

6. L'oligarque Boris Berezovsky, qui va devenir un de ses principaux adversaires politiques, fait diffuser dans ses médias la rumeur selon laquelle certains de ces attentats auraient été suscités, voire organisés par le FSB lui-même.

LES ATTENTATS ISLAMISTES ET TCHÉTCHÈNES EN RUSSIE, 2000-2010

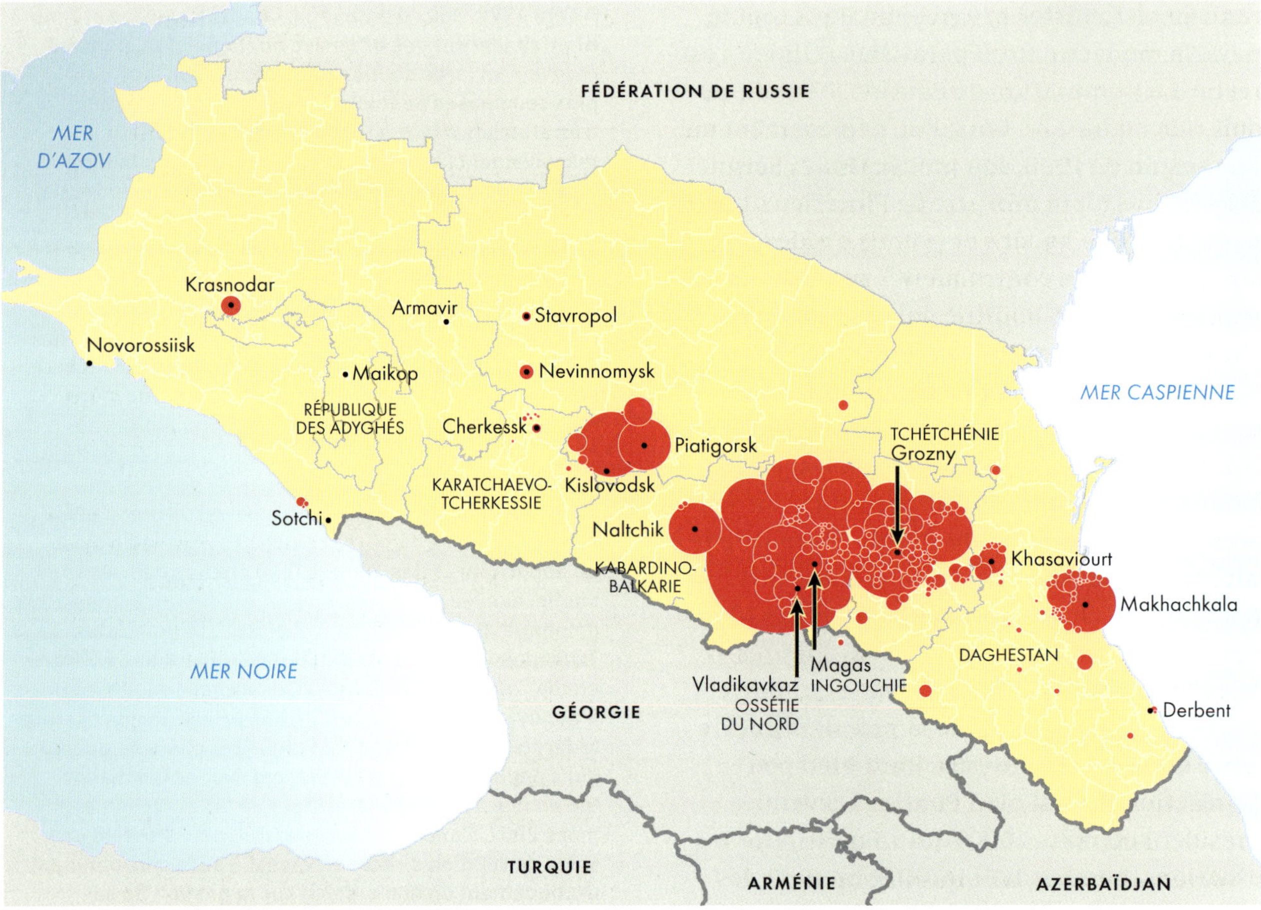

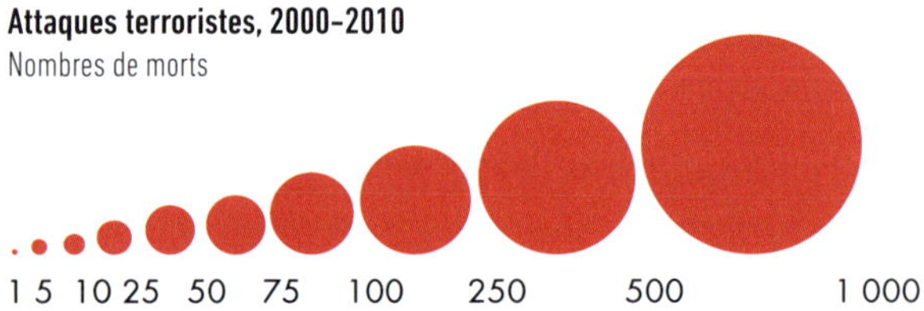

Source : Site Kavkazskii Uzel.

Un programme de restauration

Le jour même où Eltsine présente sa démission, Poutine publie un long article qui va lui servir de programme pour les élections de mars 2000 : « La Russie au seuil du millénaire[7] ». Sous une photo le montrant jeune et souriant, il se démarque par sa détermination et sa prestance de l'image accablante des dernières années de Boris Eltsine, physiquement délabré. Le constat qu'il dresse de la situation est en adéquation avec le ressenti de la majorité des Russes, et les perspectives qu'il propose ont le mérite de la clarté. Selon lui, *« la société [russe] est en train de s'effondrer, économiquement, politiquement, psychologiquement et moralement »*. Le PIB par habitant n'atteint pas le cinquième de l'indicateur moyen des membres du G7. La Russie, dit-il, a achevé la première étape transitoire des réformes politiques et économiques et il n'y a pas d'alternative (aux réformes). Mais, ajoute-t-il, *« l'expérience des années 1990 montre que la régénération de notre patrie ne peut être obtenue par la simple application sur le sol russe de modèles et de schémas abstraits glanés dans des manuels étrangers [...]. Nous ne pourrons compter sur un avenir digne que si nous réussissons à fusionner les principes universels de l'économie de marché et de la démocratie avec les réalités de la Russie »*. Pendant trois quarts de siècle, la Russie a *« vécu sous le signe de l'application de la doctrine communiste. Ce serait une erreur de nier les réalisations de cette époque. Mais ce serait encore pire de ne pas reconnaître le coût exorbitant qu'ont dû payer la société et le peuple au cours de cette expérimentation sociale. [...] Il est amer d'en convenir mais nous étions engagés dans une impasse »*.

Victime d'un clivage *(raskol)* pour la seconde fois en un siècle (d'abord en 1917 puis dans les années 1990), la société russe doit être consolidée. Cela ne peut se faire que sur la base d'une *« nouvelle idée russe »* qui naîtrait de *« la fusion organique des valeurs humaines universelles avec des valeurs primordiales russes »*. Poutine cite trois de ces valeurs : le patriotisme (qualifié de valeur positive), la puissance étatique *(derjavnost') – « la Russie était et restera un État puissant »* – et la solidarité sociale (conçue comme un héritage des formes collectives d'organisation). Mais, dit-il, les meilleures politiques économiques et sociales échouent si le pouvoir d'État, ainsi que les organismes de gestion, sont faibles. *« La clef de la renaissance et de l'essor de la Russie réside dans la sphère politico-étatique. La Russie a besoin d'un pouvoir étatique fort. Ce n'est pas un appel à un système totalitaire. L'histoire témoigne clairement que toutes les dictatures, les systèmes totalitaires, sont transitoires. »* Et il en appelle à l'implication forte de l'État dans la coordination de tous les processus économiques et sociaux. Aucune mesure précise n'est réellement détaillée dans ce qui reste un document programmatique général. Mais, dès son élection comme président, il va passer à l'action et, en quelques années, modifier profondément les règles du jeu économique et politique russes.

Verticale du pouvoir : une lente dérive autoritaire

L'action du nouveau président part d'un constat réel : dix années de pouvoir eltsinien ont créé en Russie une situation délétère. En l'absence d'une majorité réformatrice claire à la Douma, Eltsine a passé toute une série de compromis qui ont considérablement affaibli l'État. Les réformes libérales engagées de façon chaotique, en partie bloquées par l'opposition (comme la loi sur la terre), ont ouvert des brèches dans lesquelles se sont engouffrés les dirigeants régionaux et les premiers oligarques. Déjà frappée par l'inflation, le chômage et les salaires impayés, la population est durement touchée par la crise économique de 1998,

---

7. *Rossiiskaïa Gazeta*, 31 décembre1999.

Chronologie d'une dérive autoritaire

2000

(7 mai)
Entrée en fonction de Vladimir Poutine.

(13 mai)
Création des districts fédéraux.

(13 juin)
Arrestation de l'oligarque Vladimir Goussinski.

(28 juillet)
Rencontre de Poutine avec les oligarques.

(12 août)
Naufrage du sous-marin *Koursk*.

(1er septembre)
Les gouverneurs de région, privés de leur statut de membres du Conseil de la Fédération, perdent leur immunité.

2001

(21 juin)
Nouvelle loi plus restrictive sur l'enregistrement des partis politiques.

(5 décembre)
Nouveau Code de procédure pénale.

2002

(23-26 octobre)
Prise d'otages tchtchène au théâtre de la Doubrovka à Moscou.

2003

(1er février)
Nouveau Code de procédure civile.

(Mars)
Début de la guerre américaine en Irak.

(25 octobre)
Arrestation de l'oligarque Mikhaïl Khodorkovski.

(Novembre)
Révolution des roses en Géorgie.

2004

(4 mars)
Élection de Poutine pour un second mandat avec 71,2 % des voix.

(Mars)
Élargissement de l'OTAN à sept nouveaux membres dont les 3 États baltes.

(1er septembre)
Prise d'otages tchétchène dans une école à Beslan (Ossétie du Nord).

(13 septembre)
Suppression de l'élection des gouverneurs de région au suffrage universel.

(Novembre)
Révolution orange en Ukraine.

2005

Nouvelle loi électorale. Élection législative seulement par liste de partis. Le seuil d'éligibilité est relevé de 5 à 7 %.

2006

Shell, Mitsui et Mitsubishi sont évincés du gisement gazier Sakhaline 2, qu'ils possédaient à 100 %.

(7 octobre)
Assassinat de la journaliste Anna Politkovskaïa.

(1er novembre)
Empoisonnement au polonium d'Alexandre Litvinenko à Londres.

2008

(17 février)
Proclamation de l'indépendance du Kosovo.

(7 mai)
Investiture de Dimitri Medvedev comme président.

(8 mai)
Désignation de Poutine comme 1er ministre.

(7-16 août)
Guerre en Géorgie.

(4 décembre)
Confiscation des archives de Mémorial.

2009

(16 novembre)
Décès en prison de l'avocat d'affaires Sergueï Magnitski.

2012

Allègement des conditions d'enregistrement des partis politiques.

(21 février)
Scandale des Pussy Riot.

(26 février)
Avis de recherche des Pussy Riot, arrêtées en mars.

(4 mars)
Élection de Poutine comme président avec 63,6 % au 1er tour.

(6 mai)
Répression des manifestants de la place Bolotnaïa.

(1er juin)
Rétablissement de l'élection directe des gouverneurs.

(13 juin)
Adoption de la loi sur les ONG introduisant la notion d'agent de l'étranger.

2013

(Juin)
Pénalisation des offenses publiques aux sentiments des croyants.

2014

Rétablissement d'un scrutin par circonscriptions territoriales pour la moitié des députés de la Douma.

(5 mai)
Loi sanctionnant les déformations de la mémoire de la Seconde Guerre mondiale ; interdiction des « gros mots » dans les médias et au cinéma.

(14 octobre)
Limitation à 20 % des parts étrangères dans la propriété des médias russes.

2015

(7 février)
Assassinat de l'opposant Boris Nemtsov.

2016

Le seuil d'éligibilité est ramené à 5 %.

2017

(25 novembre)
Loi sanctionnant les médias « agents de l'étranger ».

2018

(4 mars)
Sergueï Skripal, ancien agent double russe, est empoisonné à Salisbury.

(18 mars)
Poutine réélu pour un quatrième mandat présidentiel.

(2 décembre)
Les individus diffusant des nouvelles de médias classés « agents de l'étranger » et les chercheurs recevant des subventions de l'étranger peuvent être classés « agents de l'étranger » et sanctionnés.

2019

(15 décembre)
Arrestation du banquier français Philippe Delpal (affaire Baring Vostok).

2020

(25 juin-1er juillet)
Référendum constitutionnel. Poutine est autorisé à se représenter pour deux autres mandats ; le dénigrement des défenseurs de la patrie est interdit ; la foi en Dieu des Russes est introduite dans la Constitution et le mariage homosexuel interdit.

(20 août)
Tentative d'empoisonnement d'Alekseï Navalny.

2021

(17 janvier)
Arrestation d'Alekseï Navalny.

(28 décembre)
Dissolution de Mémorial.

2022

(4 mars)
Loi interdisant les « informations mensongères » sur l'Ukraine, dont les mots « guerre » ou « agression russe ».

(21 septembre)
Mobilisation partielle.

(Décembre)
Élargissement de la loi interdisant la présentation positive des LGBT.

meurtrie par l'affaiblissement général du pays et déroutée par la chute des certitudes de l'ancien régime (même si beaucoup ne les acceptaient que contraints et forcés). Vladimir Poutine va jouer sur le sentiment d'humiliation qui s'est répandu dans la société à la fin des années 1990, sentiment dont il va faire un des thèmes porteurs de sa campagne pour le retour à un État fort. Il lance sa stratégie de rétablissement de la puissance étatique selon quatre grands axes qu'il développe de façon simultanée.

Régions : le retour du centralisme

Si l'on suit l'ordre chronologique des grandes décisions de son premier mandat, le premier chantier est celui de la reprise en main des régions. La situation dans ce domaine est particulièrement confuse. Dans la logique du nouveau traité fédéral signé en 1992, nombre de régions ont profité du flou de la législation fédérale, ou de l'incapacité du pouvoir à la faire respecter, pour édicter leurs propres règles de fonctionnement si possible acceptées par le Centre, ce qu'on a dénommé un « fédéralisme à la carte ». Le champ institutionnel fédéral est remis en cause par une sorte de « guerre des lois », morcelé en une multitude de situations locales au gré de la puissance des barons régionaux. Moins d'une semaine après sa prise de fonction, Poutine crée au sein de l'administration présidentielle sept « représentants plénipotentiaires du président », des sortes de « superpréfets » chargés chacun de rétablir l'ordre constitutionnel dans sept districts fédéraux[8]. Leur tâche est double. Il leur faut d'abord éliminer des législations régionales tout ce qui s'écarte de la Constitution et des lois fédérales. Ils doivent par ailleurs reprendre le contrôle des nominations dans toutes les structures fédérales déconcentrées, à commencer par les administrations régaliennes (dans certaines républiques, Moscou avait perdu le contrôle des structures locales du FSB, du service des douanes ou du Trésor public !).

Usant de tous les moyens de pression dont disposait l'administration présidentielle, ces superpréfets vont en quelques années remplir leur mission et établir ce que Poutine dénomme, dès sa première adresse au Parlement en juillet 2000, la nécessaire « verticale du pouvoir ». Mais sa volonté centralisatrice ne s'arrête pas là. À partir de l'exemple du Tatarstan, la république qui était allée le plus loin sous Eltsine en matière d'autonomie des pouvoirs régionaux, Richat Sabitov[9] illustre parfaitement cette politique, qui s'étend sur plus d'une décennie. Au fil des ans, grâce à une kyrielle d'amendements législatifs et de règlements, le centre fédéral va encadrer pratiquement le fonctionnement de toutes les régions, à l'exception notable de la Tchétchénie. Peu à peu, les marges d'autonomie concédées dans les années 1990 sont rognées sur le plan administratif (soumission des niveaux inférieurs aux gouverneurs, eux-mêmes soumis à l'autorité du président), budgétaire (la majorité des régions deviennent dépendantes des subventions fédérales) et même culturel et éducatif (le droit d'enseigner les langues nationales dans les républiques est soumis aux programmes fédéraux).

La mise au pas des oligarques

Les deux chantiers suivants, quoique distincts, sont intimement liés : le contrôle des médias et la mise au pas des oligarques. Une des caractéristiques des oligarques russes, comme de bien de leurs homologues occidentaux, est de mêler les activités bancaires, industrielles ou commerciales et, pour plusieurs d'entre eux, d'investir dans les médias. En 1996, Eltsine, en difficulté face au

---

8. Leur nombre sera porté à 8 en 2010 avec la création du district du Caucase du Nord. Fait qui ne passe pas inaperçu, six des sept premiers « superpréfets » sont des *siloviki*.

9. Richat Sabitov *Le Fédéralisme russe contemporain et la République du Tatarstan*, Fondation Varenne, 2013.

Les disparités économiques des régions russes (produit régional brut), 2019

Les disparités entre sujets de la Fédération sont énormes et produisent des tensions sociales et de fortes jalousies, en particulier envers les deux régions capitales (Moscou et Saint-Pétersbourg). On constate que, parmi les dix régions qui contribuent le plus au produit régional brut (hors les deux régions capitales), la plupart sont des régions productrices de matières premières : hydrocarbures pour les deux districts autonomes de la plaine de l'Ob, le Tatarstan et le Bachkortostan ; nickel et métaux rares (Krasnoïarsk) et industrie lourde et militaire (Sverdlovsk, Krasnoïarsk).

Seules les régions de Samara et de Krasnodar ont des profils plus équilibrés : agro-industrie, industries manufacturières (automobile à Samara), développement portuaire et tourisme (Novorossiisk et Sotchi dans la région de Krasnodar). Parmi les 10 régions qui contribuent le moins et parmi les 20 régions les plus pauvres, on retrouve la majorité des républiques du Caucase et de Sibérie mais aussi quelques régions russes de la partie européenne en crise industrielle comme celles de Pskov et d'Ivanovo.

LES OKROUGS FÉDÉRAUX, 2000-2014

Produit régional brut par habitant
(en milliers de roubles)

Taux de change moyen en 2019 : 1 euro = 75 roubles.

	en milliers de roubles
Moyenne de Russie	646
District autonome de Tchoukotka*	1 899
Moscou ville	1 555
Saint-Pétersbourg ville	950
Territoire de Krasnoïarsk	938
Territoire du Kamtchatka	891
République des Komis	873
Région de Mourmansk	828
Région de Tioumen	822
District autonome de Khanty-Mansi	734
République du Tatarstan	717
District autonome de Iamalo-Nenets	710
Région de Moscou	671
Région de Léningrad	658
Région d'Irkoutsk	645
Région de Belgorod	617
Territoire de Khabarovsk	609
Région d'Astrakhan	596
Région de Sverdlovsk	586
Région de Tomsk	577
Territoire de Perm	574

Moyenne de Russie	646
Région de Pskov	314
République de Mari El	300
Territoire de Stavropol	295
Région de Kirov	292
République de Bouriatie	290
République d'Adyghée	288
Région de Kourgan	289
République de Tchouvachie	278
Territoire de l'Altaï	271
République de l'Altaï	268
République de Yakoutie	258
Région d'Ivanovo	250
République d'Ossétie du Nord	248
République de Crimée	245
République de Touva	243
République du Daghestan	231
République de Karatchaevo-Tcherkessie	197,60
République de Kabardino-Balkarie	197,20
République de Tchétchénie	164,60
République d'Ingouchie	145,70

Part des régions dans la création du produit régional brut (% et millions de roubles)

Taux de change moyen en 2019 : 1 euro = 75 roubles.

	%	millions de roubles
Moscou ville et région	26,15	24 801 443
Saint-Pétersbourg ville et région	6,70	6 349 108
District autonome de Khanty Mansi	4,81	4 563 061
District autonome de Iamalo-Nenets	3,27	3 100 561
République du Tatarstan	2,95	2 795 850
Territoire de Krasnoïarsk	2,84	2 692 239
Territoire de Krasnodar	2,71	2 569 810
Région de Sverdlovsk	2,67	2 529 549
République du Bachkortostan	1,91	1 810 091
Région de Samara	1,78	1 687 924
Total des 10	**55,78**	

République d'Ossétie du Nord	0,18	173 235
République de Kabardino-Balkarie	0,18	171 044
République d'Adyghée	0,14	132 235
District autonome de Tchoukotka	0,10	94 884
République de Karatchaevo-Tcherkessie	0,10	92 019
République de Kalmykie	0,09	88 948
République de Touva	0,08	79 211
République d'Ingouchie	0,08	73 186
République de l'Altaï	0,06	58 976
Région autonome juive	0,06	56 570
Total des 10	**1,08**	

* La place de la Tchoukotka tient à sa très faible population.

Oblast (région)
Kraï (territoire)
Avtonomnyi Okroug (district autonome)

Source : Regiony Rossii, 2021.

candidat communiste à la présidentielle, s'était d'ailleurs adressé à eux afin d'obtenir le soutien de leurs groupes de presse. En cas de victoire, ces groupes, encore relativement modestes, obtiendraient à bas prix le contrôle des secteurs les plus convoités de l'économie russe (matières premières et métallurgie, énergie, chimie et l'essentiel des constructions mécaniques civiles[10]). En juillet 2000, Poutine invite au Kremlin les vingt-deux businessmen les plus puissants du pays et leur propose un marché. Il déclare en substance : nous savons comment vous vous êtes enrichis et comment vous avez constitué vos groupes (c'est-à-dire souvent aux marges d'une légalité elle-même en plein délitement). Nous sommes prêts à fermer les yeux sur cette période, mais à deux conditions : vous cessez toute activité politique interférant avec les pouvoirs régionaux ou fédéraux ; vous consacrez une partie de vos bénéfices à la reconstitution de la puissance du pays. La plupart obtempèrent. D'autres, comme Boris Berezovsky (un des organisateurs de l'accord de 1996), suivent l'exemple de Goussinski[11] et s'exilent. Mikhaïl Khodorkovski décide de résister. Usant de son influence, il s'oppose publiquement à Poutine en tentant d'infléchir les votes de la Douma et envisage de vendre une partie de sa compagnie pétrolière Youkos à une major américaine, Exxon-Mobil ou Chevron. Il est arrêté en octobre 2003[12].

L'affaire Youkos ne doit rien au hasard. Poutine sait parfaitement que la principale ressource de son pays est sa richesse en matières premières[13]. En quelques années, il met en place un nouveau système économique qui repose sur le contrôle par l'État de tous les secteurs stratégiques. Il ne s'agit pas de nouvelles nationalisations. Poutine favorise la création de champions nationaux, leaders dans les différents domaines concernés. Ils peuvent être étatiques comme Rosatom (la holding qui regroupe tout le nucléaire russe), 100 % privés comme Rusal (le géant de l'aluminium) ou très souvent mixtes, associant capitaux privés et publics. L'oligarchie ne disparaît pas, bien au contraire. Si quelques-uns des premiers oligarques sont toujours actifs (deux des « sept banquiers » d'Eltsine, Mikhaïl Fridman et Vladimir Potanine en font partie), on voit apparaître de nouveaux noms qui sont tous des amis proches du président, qu'ils ont connu les uns en RDA, les autres après 1990 à Saint-Pétersbourg. La « famille » d'Eltsine est ainsi remplacée par un nouveau clan présidentiel. Autre caractéristique de cette nouvelle classe dirigeante, beaucoup sont des *siloviki* et leur place va s'élargir à tous les rouages de l'économie et de l'État, où ils bénéficient du soutien de l'administration et de la justice, souvent au détriment d'autres entrepreneurs moins en cour.

Grâce à de nouvelles taxes (sur l'exploitation et l'exportation des matières premières en particulier), l'État engrange des bénéfices qui constituent la plus grande partie de son budget. Au cours des années 2010, qui voient le cours des hydrocarbures s'envoler, la Russie enregistre une croissance record

10. On appela cet arrangement « l'accord prêts contre actions » ou le « deal des 7 banquiers ». En échange d'un financement de la campagne électorale d'Eltsine – qui ne sera jamais remboursé –, ces sept groupes ayant amassé leurs capitaux dans la première phase de la privatisation se voient octroyer les entreprises les plus rentables du pays.

11. En juin 2000, le banquier Vladimir Goussinski est arrêté pour malversations. Sa chaîne NTV est une des plus populaires en Russie. Elle diffuse le célèbre programme des « Poupées », l'équivalent de nos « Guignols », qui s'est vertement moqué de Poutine. En outre, elle a relayé les rumeurs affirmant que certains attentats attribués aux Tchétchènes en 1999 auraient pu être organisés par le FSB. Goussinski est rapidement libéré mais doit vendre son groupe de médias à Gazprom avant de s'exiler en Espagne en juillet.

12. Mikhaïl Khodorkovski est condamné à onze ans de camp (puis quatorze en appel). Incarcéré, il ne cesse de dénoncer la politique de Poutine. Il est libéré en décembre 2013 et s'exile à Londres, où il crée *Open Russia*, qui dénonce la politique russe.

qui permet à Poutine d'engager une double politique : d'un côté, il investit massivement pour rattraper le retard du pays en matière d'infrastructures et pour dynamiser certains secteurs stratégiques, dont les industries de défense ; de l'autre, il lance une politique sociale et nataliste (aide au deuxième enfant) et augmente de façon substantielle les retraites et les salaires des fonctionnaires. Qu'on ne s'y trompe pas, cette politique n'a rien d'égalitaire. Si la part des très pauvres (revenus en dessous du seuil de subsistance officiel) diminue et passe de 25 % de la population en 1995 à 11 % en 2014, une vraie classe moyenne apparaît, en même temps qu'une couche d'hyper-riches émerge. Selon *Forbes*, il y avait 7 milliardaires russes en dollars en 2002, ils sont 111 début 2014. Les proches du clan présidentiel détournent une large part des bénéfices de la croissance, qu'ils investissent en comptes offshores et en dépenses somptuaires (villas sur la Côte d'Azur, yachts et avions privés) que vont dénoncer les documents égrenés par Alekseï Navalny[14]. Selon Thomas Piketty, les inégalités en Russie aujourd'hui sont plus importantes qu'avant 1917[15].

Le quatrième chantier présidentiel porte sur le terrain politique. Alors que, peu à peu, les oligarques proches de Poutine prennent le contrôle des principaux médias[16], toute une série de modifications de la loi électorale ou de celle sur les partis politiques restreignent la possibilité pour l'opposition de se faire entendre. Quelques partis (comme le Parti communiste ou le parti nationaliste LDPR), qui acceptent de coopérer avec le parti officiel Russie unie, sont admis à la Douma et dans quelques postes régionaux, mais toute l'opposition dite « hors système » est marginalisée, ses candidats rejetés et ses moyens d'expression réduits. Profondément divisés, les autres partis s'étiolent et la diversité politique apparue sous Eltsine se réduit comme peau de chagrin. Toutefois, en dehors d'un petit groupe de Russes dont la seule mention de l'origine professionnelle de Poutine au sein du KGB suffit à éveiller la méfiance, l'opinion publique (selon plusieurs instituts de sondage) soutient cette remise en ordre de la société et l'action présidentielle. Après des années de bouleversements chaotiques, la majorité de la population apprécie la politique sociale du gouvernement et la croissance générale des revenus, qui accompagnent la stabilité retrouvée. Les pressions administratives et la fraude électorale font le reste jusqu'au choc que représente l'alternance de 2008, entre Poutine et son premier ministre Dimitri Medvedev.

11 septembre 2001, des velléités de rapprochement

Les premiers pas de Vladimir Poutine en politique extérieure semblent prolonger la politique eltsinienne d'intégration occidentale. À l'occasion de son premier voyage à l'étranger en tant que président, en mars 2000 (il est reçu à Londres par la reine Elizabeth II), il donne une interview à la BBC. À la question *« Considérez-vous l'OTAN comme un*

13. En 1997, Vladimir Poutine a soutenu une thèse d'économie ayant pour thème la planification stratégique pour la production des ressources minérales régionales dans les conditions d'une économie de marché.

14. Sa Fondation anticorruption dénonce dans des vidéos largement diffusées l'enrichissement de Vladimir Poutine et Dimitri Medvedev, du ministre des affaires étrangères, Sergueï Lavrov, et de la défense, Sergueï Choïgou. Après une tentative d'empoisonnement, Navalny est arrêté en janvier 2021.

15. Facundo Alvaredo, Lucas Chancel, Thomas Piketty, Emmanuel Saez, Gabriel Zucman, *Rapport sur les inégalités mondiales 2018*, Le Seuil, 2018.

16. Les derniers médias indépendants, la radio Ekho Moskvy, la chaîne de TV Dojd' (Pluie) et le journal *Novaïa Gazeta*, doivent se saborder en 2022.

partenaire potentiel, un rival ou un ennemi ?», il répond : *« La Russie fait partie de la culture européenne. Et je ne peux pas imaginer mon propre pays isolé de l'Europe et de ce que nous appelons souvent le monde civilisé. Il est donc difficile pour moi de considérer l'OTAN comme un ennemi. [...] Nous sommes ouverts à une coopération équitable, à un partenariat. Nous pensons que nous pouvons parler d'une intégration plus profonde dans l'OTAN, mais seulement si la Russie est considérée comme un partenaire égal. Vous savez que nous n'avons cessé d'exprimer notre opposition à l'expansion de l'OTAN vers l'est. »* Le journaliste relance : *« Est-il possible que la Russie rejoigne l'OTAN ? »* Poutine reprend alors : *« Je n'exclus pas une telle possibilité, mais, je le répète, si et quand les vues de la Russie seront prises en compte comme celles d'un partenaire égal »*[17]. L'actualité va se charger de multiplier les embûches sur la voie de cet éventuel dialogue et ces propos, qui étonnent aujourd'hui, vont être vite oubliés.

Les attentats du 11 septembre 2001 provoquent un choc mondial. Vladimir Poutine est un des premiers à appeler les dirigeants américains, qualifiant l'attaque d'acte barbare. Dans un télégramme au président Bush, il écrit qu'un tel acte inhumain ne peut rester impuni et indique au téléphone que les rivalités ayant pu exister entre les deux pays seront mises de côté pendant que les États-Unis s'occuperont de cette tragédie. En octobre 2001, en signe de bonne volonté vis-à-vis des États-Unis, il ordonne la fermeture de la base radar de Lourdes, à Cuba (qu'il avait visitée lors d'un de ses premiers voyages officiels en 2000), ainsi que celle de la base navale de Cam Ranh, au Vietnam. Plongé dans la guerre en Tchétchénie, il propose aux Américains de coordonner leurs efforts face à ce qu'il décrit comme un ennemi commun, l'islamisme radical. Washington obtient des facilités pour utiliser des bases aériennes en Ouzbékistan, au Tadjikistan et au Kazakhstan pour ses opérations. En échange, Poutine espère sans doute obtenir quelques renseignements utiles et, surtout, voir cesser les critiques sur la brutalité de son action au Caucase.

Mais George W. Bush voit les choses autrement et néglige cette offre de coopération. La suprématie de son pays touchée en plein cœur, il se lance dans une guerre mondiale contre le terrorisme, véritable croisade messianique pour la défense des valeurs du monde libre. Le premier acte de cette stratégie est la guerre en Afghanistan, qui débute le 7 octobre 2001 et dont la première phase s'achève avec la mise en place du président Hamid Karzai à la tête du pays, le 22 décembre. Nous savons aujourd'hui que l'armée américaine va se retrouver enlisée en Afghanistan pour vingt ans. Mais Bush ne s'arrête pas là dans sa croisade contre « l'axe du mal ».

Le 12 septembre 2002, les États-Unis présentent au Conseil de sécurité de l'ONU de faux documents censés prouver que Saddam Hussein détient des armes de destruction massive. Après l'affaire de la maternité de Koweït[18], c'est la seconde fois en une dizaine d'années que l'administration américaine organise un mensonge d'État afin de justifier auprès du Congrès et de l'opinion mondiale une intervention militaire. Cette fois, plusieurs pays qui ont soutenu la guerre en Afghanistan réfutent les arguments américains. La France, l'Allemagne et la Russie se concertent et refusent d'entrer dans la coalition menée contre le régime de Saddam Hussein[19]. Présentée comme une « guerre préventive », cette seconde guerre du Golfe débute le 20 mars 2003. Le dictateur irakien est pendu en décembre 2006 mais le retrait américain ne s'achèvera qu'en décembre 2011, laissant derrière lui une situation chaotique. Le nombre de combattants morts est évalué à 35 000 dont 4 500 Américains, auxquels il faut ajouter plus de 100 000 civils. Le pouvoir russe demeurera critique de cette action américaine, qu'il qualifiera d'ingérence inacceptable contre un régime partenaire de la Russie. Cet épisode s'ajoute au sentiment de malaise créé par les bombardements de l'OTAN sur Belgrade et la Serbie en 1999 et plus encore par la relance par l'administration américaine du projet de défense antimissile initialement envisagé par Ronald Reagan.

En juillet 1999, Clinton avait signé le *National Missile Defense Act* rappelant que les États-Unis avaient l'intention de construire un bouclier antimissile limité aussitôt que la technologie le permettrait. Dès son élection, George W. Bush relance cette idée lors d'un discours en mai 2001. Après les attentats du 11 septembre 2001, il annonce que son pays se retire du traité ABM *(Anti-Ballistic Missile)* signé à Moscou en 1972 par Nixon et Brejnev et qui interdisait le déploiement d'un système global de défense antimissile. Parmi les pays envisagés pour le stationnement d'éléments de ce système, il cite la Tchéquie et la Pologne, pays récemment admis dans l'OTAN. Cela n'est pas fait pour apaiser les tensions entre Poutine et les membres de l'Alliance, tensions qui vont s'accroître encore lors de ce qu'on appelle « les révolutions de couleur ».

Le tournant des révolutions de couleur

On désigne par « révolutions de couleur » une série de trois mouvements populaires spectaculaires survenus dans l'espace postsoviétique entre 2003 et 2005. Dans les trois cas, des foules immenses occupent le centre des capitales (parfois des bâtiments administratifs) à la suite d'élections jugées truquées par le pouvoir, dont on critique aussi l'autoritarisme et la corruption. Dans les trois cas, cette mobilisation de masse aboutit au renversement des pouvoirs en place.

On observe de multiples interférences extérieures, témoignant de la puissance du *soft power* occidental. En Géorgie, l'administration Bush critique de plus en plus le régime de Chevardnadze, à qui l'on demande l'accélération des réformes économiques et plus de transparence dans la vie publique. Concrètement, les aides du gouvernement américain sont réduites et celle du FMI suspendue. Dans le même temps, diverses organisations, comme USAID ou Freedom House, multiplient les subventions aux partis d'opposition. L'Open Society Institute de George Soros offre des bourses à de nombreux Géorgiens soutenant les idées libérales et offre un voyage à Belgrade à des étudiants de Tbilissi afin qu'ils se familiarisent avec l'expérience d'Otpor (Résistance), le mouvement qui a renversé Slobodan Milosevic en 2000. Mais il est clair que ces mouvements ont d'abord pour origine le rejet massif des pratiques politiques des pouvoirs en place dans un contexte de crise sociale et économique qui pèse sur la majorité des habitants.

L'analyse que font les autorités russes de ces événements va plus loin. Pour les dirigeants du Kremlin, tout mouvement populaire ne peut être que manipulé et ces « révolutions » sont entièrement financées et organisées par les services secrets américains et d'autres organisations occidentales. La Stratégie de sécurité nationale russe de 2015 classera ces *« changements de régime sponsorisés de l'étranger »* parmi les menaces principales à la sécurité nationale. Manifestement, Poutine n'admet pas que des majorités populaires puissent remettre en cause les pouvoirs en place. Pour lui, ces révolutions reflètent la

---

17. http://news.bbc.co.uk/hi/english/static/audio_video/programmes/breakfast_with_frost/transcripts/putin5.mar.txt

18. En octobre 1990, après l'invasion du Koweït par l'armée irakienne, le Pentagone présente au Congrès américain puis au Conseil de sécurité un témoignage entièrement fabriqué afin de convaincre l'opinion qu'une intervention en Irak est nécessaire. Ce sera la première guerre du Golfe.

19. La coalition organisée par Washington intègre cependant des soldats de 21 autres États, dont sept de l'ex-URSS : Arménie, Azerbaïdjan, Estonie, Géorgie, Lituanie, Kazakhstan et Ukraine.

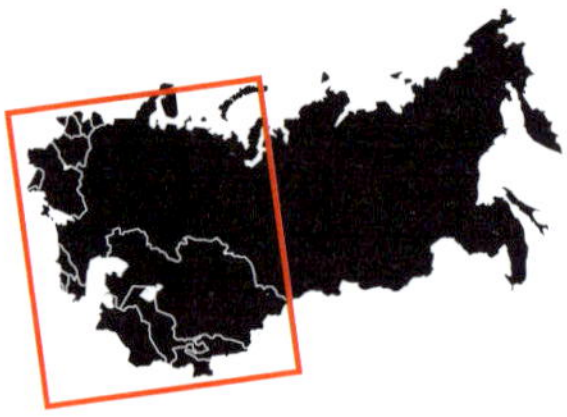

LES RÉVOLUTIONS DE COULEUR

Géorgie
Révolution des roses

Novembre 2003-janvier 2004

Kirghizstan
Révolution des tulipes

Mars-avril 2005

Ukraine
Révolution orange

Novembre 2004-janvier 2005

Russie
Révolution blanche

Mouvement de contestation des élections législatives de 2011 (hiver 2011-2012)

Frontières des 15 États issus de l'URSS

Les révolutions de couleur

Géorgie : la révolution des roses (novembre 2003-janvier 2004)

Les résultats des élections législatives du 2 novembre 2003, donnant la victoire au parti du président Chevardnadze, sont contestés par les observateurs. Mi-novembre, des manifestants envahissent le centre de la capitale et d'autres villes avec comme mot d'ordre *Kvara (Assez !)*. Ils critiquent le système de corruption du régime et son incapacité à résoudre la question des territoires sécessionnistes. Le 22 novembre, jour d'intronisation du nouveau Parlement, le chef de l'opposition, Mikhaïl Saakachvili et ses partisans envahissent la salle, des roses à la main. Le lendemain, le président Chevardnadze démissionne. Saakachvili gagne les élections présidentielles organisées le 4 janvier avec 96,2 % des suffrages.

Ukraine : la révolution orange (novembre 2004-janvier 2005)*

Kirghizstan : la révolution des tulipes (mars-avril 2005)

Suivant un schéma analogue à celui de Tbilissi et Kiev, l'opposition au régime du président Askar Akaev s'insurge contre les résultats des élections parlementaires des 27 février et 13 mars, jugées non démocratiques par les observateurs de l'OSCE. Des manifestations débutent dès les résultats du premier tour dans la capitale, Bichkek, et culminent le 20 mars avec la prise de plusieurs bâtiments officiels à Och et Djalal-Abad, les grandes villes du Sud. Après avoir tenté en vain de réduire ses opposants, Akaev doit fuir en Russie le 24 mars. Il signe sa démission à Moscou le 4 avril. Quoique divisés, les leaders de l'opposition passent un accord politique afin d'éviter que ne se reproduisent les troubles de 1990 ayant opposé les régions du Sud et la capitale. Kourmanbek Bakiev, représentant du Sud, élu président en juillet 2005, nomme Felix Koulov (représentant de la capitale) comme premier ministre. L'égérie du mouvement, Roza Otoumbaeva, est nommée ministre des affaires étrangères. Le nom de tulipe fut lancé par Akaev lui-même dans un discours affirmant qu'une révolution de couleur ne devait pas se produire dans son pays.

* Voir premier chapitre, page 39.

volonté occidentale *« d'imposer ses standards, qui ne correspondent en rien au mode de vie, aux traditions et aux cultures de ces peuples »*. Le célèbre discours qu'il prononce à Munich en février 2007 témoigne de cette analyse et constitue le jalon principal de la rupture avec la politique de rapprochement initiée par Gorbatchev vingt années auparavant[20]. Sur un ton vigoureux, il dénonce ce qu'il appelle l'unilatéralisme américain, qui cherche à imposer un *« monde unipolaire », « un seul centre de pouvoir, un seul centre de force et un seul centre de décision ». « Presque tout le système du droit d'un seul État,* ajoute-t-il, *avant tout, bien entendu, des États-Unis, a débordé de ses frontières nationales dans tous les domaines : dans l'économie, la politique et dans la sphère humanitaire, et est imposé à d'autres États. À qui cela peut-il convenir ? »* Il insiste sur la nécessité de *« repenser sérieusement l'architecture globale de la sécurité »* car *« la guerre froide a laissé derrière elle des munitions qui n'ont pas encore explosé »*. Concrètement, il revient sur son opposition à l'élargissement de l'OTAN et reproche aux membres de l'Alliance de refuser de signer le traité sur les forces armées conventionnelles en Europe. La Russie, dit-il, s'est engagée à fermer ses dernières bases en Géorgie et ce dernier obstacle ne devrait pas entraver cette signature. En Géorgie justement, l'année 2008 va confirmer l'ampleur croissante des divergences entre Moscou et l'Occident.

2008, une guerre en Géorgie

Le vainqueur de la révolution des roses, Mikhaïl Saakachvili, élu président de la Géorgie en janvier 2004, est un dirigeant totalement différent de tous ses homologues postsoviétiques. Jeune (il est né en 1967), ayant fait une partie de ses études aux États-Unis et à Strasbourg, marié à une Hollandaise, il s'intègre aisément dans les structures occidentales. En quelques années, il se crée un réseau d'amitiés dans les cercles les plus conservateurs du Congrès américain. Dès son élection, il lance une campagne efficace contre la petite corruption quotidienne et une politique de réformes ultralibérales. Il s'engage résolument dans une critique de la politique russe vis-à-vis de l'étranger proche et promeut le rapprochement de son pays avec l'Union européenne et l'OTAN, ce qui lui attire la sympathie de l'administration américaine. Lors de son passage à Tbilissi en mai 2005, Bush déclare : *« Avant la révolution pourpre en Irak, orange en Ukraine, celle du cèdre au Liban, il y a eu la révolution des roses en Géorgie. Votre courage inspire les réformateurs démocrates et l'écho de ce message retentit dans le monde : la liberté sera le futur de chaque nation, de tous les peuples de la terre. […] Ils demandent leur liberté et ils l'auront. Comme nations libres, les États-Unis et la Géorgie ont une grande responsabilité et, ensemble, nous ferons notre devoir. »*

La présence américaine en Géorgie date d'avant l'arrivée au pouvoir de Saakachvili. En 2001, quand Poutine menace d'intervenir dans la vallée de Pankissi[21], où des combattants tchétchènes se sont réfugiés, Chevardnadze fait appel à Bush, qui réagit aussitôt. En février 2002, un groupe de militaires instructeurs américains est envoyé à Tbilissi et s'installe dans la base de Vaziani, que vient d'abandonner l'armée russe. C'est la première intrusion directe des États-Unis au Caucase. Avec le nouveau président géorgien, cette coopération entre les deux pays prend de l'ampleur et la Géorgie devient un des États les plus aidés de la région par tête d'habitant. Saakachvili investit dans la mise à niveau des infrastructures civiles du pays et consacre un gros effort au budget de la défense, multiplié par dix en quatre ans pour

20. https://www.youtube.com/watch?v=JLjG1THpeNQ.

21. La gorge de Pankissi est une vallée de la montagne géorgienne limitrophe de la Tchétchénie et peuplée par des Kistes, peuple musulman cousin des Tchétchènes. Elle avait déjà servi de refuge lors de la première guerre russo-tchétchène.

atteindre le seuil fantastique de 9,2 % du PIB. Outre des instructeurs américains et israéliens, il engage des mercenaires de plusieurs milices privées occidentales. Saakachvili n'a jamais caché qu'un de ses objectifs était de rétablir la pleine souveraineté sur tout son territoire. En avril-mai 2004, il remporte un premier succès en reprenant le contrôle de la république d'Adjarie[22], tenue par un autocrate local, Aslan Abachidze. Réalisée pratiquement sans aucun coup de feu, cette action réussie ne soulève pas d'objection réelle de Moscou et détermine le président géorgien à aller de l'avant concernant les territoires séparatistes que sont l'Abkhazie et l'Ossétie du Sud. Entre 2004 et 2008, les relations entre Tbilissi et Moscou ne cessent de se dégrader à ce sujet[23]. Sans les reconnaître, la Russie soutient et contrôle étroitement les gouvernements de ces deux territoires dans lesquels elle distribue des passeports russes à tous ceux qui le souhaitent. De son côté, Saakachvili tente d'asphyxier l'Ossétie du Sud en faisant fermer le grand marché d'Ergneti, devenu un haut lieu de contrebande entre la Russie, la Turquie et tout le Caucase du Sud. Il crée un second gouvernement ossète pro-géorgien et installe une petite base militaire géorgienne dans la gorge de Kodori, une partie de l'Abkhazie restée sous contrôle géorgien. Moscou répond en décrétant en 2006 le blocus des vins et des eaux minérales géorgiennes, principaux produits d'exportation du pays. Pendant quelques semaines, le Kremlin laisse même se développer en Russie une sorte de chasse aux Géorgiens.

En 2008, deux événements extérieurs vont contribuer à jeter de l'huile sur le feu, l'indépendance du Kosovo et la question de l'adhésion de la Géorgie et de l'Ukraine à l'OTAN. À la suite de l'échec des négociations engagées sous l'égide de l'ONU pour lui définir un statut, le Kosovo déclare unilatéralement son indépendance le 17 février. Les États-Unis et leurs alliés la reconnaissent immédiatement, ce qui soulève les protestations de Belgrade et de Moscou. À l'instar de certains diplomates occidentaux, les Russes rejettent l'argument de l'exceptionnalité de la situation du Kosovo. Poutine avait d'ailleurs déclaré dès 2006 : *« Si quelqu'un pense que le Kosovo peut obtenir une pleine indépendance d'État, alors pourquoi les peuples d'Abkhazie et d'Ossétie du Sud n'auraient pas ce droit ? »* Selon une source géorgienne, lors d'une réunion à Moscou le 17 février 2008, Poutine aurait dit à Saakachvili : *« Tu sais, il va falloir qu'on réponde à l'Ouest sur la question du Kosovo. Et nous en sommes désolés, mais, votre géographie étant ce qu'elle est, tu vas faire partie de la réponse[24]. »* Début avril, les dirigeants européens et américains se retrouvent à Bucarest pour un double sommet de l'OSCE et de l'OTAN. En dépit du forcing du président Bush, la France et l'Allemagne mettent leur veto au déclenchement par l'Alliance de la procédure d'adhésion de la Géorgie et de l'Ukraine, une des « lignes rouges » énoncées par Moscou. Saakachvili ne cache pas sa déception alors que, de son côté, Poutine est furieux car le point 23 de la déclaration affirme : *« L'OTAN se félicite des aspirations euro-atlantiques de l'Ukraine et de la Géorgie, qui souhaitent adhérer à l'Alliance. Aujourd'hui, nous avons décidé que ces pays deviendraient membres de l'OTAN. »* C'était la pire des décisions, promettre l'adhésion sans engager aucune protection.

---

22. Sous tutelle ottomane jusqu'en 1878, cette république frontalière de la Turquie et bénéficiant du port stratégique de Batoumi est peuplée de Géorgiens islamisés. Depuis 1991, elle échappait pratiquement à tout contrôle de Tbilissi, sans faire sécession. C'est le secrétaire du Conseil de sécurité russe qui viendra chercher le despote déchu.

23. On dispose de deux analyses précises de la période qui précède la guerre de 2008 et du déroulé de cette guerre. Gerard Toal, *Near Abroad*, *op. cit.* et le rapport de la diplomate suisse Heidi Tagliavini, qui a piloté les travaux de la commission indépendante mandatée par l'Union européenne en 2008, *Independent International Fact-Finding Mission on Georgia* (2009).

24. Cité par Ronald Asmus, *A Little War That Shook the World*, Palgrave, 2010.

LA GUERRE RUSSIE-GÉORGIE, AOÛT 2008

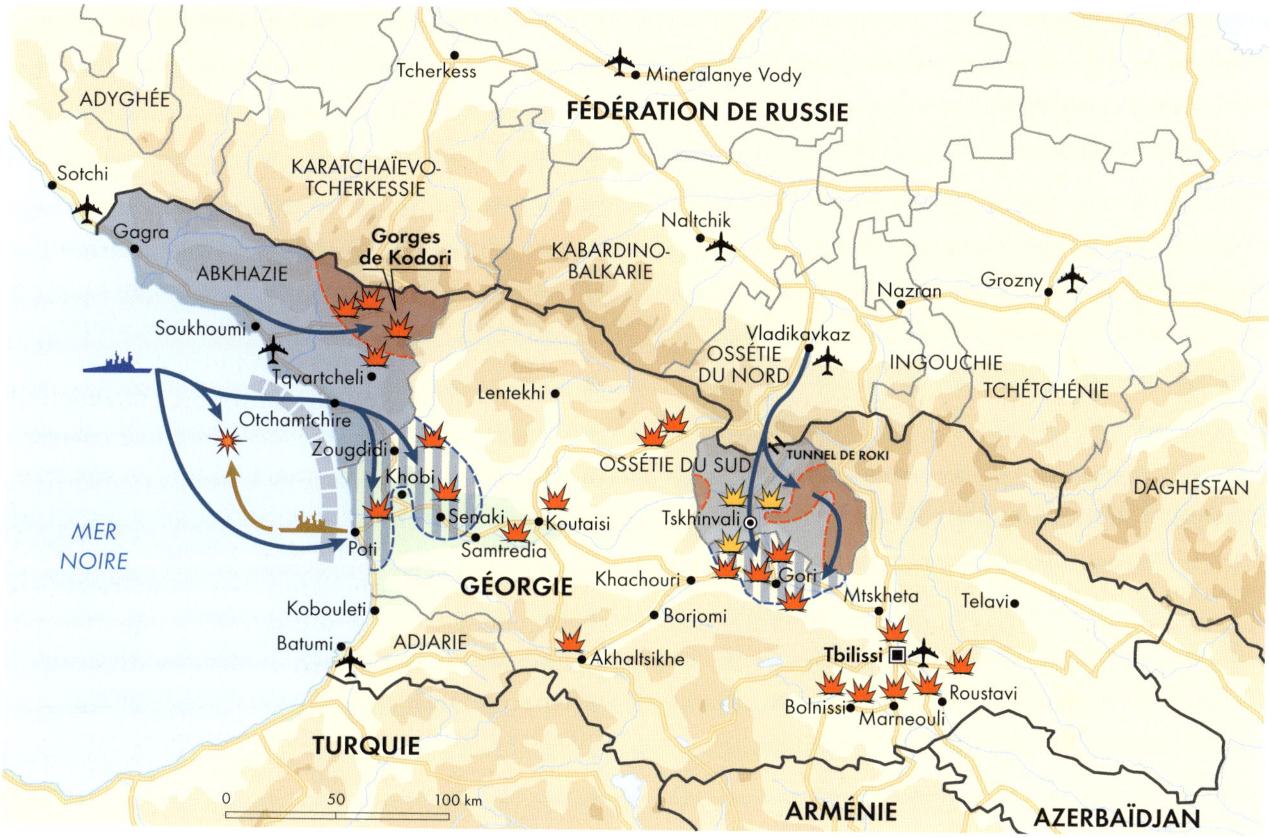

- Routes principales
- Aéroports
- Bombardements russes
- Bombardements géorgiens
- Territoires controlés par les séparastistes avant la guerre d'août 2008
- Territoires géorgiens brièvement occupés par l'armée russe
- Bâtiments russes de la flotte de la mer Noire
- Contre-offensives de l'armée russe
- Frégate géorgienne
- Mouvement naval géorgien
- Bataille navale
- Blocus naval russe
- Territoires d'Ossétie du Sud et d'Abkhazie restés loyaux à la Géorgie, mais perdus lors de la guerre de 2008

Entre Moscou et Tbilissi, les mois qui suivent sont une succession de provocations de part et d'autre. Déclarations belliqueuses, incidents de frontière, attentats et coups de main se multiplient. Mi-juillet, les Russes organisent des manœuvres militaires, *Kavkaz 2008*, au Caucase du Nord alors qu'au même moment, en Géorgie, 2 000 soldats américains participent avec des soldats arméniens, azéris et ukrainiens à d'autres grandes manœuvres, *Immediate Response 2008*. C'est Saakachvili qui déclenche les hostilités. Dans la nuit du 7 au 8 août, l'armée géorgienne bombarde la capitale sud-ossète, Tskhinvali, en commençant par la base où réside la force russe de maintien de la paix, avant de tenter de prendre la ville. Le président géorgien compte sur l'effet de surprise et sur l'absence de Poutine, en déplacement à Pékin pour la cérémonie d'ouverture des Jeux olympiques. La réponse russe ne tarde pas pour autant, et elle est massive. Moscou ne se contente pas de reprendre le contrôle de l'Ossétie du Sud. Son aviation bombarde systématiquement les bases militaires dans toute la Géorgie, et l'armée russe occupe l'ouest du pays. Tbilissi semble menacée. Les chancelleries occidentales critiquent le Kremlin pour cette réponse « disproportionnée ».

L'administration américaine est embarrassée. Nicolas Sarkozy, en tant que président en exercice du Conseil de l'Union européenne, s'envole pour Moscou et obtient un cessez-le-feu le 12 août. On a su depuis que George W. Bush et sa conseillère à la Sécurité nationale, Condoleezza Rice, avaient explicitement tenté à plusieurs reprises de dissuader Saakachvili d'entreprendre cette aventure qui jouait en faveur de Moscou. À la veille de la guerre, il y avait 130 conseillers américains au ministère de la défense de Tbilissi. Comme le commente un analyste américain, on n'a pas donné le feu vert à Saakachvili mais on n'a pas vraiment mis de feu rouge. Les conséquences de cette guerre éclair sont catastrophiques pour la Géorgie, qui perd le contrôle de 20 % de son territoire. Une véritable épuration ethnique est menée dans les enclaves géorgiennes en Ossétie et pratiquement tous les Géorgiens qui y demeuraient après le conflit de 1992 doivent quitter leurs villages, qui sont rasés. Medvedev, puis Poutine, parlent pourtant d'un « génocide » commis contre les Ossètes.

Le 26 août, la Russie reconnaît l'indépendance des deux régions sécessionnistes. Pour la première fois, Moscou rompt avec l'engagement signé en décembre 1991, qui établissait l'intangibilité des frontières au sein de la CEI. Le 27, la Géorgie quitte cette organisation. Les chancelleries occidentales ne vont guère au-delà d'une ferme dénonciation de l'atteinte au territoire d'un État indépendant mais le précédent du Kosovo pèse dans le débat diplomatique. La dérive autoritaire du gouvernement Saakachvili s'accentue dans les mois qui suivent et plusieurs scandales vont provoquer sa chute en 2013. Accusé de plusieurs délits, il se réfugie en Ukraine. La guerre de 2008 a permis à la Russie de renforcer sa présence militaire au Caucase du Sud. Moscou exerce un contrôle constant sur la vie politique abkhaze et tient à bout de bras l'économie de l'Ossétie du Sud, pratiquement coupée de toute relation avec la Géorgie. Le Venezuela, le Nicaragua, Nauru et la Syrie, des États proches de Moscou, reconnaissent l'indépendance des deux territoires mais aucun des membres de la CEI. En 2021, la Cour européenne des droits de l'homme estime que la Russie *« exerce un contrôle direct »* sur les deux régions, elle est donc comptable des graves atteintes aux droits de l'homme qui y sont observées. Sur le fond, Poutine peut s'estimer satisfait du peu de réactions internationales face à la rupture des

25. Dimitri Medvedev est d'abord chef de l'administration présidentielle de 2003 à 2005, vice-premier ministre de 2005 à 2008, président du 7 mai 2008 au 7 mai 2012, enfin premier ministre de Poutine de mai 2012 à janvier 2020.

engagements de son prédécesseur en 1991. Il peut se prévaloir devant son opinion publique d'un succès militaire qui assoit sa popularité, même si la guerre de Géorgie révèle plusieurs faiblesses de l'armée russe en particulier dans l'usage des drones.

Un curieux duumvirat

Quand survient le conflit avec la Géorgie, Poutine n'est plus que le premier ministre de Dimitri Medvedev[25]. Le « roque » entre les deux hommes a provoqué deux types de réactions. Son annonce a d'abord surpris et entraîné diverses moqueries et critiques dans les médias russes. Dans un second temps, beaucoup d'observateurs, en Russie comme en Occident, ont cru percevoir un tournant potentiel de la politique du Kremlin, Medvedev étant alors considéré comme plus proche des milieux libéraux russes, aussi bien sur le plan économique (donc plus ouvert à des coopérations étrangères) que politique. Pourtant, Poutine a pris la précaution de conserver le contrôle des ministères « de force » (ceux des *siloviki*) en transférant par décret les ministères de la défense et de l'intérieur, ainsi que le FSB, de la tutelle du président à celle du premier ministre ! Il n'empêche, la presse russe parle de duumvirat et suppute la possibilité que le président se sépare de son premier ministre ou qu'il prenne des décisions libérales dans plusieurs domaines. Une curieuse atmosphère de détente politique et culturelle prévaut sans qu'aucune mesure concrète ne soit réellement adoptée. Des rumeurs circulent cependant sur d'éventuelles divergences. La seule qui sera exprimée publiquement est la critique faite par Poutine de la décision de s'abstenir lors du vote du Conseil de sécurité de l'ONU qui va permettre aux Occidentaux d'attaquer la Libye en mars 2011 et d'éliminer son président, Mouammar Kadhafi.

Cette relative détente débouche cependant sur un des plus importants mouvements de contestation du pouvoir russe depuis la période eltsinienne. Selon un scénario proche de celui des révolutions de couleur, des manifestations débutent le 4 décembre 2011 à l'annonce des résultats des législatives, que plusieurs mouvements d'opposition estiment truquées. Alors qu'on se prépare à l'élection présidentielle de mars 2012, qui doit permettre à Poutine de regagner son poste de président, les meetings se succèdent à Moscou et dans quelques dizaines de grandes villes. Navalny appelle à marcher sur le Kremlin quand Gorbatchev conseille même à Poutine de quitter le pouvoir. On commence à parler d'une « révolution blanche », les manifestants arborant un ruban blanc. Mais le mouvement ne gagne pas l'ensemble de la population et reste cantonné aux nouvelles couches moyennes des grandes villes, celles qui aspirent le plus à libéraliser le pays. Il est toutefois pris très au sérieux par le pouvoir poutinien, qui se trouve, pour la première fois depuis 2000, confronté à un rejet massif de sa politique. Comme lors des révolutions de Tbilissi et de Kiev, Poutine estime que ces manifestations sont financées par des acteurs occidentaux (l'administration américaine a annoncé augmenter ses aides aux médias et aux ONG indépendantes russes, Hillary Clinton et le sénateur John McCain ont pour leur part publiquement soutenu le mouvement démocratique russe).

Dès son retour à la présidence, en mai 2012, Poutine précipite la dérive autoritaire déjà perceptible au cours de ses premiers mandats. En mai, une répression inhabituelle s'abat sur les manifestants de la place Bolotnaïa à Moscou, plusieurs seront condamnés à de lourdes peines de prison. En juin, la Douma vote une loi qui instaure toute une série de délits pour les « agents de l'étranger », un terme qui a une forte connotation de guerre froide. Dans les années suivantes, l'application de cette loi volontairement imprécise et d'autres décrets répressifs fait renaître un climat de pression et de peur exercé contre toute parole libre et critique de la politique officielle. Le procès du groupe de rock féminin des Pussy Riot signale que la critique de l'Église orthodoxe et plus généralement des sentiments religieux est un terrain d'expression dangereux. Une véritable instrumentalisation politique s'instaure autour de l'interprétation de l'histoire du XXe siècle, en particulier à propos des crimes staliniens, qui tendent à être minimisés, et du récit officiel développé sur la Seconde Guerre mondiale, qui devient un véritable objet de culte (défilé du Régiment des immortels pour le Jour de la victoire[26]). C'est dans ce contexte de plus en plus contraint que vont survenir les événements de 2014 en Ukraine, la révolte du Maïdan, l'annexion de la Crimée et le début de la guerre au Donbass.

Quand Poutine se fait géographe : les batailles pour la souveraineté

Alors qu'on connaît la volonté de Poutine de redonner à son pays la puissance et le rôle qu'il exerçait avant 1991, on évoque rarement les décisions concrètes destinées à renforcer la pleine souveraineté de la Russie. Loin d'être un simple objectif géopolitique, il s'agit d'un enjeu majeur couvrant plusieurs domaines. En 2009, la vénérable Société russe de géographie (RGO, fondée en 1845) fait l'objet d'une véritable OPA politique. Sergueï Choïgou (alors ministre des situations d'urgence, aujourd'hui ministre de la défense) en devient le président et Poutine dirige son comité de parrainage[27]. L'intérêt du président pour les richesses naturelles de son pays et sa propension à se forger une image virile de défenseur de sa diversité sont bien connus. Le premier terrain d'activité de Poutine géographe est celui des grands travaux d'infrastructures. Il entend ainsi réduire la dépendance de la Russie vis-à-vis des nouveaux États indépendants par lesquels transitent, depuis 1991, une grande partie des exportations russes vers l'Union européenne, le principal client. La Russie renforce les ports existants (terminaux de conteneurs) ou en crée de nouveaux, avec les infrastructures qui les desservent (voies ferrées ou tubes).

Dans plusieurs cas, ce développement accéléré prend des allures de punition, la Russie tentant de priver les États baltes ou l'Ukraine des revenus liés au transit. Le gazoduc Nord Stream ou les gazoducs posés sous la mer Noire vers la Turquie sont exemplaires de ces enjeux. Incidemment, en construisant de nouveaux ponts, des routes et des portions de voies ferrées, l'État russe améliore la desserte des régions orientales du pays, ce qui s'avère crucial alors que la Chine développe son fameux projet de Nouvelle Route de la soie *One Belt, One Road (OBOR)*. Ailleurs, cette stratégie se traduit par de véritables programmes de développement régional consistant à réduire des disparités criantes. Pour les trois régions les plus sensibles du pays, le Caucase, l'Extrême-Orient et l'Arctique, trois nouvelles administrations spécifiques sont chargées de coordonner les travaux. Au Caucase, outre la question des transports, il s'agit d'améliorer l'offre d'emploi afin de réduire la tentation qu'ont les habitants d'aller chercher du travail dans les autres villes du pays, où ils créent des tensions. Sur la façade Pacifique et en Arctique, il faut surtout développer les accès maritimes et les ports. La Route maritime du Nord reçoit une attention particulière : c'est à la fois la voie la plus septentrionale des Routes de la soie lancées par Pékin et c'est une région stratégique où on observe un intense redéploiement militaire face aux forces de l'OTAN.

26. Lors du Jour de la victoire, le 9 mai, les Russes sont appelés à défiler en brandissant des portraits des membres de leur famille qui ont participé à la « grande guerre patriotique ».

27. La composition de ce comité est extraordinaire : deux ministres (défense et affaires étrangères), la présidente du Parlement et le maire de Moscou, cinq responsables de l'administration présidentielle, vingt-six des principaux oligarques russes, deux ou trois recteurs d'université et trois personnalités étrangères : le prince Albert de Monaco, le PDG de British Petroleum et un éditeur suisse mécène de recherches en Arctique.

Le second champ de cette stratégie de renforcement de la souveraineté est sectoriel. Il consiste à réorganiser et à dynamiser, au moyen d'investissements publics et privés, des secteurs où la Russie dispose de certains atouts sans atteindre au niveau international, ou encore des domaines stratégiques pour lesquels elle est dépendante d'importations étrangères. Dans certains cas, le Kremlin compte essentiellement sur une réorganisation interne comme dans l'aéronautique civile, les constructions navales ou le spatial, sans que la constitution de grandes holdings (des champions nationaux) soit toujours efficace. Dans d'autres au contraire, comme le secteur énergétique (forages sous-marins, gaz liquéfié), l'automobile ou l'agro-industrie, il est largement fait appel à l'expérience de constructeurs étrangers qui acceptent de diffuser leur savoir-faire en échange d'un accès au marché russe.

Enfin, s'il inclut aussi des aspects technologiques, le troisième champ peut être plutôt qualifié de normatif. L'État russe a très tôt pris conscience de l'importance du contrôle des nouveaux instruments de communication (Internet, réseaux divers, téléphone, échanges interbancaires, etc.). Pour la plupart aux mains des États-Unis, les réseaux existants pouvaient à la fois être « écoutés » mais aussi, en cas de crise ou de sanctions, interrompus. Alors que la Russie négocie longuement son adhésion à l'OMC (la demande d'adhésion déposée en 1993 n'est agréée qu'en 2011 !), elle évite d'utiliser certains réseaux ou crée des modèles alternatifs spécifiquement russes comme le réseau internet Runet[28]. Elle oblige les opérateurs à stocker toutes leurs données russes sur le territoire et crée des réseaux câblés non connectés aux systèmes internationaux. Dès 2014, des observateurs russes évoquent l'éventualité d'une coupure du système SWIFT et la nécessité d'en créer un équivalent indépendant. Dans le même temps, des recommandations de plus en plus pressantes sont adressées aux administrations centrales et aux grandes entreprises pour que leurs responsables rapatrient les capitaux placés à l'étranger[29] et évitent certains pays. De façon symptomatique, dès 2015, un décret recommande aux grandes administrations de ne plus utiliser de logiciels occidentaux type Microsoft. Ces pressions administratives sont cependant loin d'être toutes efficaces et des pans entiers de l'économie russe sont de plus en plus intégrés au système occidental, ce qui va faciliter certaines sanctions lors de la crise de 2022. En outre, le pays souffre de plusieurs faiblesses structurelles qui pèsent durablement sur sa croissance.

Les faiblesses persistantes de la puissance russe

La première faiblesse structurelle concerne la population russe et sa démographie. Alors que, durant toute la période soviétique (hors années de guerre), la population augmentait, la courbe de la croissance naturelle (naissances moins décès) s'est inversée en 1992 pour devenir négative. Elle est redevenue légèrement positive (le nombre de naissances étant supérieur au nombre de décès) entre 2012 et 2016, embellie en partie due aux mesures natalistes de Poutine, avant de replonger nettement après 2016. Depuis 2019, la situation devient franchement préoccupante, au déficit naturel chronique s'ajoutant les effets de l'épidémie de Covid et aujourd'hui la disparition de nombreux jeunes hommes morts au combat. Et il faudra compter dans le proche avenir les nombreux départs d'hommes qui ont préféré s'exiler à l'étranger pour éviter la mobilisation.

La population totale a donc décliné ou stagné, le bilan migratoire positif (plus d'arrivées que de départs) compensant certaines

28. Jusqu'en 2021, Internet est cependant moins centralisé et contrôlé en Russie qu'en Chine. Voir Kevin Limonier, *Ru.net*, L'Inventaire, 2018.

29. Les placements offshores étaient très répandus à la fois comme moyen de dissimuler certaines activités et comme assurance face aux fréquents cas de saisie émanant d'administrations ou des *sikoviki*.

L'ARCTIQUE RUSSE, UNE NOUVELLE FRONTIÈRE STRATÉGIQUE

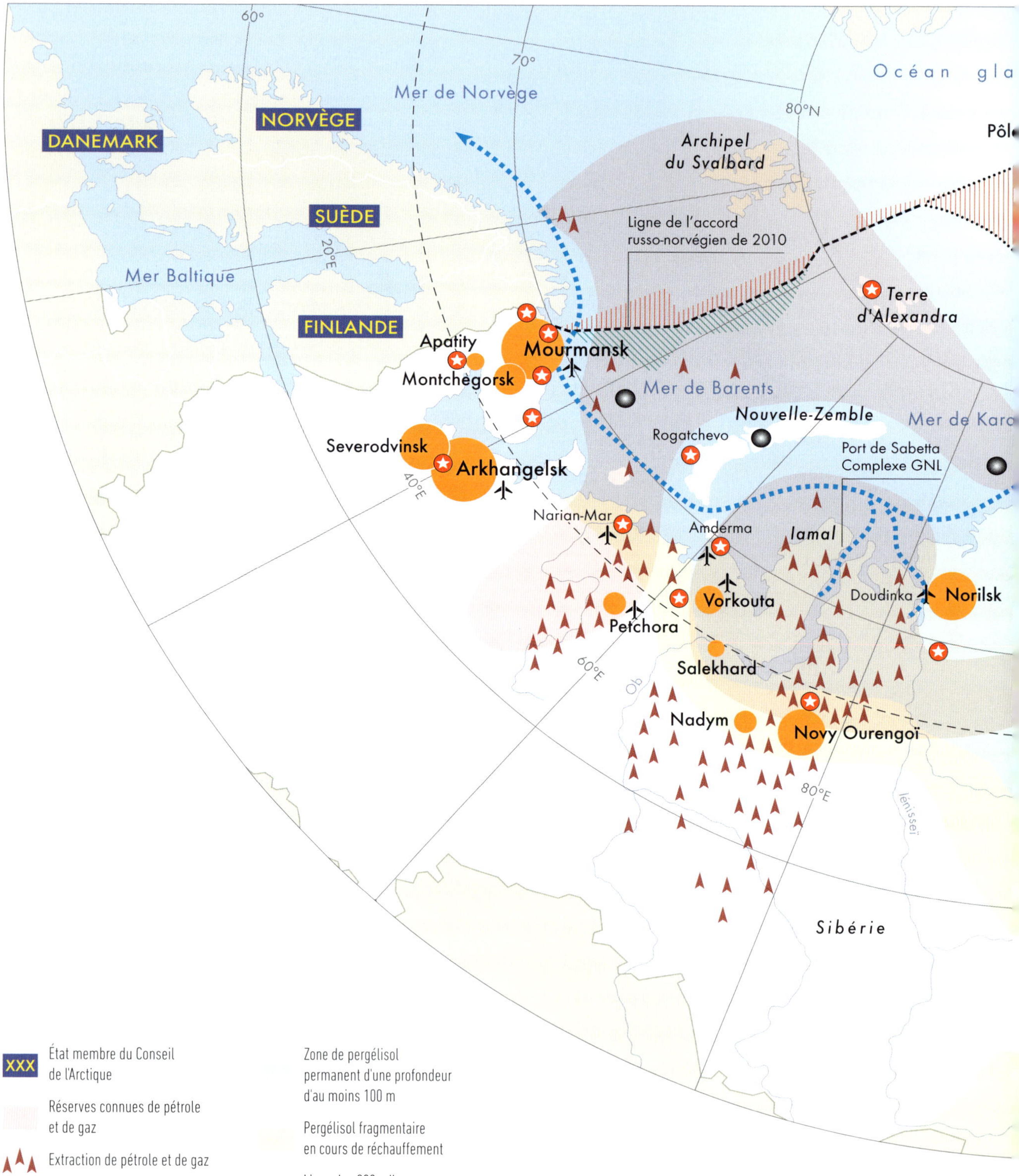

XXX État membre du Conseil de l'Arctique

Réserves connues de pétrole et de gaz

Extraction de pétrole et de gaz

Pollution ou déchets nucléaires à traiter

Zone de pergélisol permanent d'une profondeur d'au moins 100 m

Pergélisol fragmentaire en cours de réchauffement

Ligne des 200 miles

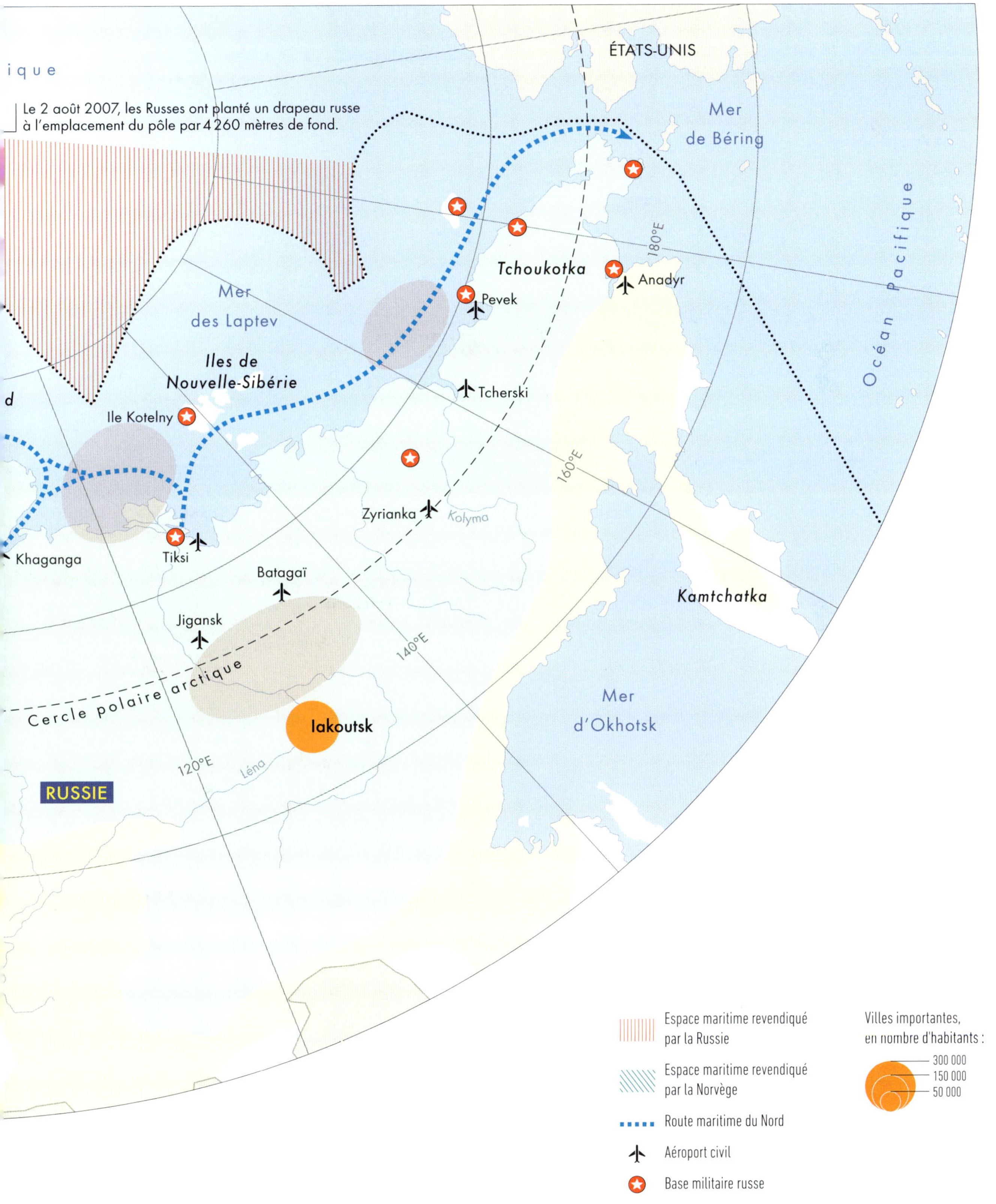
ique
Le 2 août 2007, les Russes ont planté un drapeau russe à l'emplacement du pôle par 4 260 mètres de fond.
ÉTATS-UNIS
Mer de Béring
Océan Pacifique
180°E
Tchoukotka
Anadyr
Pevek
Mer des Laptev
Iles de Nouvelle-Sibérie
Tcherski
d
Ile Kotelny
160°E
Zyrianka
Kolyma
Khaganga
Tiksi
Batagaï
Kamtchatka
Jigansk
140°E
Cercle polaire arctique
Mer d'Okhotsk
Iakoutsk
120°E
Léna
RUSSIE
Espace maritime revendiqué par la Russie
Espace maritime revendiqué par la Norvège
Route maritime du Nord
Aéroport civil
Base militaire russe
Villes importantes, en nombre d'habitants :
300 000
150 000
50 000

années le bilan naturel négatif. Mais l'afflux de migrants, essentiellement des Russes ou russophones des nouveaux États indépendants, s'amenuise, et le déficit de population se creuse, mettant en péril à la fois le recrutement de nouveaux soldats et les projets de développement des régions arctiques et de Sibérie. Dans la partie orientale, qui connaît des conditions de vie bien plus précaires que dans la partie européenne, c'est une véritable catastrophe démographique, avec un exode qui laisse exsangues des régions entières. Les raisons de cette crise sont bien connues : urbanisation accélérée et modification des conditions de vie et de la taille souhaitée des familles ; incertitudes sur l'avenir liées aux crises économiques et sociales répétées ; faiblesse du système sanitaire et de l'industrie pharmaceutique. Sous Poutine, l'État a mis en place une politique nataliste assez ferme (aide au deuxième enfant) et engagé une vraie lutte contre le fléau de l'alcoolisme, bien que cette stratégie ait des effets limités. L'épidémie de Covid (on estime qu'elle a provoqué près d'un million de victimes) a quant à elle fait replonger la courbe de population. La réticence de la population à se faire vacciner traduit à la fois un manque de confiance envers les autorités, dont le discours a été initialement peu cohérent, et l'influence du clergé orthodoxe, qui a souvent dénoncé les vaccins comme contraires aux préceptes religieux.

À ces enjeux démographiques s'ajoutent des questions de cohabitation interne entre les différentes cultures. En dehors des Ukrainiens qui, après 2014 ont fui les zones de combats vers la Russie (d'autres partaient au contraire vers l'Ouest), la plupart des migrants venus travailler en Russie viennent des États musulmans d'Asie centrale et ne sont pas toujours bien accueillis. Cela concerne aussi les minorités musulmanes du Caucase ou de la Volga, qui sont parmi les plus pauvres du pays et qui migrent dans les grandes villes en quête d'ascension. Elles attisent des sentiments anticaucasiens (en particulier antitchétchènes) et antimusulmans, provoquant toute une série de rixes et de pogroms dans différentes régions. Des mouvements comme celui des *skinheads* ou certains partis politiques ultranationalistes ont jeté de l'huile sur le feu avant que le pouvoir, inquiet d'en perdre le contrôle, n'y mette le holà.

La seconde faiblesse, tout à fait paradoxale, apparaît de façon exemplaire dans les chiffres du commerce extérieur. D'un côté, la Russie bénéficie de ressources exceptionnelles en matières premières (métaux, hydrocarbures), qui assurent la majorité de son excédent commercial et de ses ressources fiscales et budgétaires. Dans le même temps, la croissance est soumise aux aléas des cours de ces denrées et l'extrême faiblesse des exportations de produits finis à forte valeur ajoutée (corrélativement aux besoins d'importations) témoigne du déséquilibre profond de l'industrie russe. En dépit des efforts de diversification, elle demeure profondément marquée par le poids des secteurs primaires (extraction, première transformation) et donc très dépendante d'une très large gamme d'intrants technologiques et de biens de grande consommation que le pays n'arrive pas à fournir. C'est partiellement un héritage de la période soviétique, où ces productions ont été durablement négligées au profit des industries lourdes et de défense. Depuis son arrivée au pouvoir, Poutine déclare vouloir corriger ce déséquilibre mais les résultats sont peu probants.

La troisième faiblesse est à la fois structurelle et liée aux choix de gestion du régime. Les planificateurs soviétiques ont toujours favorisé les grandes unités de production étatiques, au détriment des petites entreprises. Les réformes postsoviétiques n'ont guère modifié cet état de fait alors qu'on sait ce que les PME apportent de dynamisme à l'innovation et de souplesse dans l'adaptation du tissu industriel aux nouvelles contraintes technologiques ou environnementales. Dès la *perestroïka,* on a assisté à l'apparition d'une couche d'entrepreneurs autonomes, prompts à se saisir

LA MORTALITÉ LIÉE AU COVID

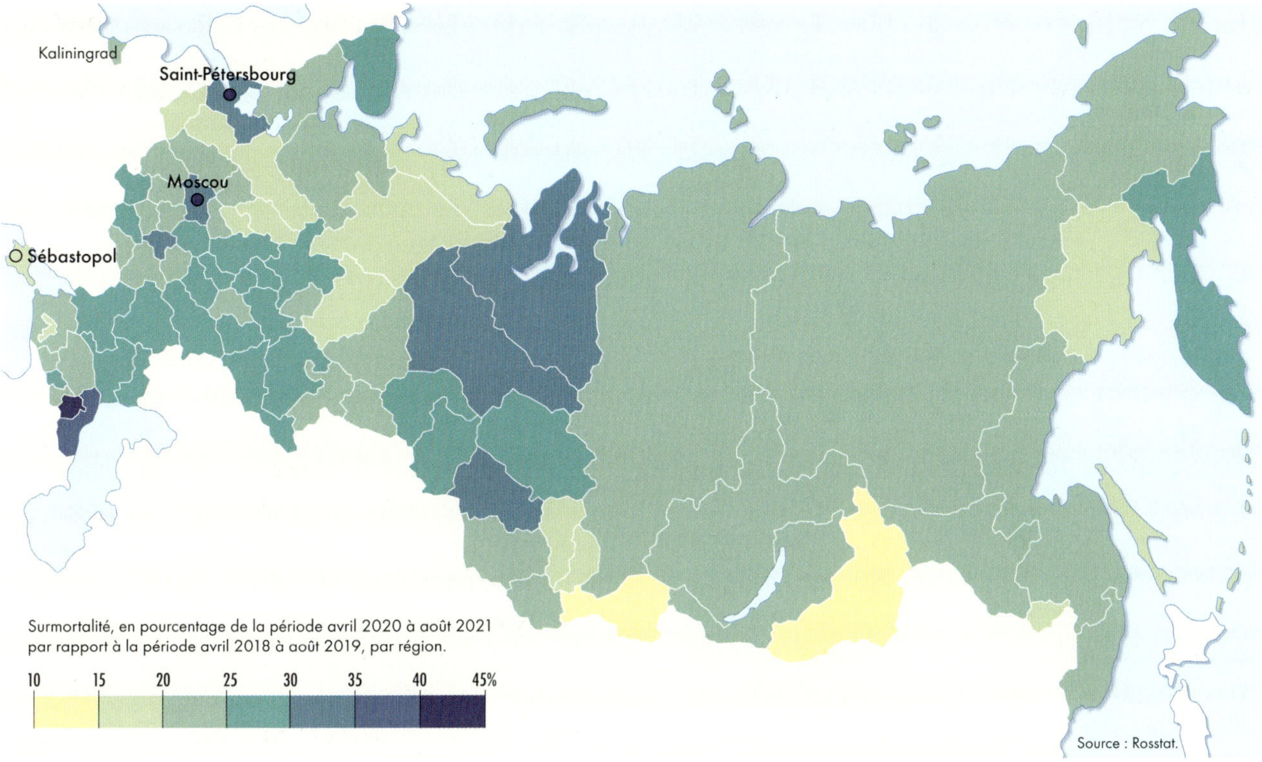

ÉVOLUTION DE LA POPULATION RUSSE

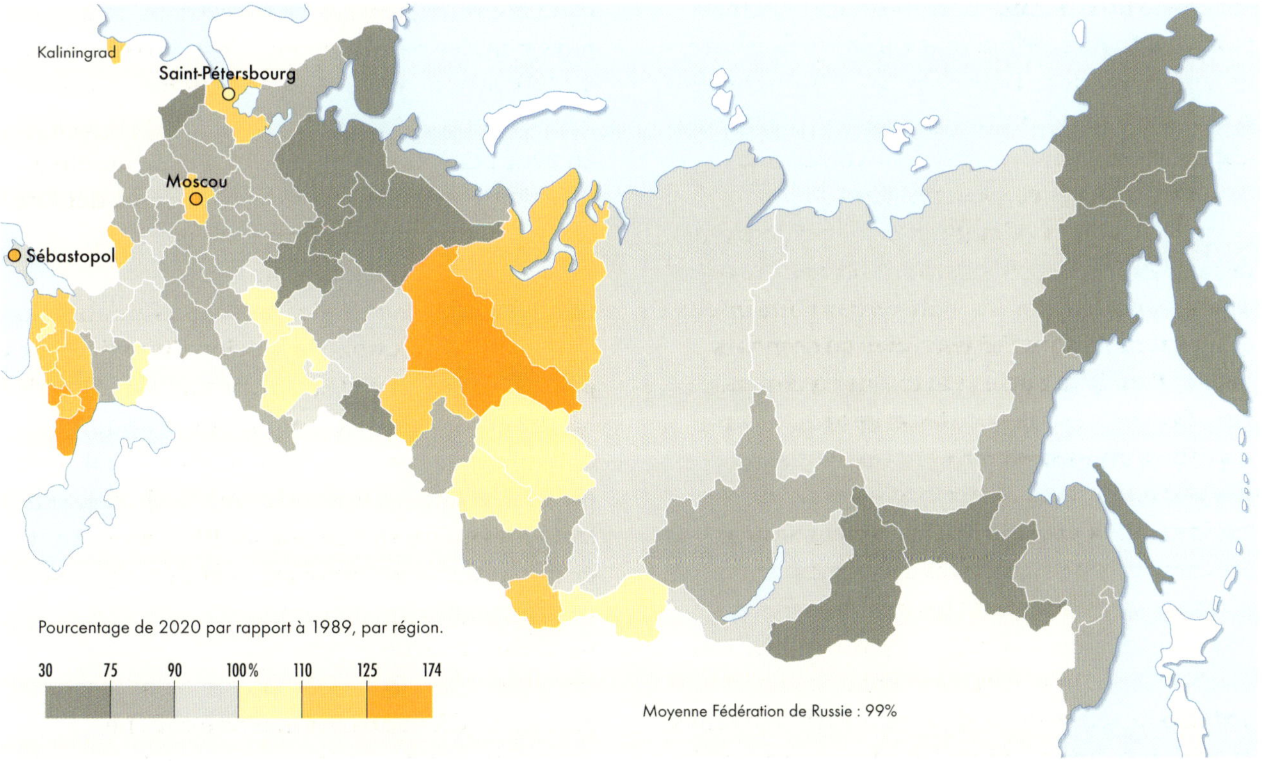

LES CONFLITS INTERETHNIQUES EN RUSSIE, 1992-2016

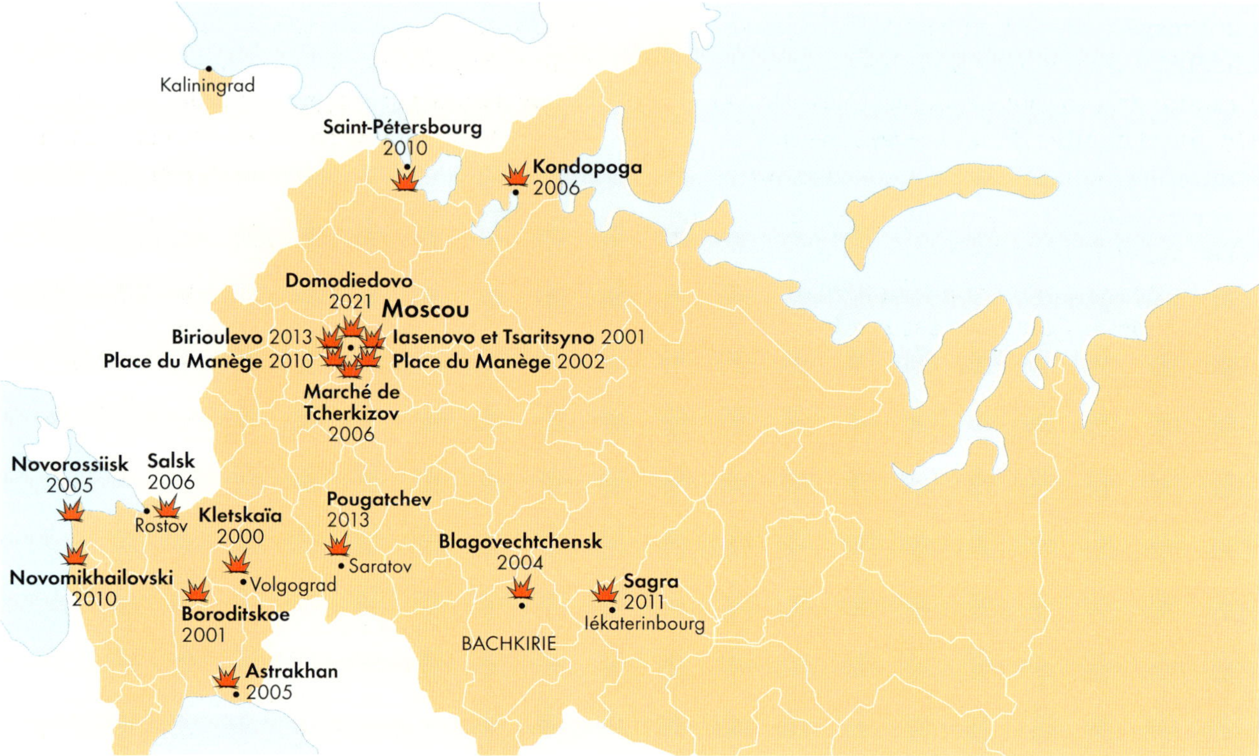

Imports-exports et poids des matières premières *

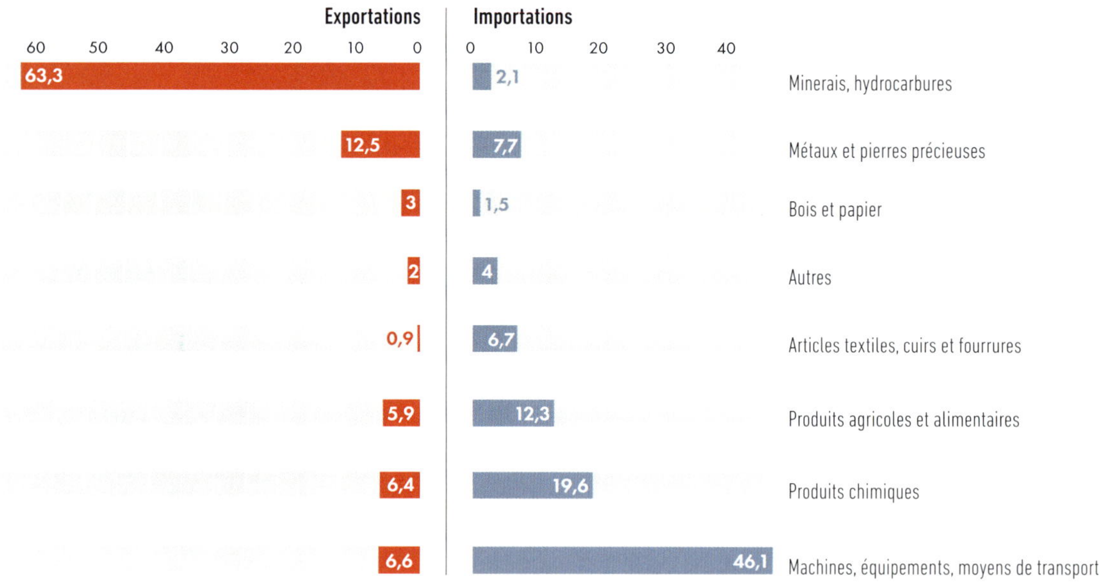

* Une grande partie des produits chimiques importés sont des articles de consommation en plastique et dérivés. Source : Goskomstat.

des innovations désormais accessibles. Certains ont prospéré sous Eltsine mais leurs structures ont été les premières à subir les assauts de l'administration poutinienne et des *siloviki*. Un grand nombre de ces entrepreneurs, contraints par une justice aux ordres, ont préféré abandonner leurs affaires et se réfugier à l'étranger. En réalité, on retrouve là une question plus générale qui dépasse le domaine de l'économie. Comment assurer le maintien des équilibres les plus fondamentaux quand les principaux mécanismes démocratiques sont déficients ? Il ne s'agit pas d'étatisme. La France de l'après-guerre a montré l'efficacité d'entreprises nationales bien gérées. Mais, dans la Russie de Poutine, plus aucune des institutions chargées d'assurer le contrôle démocratique ne fonctionne normalement : les pouvoirs régionaux sont encadrés ; la justice est soumise au pouvoir politique ; les médias sont muselés ; les syndicats inexistants et les partis politiques entravés quand ils expriment des points de vue critiques. Dans ces conditions, l'élite politique s'isole et ne dirige que par des mesures de contraintes toujours plus fortes. L'efficacité des meilleures décisions paraît incertaine, les possibilités de détournement et de corruption deviennent systémiques et le risque d'erreur de diagnostic et de jugement est au plus haut comme l'a démontré la décision d'intervenir militairement en Ukraine en 2022.

Profitant d'une longue décennie de cours élevés des matières premières, Vladimir Poutine a retrouvé le chemin de la croissance, redressé l'État et redonné confiance à des pans entiers de la population. La Russie de 2014, au moment de l'annexion de la Crimée et de la première guerre du Donbass, n'est plus la même que celle issue de l'éclatement de l'URSS. Elle va se montrer capable de sortir de son « étranger proche » et imprimer sa marque bien au-delà des frontières soviétiques. A-t-elle retrouvé véritablement sa puissance ? Bien des observateurs en doutent[30]. Car cette Russie apparemment forte et pleine de certitudes est minée par de multiples contradictions, et les conditions imposées par la « verticale du pouvoir » et la dérive autoritaire du régime ne permettent guère que ses faiblesses soient réellement discutées et prises en compte.

30. Isabelle Facon et Céline Marangé, « L'ambivalence de la puissance russe », dossier spécial de la *Revue Défense nationale*, 2017.

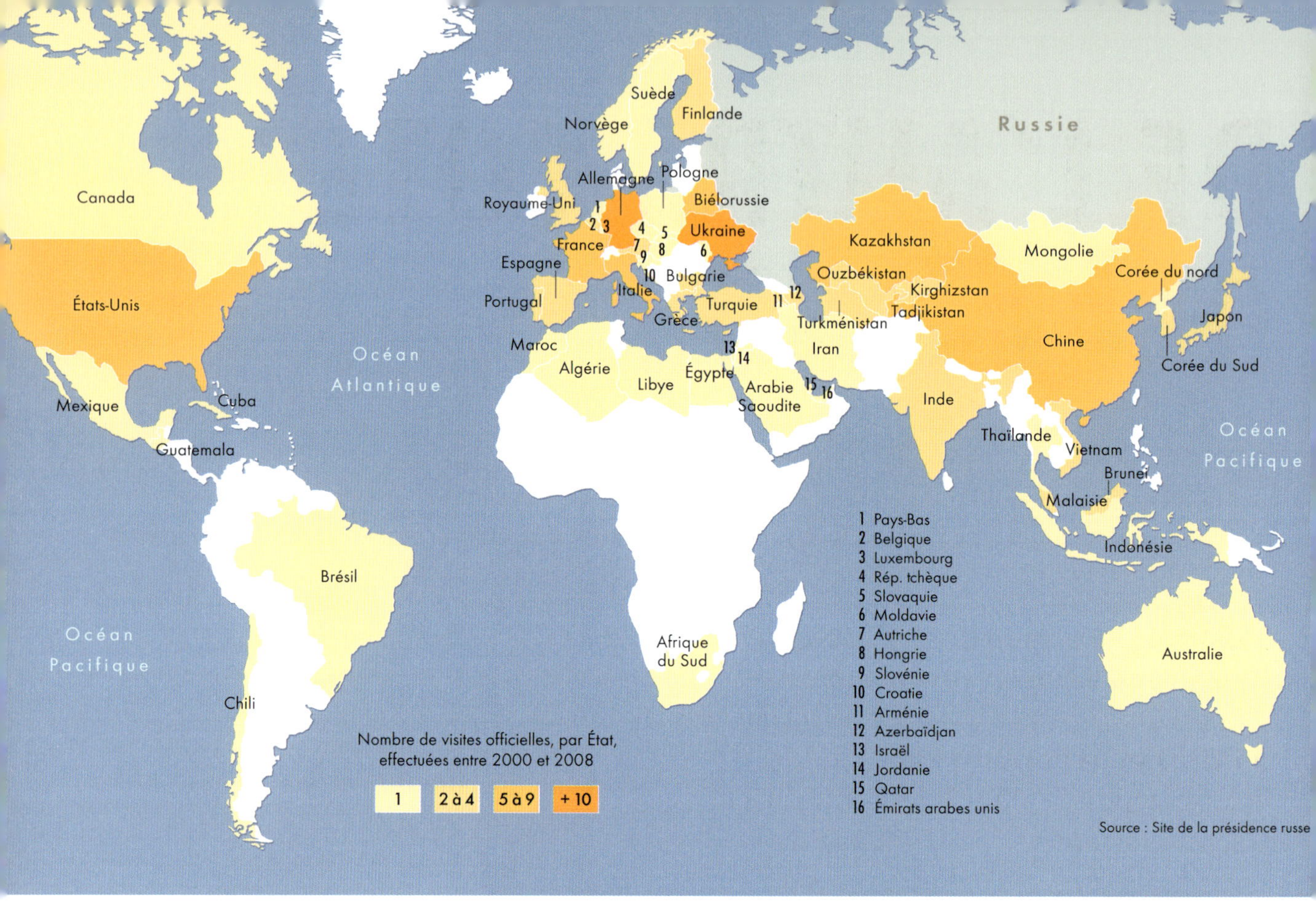
Russie
Suède
Finlande
Norvège
Pologne
Allemagne
Biélorussie
Royaume-Uni
Canada
1
2 3
4
5
Ukraine
France
7
9
8
6
Kazakhstan
Mongolie
Espagne
10
Bulgarie
Ouzbékistan
Corée du nord
Kirghizstan
États-Unis
Portugal
Italie
Turquie
11
12
Tadjikistan
Japon
Grèce
Turkménistan
Chine
Maroc
Océan Atlantique
13
Iran
14
Corée du Sud
Algérie
Libye
Égypte
Arabie Saoudite
15
16
Inde
Mexique
Cuba
Océan Pacifique
Guatemala
Thaïlande
Vietnam
Brunei
Malaisie
1 Pays-Bas
2 Belgique
3 Luxembourg
4 Rép. tchèque
5 Slovaquie
6 Moldavie
7 Autriche
8 Hongrie
9 Slovénie
10 Croatie
11 Arménie
12 Azerbaïdjan
13 Israël
14 Jordanie
15 Qatar
16 Émirats arabes unis
Indonésie
Brésil
Océan Pacifique
Afrique du Sud
Australie
Chili
Nombre de visites officielles, par État, effectuées entre 2000 et 2008
1
2 à 4
5 à 9
+ 10
Source : Site de la présidence russe

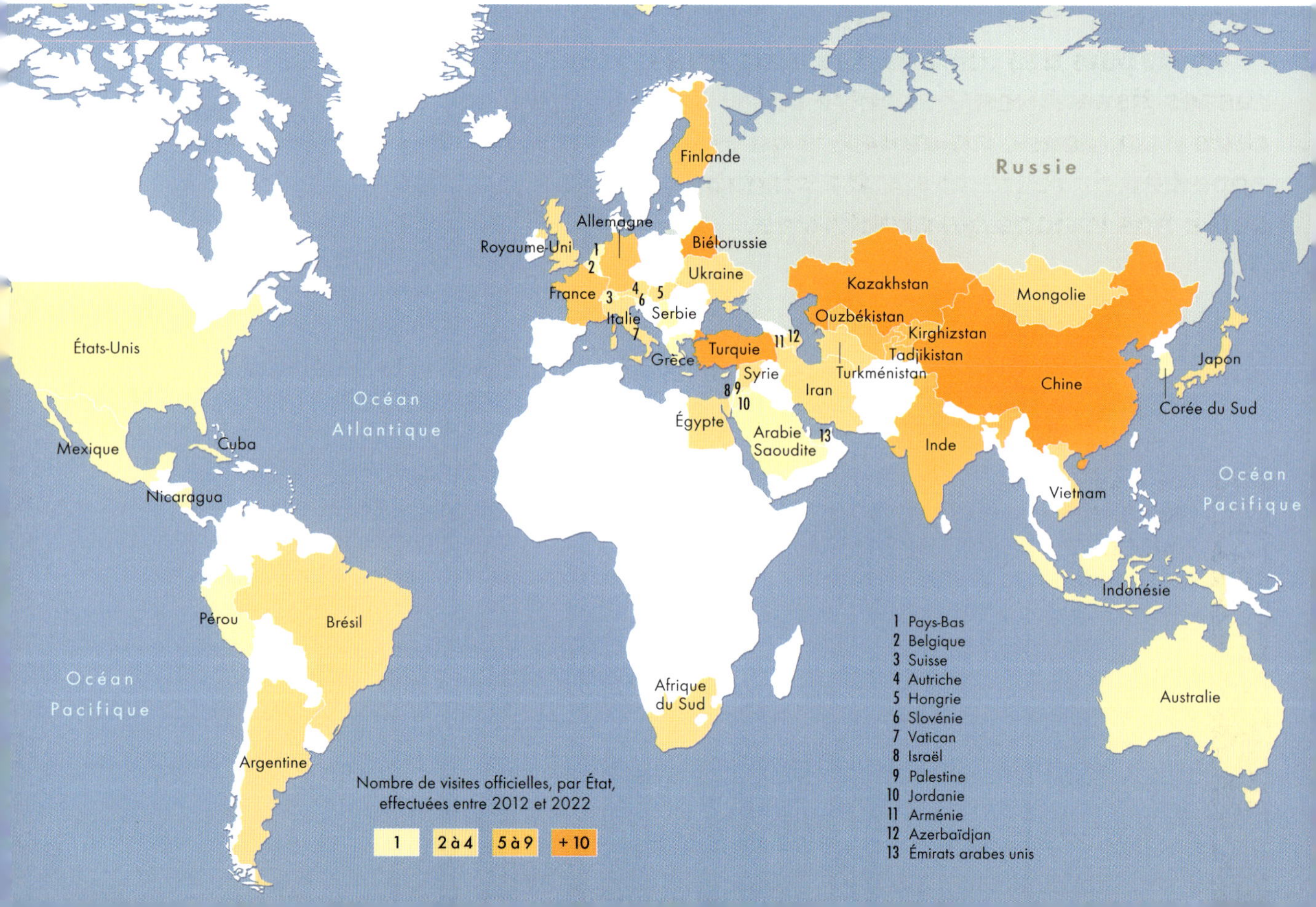
Finlande
Russie
Allemagne
Royaume-Uni
1
Biélorussie
2
Ukraine
4
5
France
3
6
Kazakhstan
Serbie
Mongolie
Italie
Ouzbékistan
Kirghizstan
7
11
12
États-Unis
Turquie
Tadjikistan
Japon
Grèce
Turkménistan
Syrie
Chine
8
9
Iran
Océan Atlantique
10
Corée du Sud
Égypte
Arabie Saoudite
13
Inde
Mexique
Cuba
Océan Pacifique
Nicaragua
Vietnam
Indonésie
Pérou
Brésil
1 Pays-Bas
2 Belgique
3 Suisse
4 Autriche
5 Hongrie
6 Slovénie
7 Vatican
8 Israël
9 Palestine
10 Jordanie
11 Arménie
12 Azerbaïdjan
13 Émirats arabes unis
Océan Pacifique
Afrique du Sud
Australie
Argentine
Nombre de visites officielles, par État, effectuées entre 2012 et 2022
1
2 à 4
5 à 9
+ 10

DE L'AUTRE CÔTÉ DU MONDE

Vladimir Poutine est-il si isolé qu'on le prétend ? Certes, l'agression en Ukraine a été largement condamnée à l'ONU et la rupture radicale de Moscou avec « l'Occident collectif » paraît consommée. Elle aura des conséquences qui l'éloigneront durablement des valeurs européennes, mais, depuis des années, les dirigeants russes tissent une tout autre toile : celle d'un monde multipolaire qu'ils appellent de leurs vœux. Un véritable défi à nos visions eurocentristes.

Les voyages de Poutine
2000-2008 (haut)
2012-2022 (bas)

La fin de l'époque soviétique marque un tournant dans la politique extérieure de l'URSS puis celle de la nouvelle Russie. Avec la *perestroïka*, on est entré dans une période d'intenses mutations intérieures qui mobilisent les pouvoirs successifs. Leur attention se porte vers la définition de nouveaux rapports avec l'Occident. La décision de mettre fin à l'aventure afghane, actée en février 1989 par Gorbatchev, est un gage de sa nouvelle pensée politique. L'armée sort meurtrie de ces six années de guerre et, pendant plus de vingt-cinq ans, elle n'interviendra pas en dehors du périmètre de l'ex-URSS. Cela ne signifie pas que la diplomatie russe reste inactive. En réalité, toute une série de démarches sont entreprises pour régler de vieux contentieux qui entravent les relations entre l'URSS et plusieurs de ses voisins, en particulier dans une zone devenue stratégique, l'Asie-Pacifique.

Au-delà de cette attention nouvelle portée à une région limitrophe longtemps négligée, il s'agit d'une question cruciale que la guerre en Ukraine éclaire d'un jour nouveau. La Russie va-t-elle demeurer, comme l'affirmait Barack Obama, une simple puissance régionale tout juste capable de menacer les autres États de l'ex-URSS ?[1] Ce n'est pas ainsi que les nouveaux dirigeants russes envisagent le rôle de leur pays et, si Eltsine n'a guère eu le temps d'aller au-delà de quelques déclarations, Vladimir Poutine a accéléré ce tournant vers « l'autre côté du monde », quitte à tourner le dos aux Européens. La Russie isolée ? L'européocentrisme de nombreux discours a rarement été aussi massif, au point d'occulter une partie de la réalité et de rendre l'efficacité de nos stratégies, celle des sanctions en particulier, bien incertaines. Il suffit en effet d'approfondir un peu les dossiers de la politique extérieure russe pour s'en convaincre : depuis les années 1980, Moscou a considérablement diversifié ses relations. La rupture actuelle avec l'Occident aura de lourdes conséquences pour la Russie comme pour l'Europe et il nous est difficile d'imaginer que des liens séculaires se distendent et soient mis en concurrence avec de nouvelles attirances extra-européennes. Plus fondamentalement, les acteurs du système euro-atlantique, bâti sur les ruines de la Seconde Guerre mondiale, éprouvent les plus grandes difficultés à prendre en compte la contestation planétaire de leur hégémonie. Surtout quand cette contestation émane de régimes autoritaires qui mettent en cause les valeurs mêmes du consensus occidental.

Une nouvelle politique russe en Asie-Pacifique

En annonçant depuis Vladivostok, dès le 28 juillet 1986, que son pays va retirer des troupes d'Afghanistan et de Mongolie, Gorbatchev fait un geste important envers Pékin et l'ensemble des États asiatiques. La situation dans cette région est tout à fait paradoxale. Alors qu'elle dispose de près de 13 000 km de côtes sur le Pacifique, l'URSS y est quasiment absente en dehors de ses bases militaires et de quelques ports de pêche. Les relations avec la Chine sont au point mort depuis la guerre qui a opposé en 1969 les deux pays pour le contrôle de l'île Damanski, sur la rivière Oussouri. Elles sont difficiles avec le Japon, qui continue de réclamer la restitution des « territoires du Nord », la partie méridionale de Sakhaline et les Kouriles du Sud, prises de guerre arrachées par Staline en 1945. Les deux pays entretiennent des relations diplomatiques et commerciales mais aucun traité de paix n'a été signé.

Plus étonnant, alors que la zone Asie-Pacifique est devenue un des nouveaux pôles de la croissance mondiale, les ports russes demeurent d'importance locale et le pays n'est admis dans aucune des organisations régionales. Les autres États de la région regardent avec méfiance la seule activité réellement développée en dehors de la pêche, une présence militaire importante autour des ports de Vladivostok et de Petropavlovsk-Kamtchatka, deux villes interdites aux étrangers. Les premiers pas vers un rapprochement avec Pékin sont entrepris par Gorbatchev, qui reçoit son homologue chinois en mai 1991 – la première visite officielle depuis 1957 ! Eltsine à son tour se rend à Pékin fin 1992 en tant que président de la Russie. Il signe en 1996 le premier partenariat stratégique Russie-Chine et lance avec Pékin le Groupe de Shanghai, qui réunit trois des nouveaux États d'Asie centrale (Kazakhstan, Kirghizstan et Tadjikistan). L'éclatement de l'URSS a créé une situation totalement inédite puisque la Chine a désormais trois nouveaux voisins, en plus de la Russie. Mais c'est avec cette dernière que les contentieux sont les plus profonds. Profitant de sa position de force, Moscou a imposé à Pékin en 1969 une solution qui n'a rien à envier à celle de l'époque des « traités inégaux[2] » pour la définition de la frontière commune. Contrairement à toute règle internationale, l'URSS a fixé la frontière non pas en fonction du lit principal mais sur la rive chinoise de l'Oussouri et de l'Amour, s'adjugeant toutes les îles de ces fleuves (comme l'île Damanski citée plus haut). C'est finalement Poutine qui résout ce différend en acceptant la règle commune. Il restitue environ 340 km^2 d'îles à la Chine, mais avec une exception : Pékin accepte que la moitié de l'île qui fait face à Khabarovsk reste russe. En juillet 2001, Poutine signe avec Jiang Zemin un Traité de bon voisinage, d'amitié et de coopération. La démarcation définitive de la frontière est ratifiée en 2005 par les deux Parlements, ce qui met fin à un conflit de plus de trente-cinq ans.

Ce rapprochement ne se fait pas sans susciter, en Russie même, des appréhensions. Les dirigeants et la population de Sibérie et d'Extrême-Orient gardent en mémoire les théories du « péril jaune », développées au XIXe siècle et remises en vogue sous Khrouchtchev. Côté chinois, il ne manque pas de manuels qui rappellent que tout le sud de l'Extrême-Orient a fait partie, à différentes époques, de l'Empire du Milieu. Nous reviendrons sur ces appréhensions et leur dépassement. Une chose est claire : dans cette lente ouverture vers l'Asie, Moscou ne limite pas son action à la Chine[3]. Dès octobre 1998, la Russie devient membre de l'APEC (Asia-Pacific Economic Cooperation), dont elle organisera un sommet à Vladivostok en 2012. Des efforts constants sont déployés pour conforter les relations diplomatiques et économiques avec l'Inde, dont on connaît les différends frontaliers avec Pékin. Dès octobre 2000, Poutine signe un accord stratégique avec New Dehli, l'Inde étant invitée à participer au groupe des BRIC dès sa création. De nouvelles relations se tissent aussi avec la Corée du Sud et avec l'Australie. Entre 2000 et 2008, lors de ses deux premiers mandats, Poutine se rend six fois en Chine, mais aussi quatre fois en Inde, deux au Japon, en Corée du Sud et au Vietnam, une fois en Australie, en Indonésie, en Malaisie et en Thaïlande.

Les relations avec le Japon demeurent cependant difficiles. Une percée sur la restitution partielle des territoires du Nord, esquissée sous Khrouchtchev en 1956, reste bloquée côté japonais, semble-t-il sous pression américaine. Gorbatchev, Eltsine et Poutine tentent de trouver un compromis acceptable, mais trop de mauvaise volonté de part et d'autre empêche toute avancée. En 2008, le gouvernement de Tokyo fait publier des manuels scolaires affirmant que les Kouriles du Sud sont de souveraineté japonaise ; en 2010, Medvedev, alors président, visite les îles et y accroît la présence militaire russe[4]. Si les Japonais ont obtenu un droit de visite, la Russie continue d'arraisonner leurs bateaux de pêche, et l'application par le Japon des sanctions occidentales en 2014, puis en 2022,

1. Barack Obama, conférence de presse, 25 mars 2014.

2. Les « traités inégaux » sont un ensemble de traités imposés à la Chine, au Japon et à la Corée par les puissances colonisatrices (Royaume-Uni, France, Russie) à la fin du XIXe siècle.

3. Isabelle Facon (dir.), « La Russie en Asie », dossier spécial *Monde chinois*, n° 28, 2011-2012.

4. Outre les riches zones de pêche qui les entourent, un des détroits, particulièrement profond, est un passage stratégique pour les sous-marins russes.

rend désormais tout compromis improbable. À propos des différends frontaliers dans cette région, notons que la Russie n'a jamais ratifié l'accord soviéto-américain signé en 1990 par Chevardnadze et Baker sur la démarcation des eaux territoriales en mer de Béring (entre la Tchoukotka et l'Alaska). Sans en contester le principe, Moscou entend négocier son application sur les zones de pêche.

Chronologie des rapports Russie-Asie

1945 (9 août-2 septembre)
Guerre soviéto-japonaise. Prise de Sakhaline et des Kouriles du Sud.

1949 (1er octobre)
Création de la république populaire de Chine, reconnue le 2 octobre par l'URSS.

1950 (14 février)
Signature à Moscou du Traité soviéto-chinois d'amitié, d'union et d'entraide.

1954 (12 octobre)
Cession de Port-Arthur à la Chine.

1956 (février)
Mao Tsé-toung critique le rapport Khrouchtchev au XXe congrès.

1969 (2-15 mars)
Conflit frontalier soviéto-chinois à propos de l'île Damanski.

1989 (15 mai)
Visite de Gorbatchev en Chine.

1991 (15-16 mai)
Visite du secrétaire du PCC Jiang Zemin à Moscou.

1992 (23 décembre)
Visite d'Eltsine en Chine.

1996 (avril)
Signature d'un « partenariat stratégique » Russie-Chine ; création du Groupe de Shanghai.

1997 (1er novembre)
Eltsine rencontre le premier ministre japonais Hashimoto. Négociations sur les « territoires du Nord ».

1998
La Russie adhère à l'APEC (Asia-Pacific Economic Cooperation).

2000 (octobre)
Signature du partenariat stratégique Russie-Inde.

2001
(15 juin)
Création de l'Organisation de coopération de Shanghai (OCS).
(16 juillet)
Signature à Moscou par Poutine et Jiang Zemin du Traité de bon voisinage, d'amitié et de coopération.

2004 (14 octobre)
Signature de l'accord sur la définition de la frontière russo-chinoise, ratifié par la Douma en 2005.

2006 (juin)
Création du groupe des BRIC.

2009 (16 juin)
Premier sommet des BRIC à Iekaterinbourg.

2010 (24 décembre)
Adhésion de l'Afrique du Sud au groupe des BRIC, qui devient BRICS.

2012 (2-9 septembre)
Sommet de l'APEC à Vladivostok.

2013 (22 mars)
À la veille de la visite de Xi Jinping à Moscou, Poutine déclare que leurs deux pays ont une *« relation spéciale »*. Lancement de l'initiative chinoise *One Belt One Road* (OBOR).

2015 (10 juillet)
Admission de l'Inde et du Pakistan à l'OCS.

2022
Admission de l'Iran à l'OCS.

Russie-Chine, des intérêts inégaux

Depuis la conclusion d'un accord définitif sur la démarcation de leur frontière commune en 2004 et l'accélération des échanges économiques et stratégiques qui a suivi, les commentateurs n'ont cessé de relativiser la portée du rapprochement russo-chinois. En Russie, comme on l'a noté, la crainte d'une invasion asiatique prédomine bien que, dans la réalité, les Chinois ne soient pas si nombreux à vouloir migrer vers ces terres peu hospitalières tant d'un point de vue climatique que du fait de l'attitude raciste d'une partie des habitants. En Europe, certains n'y ont vu qu'un jeu de Moscou pour peser sur les « vraies » négociations, celles avec l'Occident. Beaucoup insistent sur le poids inégal des deux économies et promettent à la Russie de se faire « manger » par son voisin oriental, qui ne verrait en elle qu'un grenier de matières premières commodément placé. Les spécialistes des questions de défense supputent la fin prochaine de la suprématie militaire russe tout en observant avec inquiétude l'intensification des échanges technologiques entre les deux industries et la multiplication des manœuvres conjointes. Le premier exercice militaire commun réalisé entre les deux pays, en août 2005, *Peace Mission*, simule un blocus aérien et naval se concluant par un assaut amphibie et l'occupation d'un territoire. Pékin propose qu'il ait lieu dans le détroit de Taïwan ! Moscou décline cette suggestion et on choisit la péninsule de Shandong. Par la suite, ces exercices ont lieu pratiquement chaque année dans l'un ou l'autre pays.

Longtemps tournée en dérision, la volonté affichée du Kremlin d'un « basculement vers l'Est » est pourtant peu à peu devenue une réalité, bien avant que la guerre en Ukraine ne vienne lui donner un coup d'accélération. Il suffit pour s'en convaincre d'observer l'évolution des principaux partenaires russes pour le commerce extérieur. La part du commerce avec l'étranger proche n'a cessé de diminuer au profit de l'Union européenne dans son ensemble après l'éclatement de l'URSS, mais c'est la Chine qui est devenue dès la fin des années 2000 le premier partenaire commercial de la Russie et cette part ne cesse de croître[5].

Les deux économies sont en partie complémentaires. La Chine a grand besoin de matières premières et la Russie peut devenir un fournisseur fiable d'une partie de cette demande. En échange, la Chine peut répondre aux besoins d'équipement ou de biens de consommation de son voisin, ce qu'elle fait déjà pour de nombreux pays. Moscou et Pékin ont signé dans les dernières années des accords de coopération industrielle dans de nombreux secteurs, y compris l'aviation civile ou les machines-outils. Les investissements chinois sont particulièrement importants dans le domaine énergétique. Ils peuvent s'avérer décisifs comme le soutien de Pékin au projet Novatek de développement des infrastructures de gaz liquéfié en péninsule de Yamal, frappé par des sanctions financières occidentales mais que l'aide des banques chinoises a permis de surmonter. La concrétisation de ces accords est lente mais les deux États ont pu mesurer en 2022 la puissance des sanctions de l'Occident et de ses alliés. À cet égard, Pékin reste d'ailleurs prudent. Sans critiquer ouvertement Moscou lors de l'agression en Ukraine, les Chinois se gardent bien de briser les sanctions occidentales, s'en tenant à un soutien en demi-teinte, qui rend plus évidente la fragilité de l'économie russe.

Une telle alliance est d'autant moins négligeable qu'elle n'est pas simplement bilatérale, mais implique d'autres partenaires dans le cadre de nouvelles coopérations comme celle du Groupe de Shanghai ou celle des BRICS. Moscou et Pékin ont un objectif stratégique commun : briser l'hégémonie que les États-Unis exercent *de facto* depuis 1945 dans toute une série de domaines (monétaire, financier ou

Principaux partenaires du commerce extérieur russe (import/export)

En milliards de dollars

1995	2010	2020
124,90	625,70	573,00

En pourcentage par pays

1995		2010		2020	
Ukraine	11,02	Chine	9,49	Chine	18,16
Allemagne	10,16	Pays-Bas	9,33	Allemagne	7,33
États-Unis	5,57	Allemagne	8,28	Biélorussie	4,99
Kazakhstan	4,19	Italie	5,99	Pays-Bas	4,98
Italie	4,18	Ukraine	5,94	Royaume-Uni	4,63
Biélorussie	4,12	Biélorussie	4,48	États-Unis	4,17
Pays-Bas	3,87	Turquie	4,03	Turquie	3,67
Finlande	3,54	États-Unis	3,76	Italie	3,54
Chine	3,39	Japon	3,70	Corée du Sud	3,43
Suisse	3,36	France	3,60	Kazakhstan	3,33
Royaume-Uni	3,33	Pologne	3,32	Japon	2,82
Japon	3,15	Corée du Sud	2,83	Pologne	2,52
Pologne	2,41	Finlande	2,68	France	2,23
Irlande	2,37	Royaume-Uni	2,54	Finlande	1,75
France	2,08	Kazakhstan	2,44	Ukraine	1,74
Hongrie	1,98	Suisse	1,78	Inde	1,62
Belgique	1,86	Inde	1,36	Belgique	1,38
Turquie	1,75	Tchéquie	1,35	Tchéquie	1,06
Tchéquie	1,69	Hongrie	1,35	Ouzbékistan	1,03
Slovaquie	1,62	Belgique	1,31	Vietnam	0,99

5. Jean-Pierre Cabestan, *La Politique internationale de la Chine*, Presses de Sciences Po, 2022.

juridique). Ils critiquent en particulier l'usage quasi exclusif du dollar comme monnaie de référence mondiale et la façon dont les États-Unis imposent l'application extraterritoriale du droit américain. Cette entraide de deux régimes autoritaires a de quoi inquiéter les démocraties occidentales, on l'a mesuré dans le soutien réciproque apporté lors de la crise de Crimée en 2014 et celle de Hong Kong en 2020. L'issue de la guerre russe en Ukraine aura certainement des conséquences sur cette alliance. Une Russie durablement affaiblie par les conséquences de son propre choix sera un partenaire plus facile à manier pour les décideurs chinois. Lors du G20 de Bali en Indonésie, les 15 et 16 novembre 2022, Xi Jinping, le président chinois, a refusé de signer une déclaration condamnant l'action de Poutine mais a publiquement fait part de son inquiétude sur la durée de cette guerre et l'hypothèse de l'utilisation d'armes nucléaires. Par ailleurs, l'ampleur de la réaction occidentale et l'efficacité de certaines pressions permettent de mieux mesurer les rapports de force réels et devraient pousser les deux pouvoirs à mieux coordonner leurs actions dans différents domaines.

Dans tous les cas, les dirigeants russes sont parfaitement conscients de l'inégalité de puissance qui sépare les deux pays. S'ils ont un temps prétendu, sous Khrouchtchev, égaler la puissance américaine, les Russes savent aujourd'hui qu'ils ne parviendront jamais à être la première économie mondiale. Plus préoccupant pour Moscou, l'écart de puissance avec la Chine ne fait que s'accroître : alors que le PIB russe était sensiblement à parité avec celui de la Chine en 1991, il est désormais de 1 à 10 en faveur de la Chine. Mais l'alliance avec Pékin peut permettre aux Russes de devenir un des acteurs majeurs du monde multipolaire auquel Poutine aspire depuis son discours de Munich, en 2007. Cette stratégie d'alliance volontaire de la part de Moscou ne va pas sans arrière-pensées et effets de concurrence, voulus ou subis. La façon dont évoluent les relations de la Russie et de la Chine avec les nouveaux États d'Asie centrale en est un bon exemple.

Des percées chinoises dans l'espace postsoviétique

L'éclatement de l'URSS en 1991 place les cinq États d'Asie centrale dans une situation paradoxale. Ils n'ont pas lutté pour leur indépendance mais s'en saisissent bien volontiers. Ils ne demandent qu'à s'éloigner de la tutelle de Moscou mais leur situation d'enclavement géographique maintient une dépendance de fait. Hormis vers la Russie, leurs débouchés les confrontent à un voisinage redouté. Trois d'entre eux (Kazakhstan, Kirghizstan et Tadjikistan) ont une frontière commune avec la Chine, dont ils craignent la puissance, ne souhaitant guère passer d'une tutelle pesante à une autre. Le Tadjikistan voisine en outre, comme l'Ouzbékistan, avec l'Afghanistan, et le Turkménistan avec l'Iran. La crainte d'influences de la République islamique ou du régime des talibans est donc réelle, d'autant que, dans les années 1990, des groupes radicaux islamistes ont multiplié les incursions jusqu'au cœur de l'Asie centrale en espérant déstabiliser la région[6]. C'est la Chine qui va proposer une solution assurant une sorte d'équilibre. Pékin a une préoccupation majeure : plusieurs de ses voisins centre-asiatiques abritent une diaspora ouïgoure dont les Chinois craignent l'activisme alors que d'importantes minorités kazakhes, kirghizes et ouzbèkes vivent au Xinjiang depuis les années 1930.

En 1996, on l'a vu, Pékin a proposé la constitution d'un groupe composé initialement de la Chine, de la Russie et de trois des nouveaux États (Kazakhstan, Kirghizstan et Tadjikistan). Les « Cinq de Shanghai » se réunissent chaque année jusqu'en 2001

6. Marlène Laruelle et Sébastien Peyrouse (dir.), *Éclats d'empires. Asie centrale, Caucase, Afghanistan*, Fayard, 2013.

L'ORGANISATION DE COOPÉRATION DE SHANGHAI

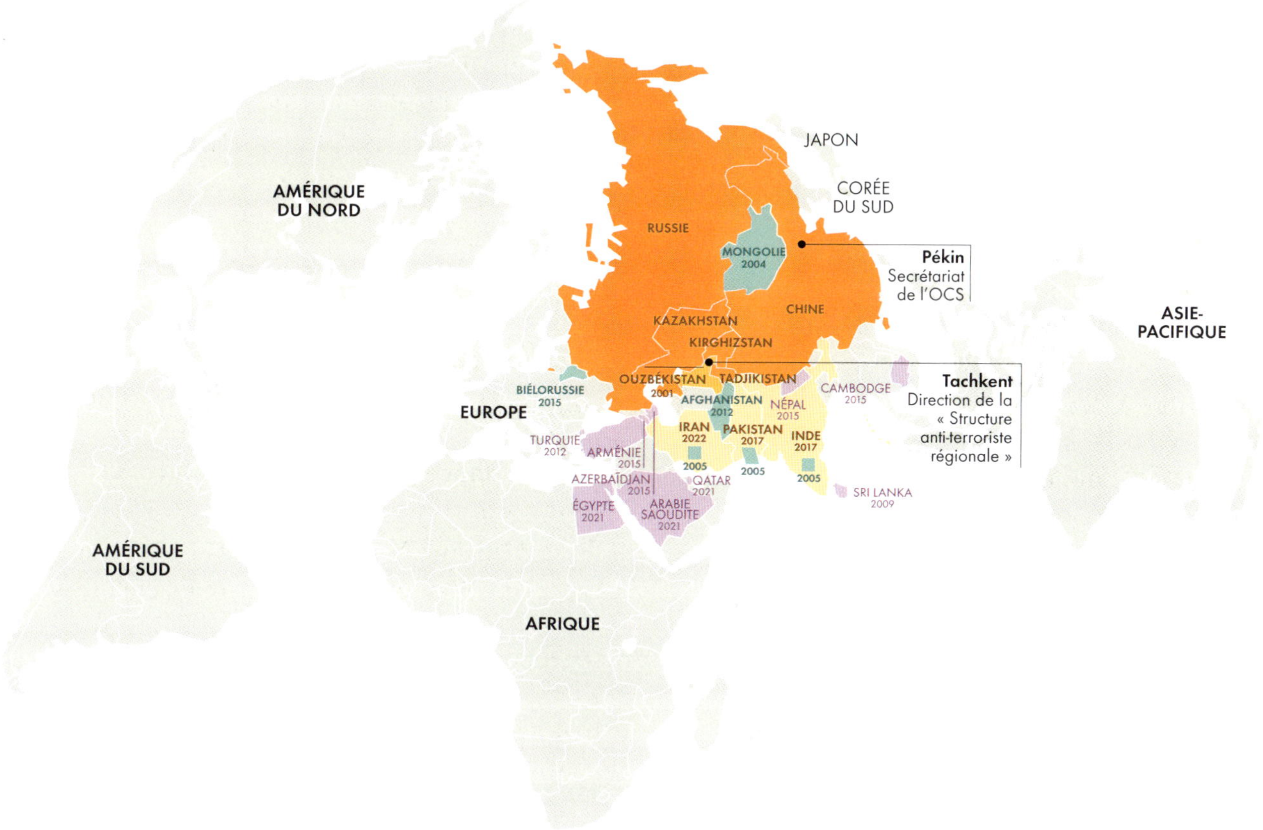

Pays membres

1996 : Forum des cinq de Shanghai

Adhésions :

2001

Entre 2017 et 2022

Pays observateurs

Pays admis avec la date de l'accord

Anciens pays observateurs devenus membres (avec dates d'entrée dans l'organisation)

Partenaires de dialogue avec la date de l'accord (la Biélorussie a été partenaire de dialogue entre 2009 et 2015 avant de devenir observateur)

État (Turkménistan) et représentants des organisations internationales invités (Nations unies, Asean et Union européenne)

puis, après l'adhésion de l'Ouzbékistan, se transforment en Organisation de coopération de Shanghai (OCS), qui se dote de plusieurs institutions, d'un conseil des présidents, d'un conseil des coordinateurs et d'un secrétariat. Le but initial de l'organisation est la lutte contre les « trois fléaux » : le terrorisme, le séparatisme et l'extrémisme. Chacun y trouve son avantage en interprétant ces termes selon ses propres préoccupations : Pékin obtient la neutralisation des associations ouïgoures chez ses voisins ; les États d'Asie centrale une aide dans la lutte contre les divers trafics (armes, drogues) et l'activité des groupes islamistes ; les Russes une assurance que les Chinois n'interféreront pas dans les organisations mises en place par Moscou au sein de la CEI comme le Traité de défense commune des frontières extérieures ou l'Organisation du traité de sécurité collective. Mais des divergences apparaissent très vite. La Russie cherche à maintenir sa primauté économique et militaire dans la région quand la Chine entend bien conquérir ce nouveau marché qui s'ouvre à elle. Les États centre-asiatiques, quant à eux, s'ils se satisfont de la coopération avec leurs deux grands voisins, qui semblent ainsi se neutraliser, ne rechignent pas à bénéficier des investissements chinois et des produits du commerce frontalier, qu'ils n'hésitent pas à transférer en Russie dans le cadre de l'Union économique eurasienne.

La disproportion de puissance se fait donc sentir assez vite entre les deux parrains de cette alliance régionale. La construction dès 2005-2009 des oléoducs et des gazoducs chinois permet aux États centre-asiatiques de diversifier leur clientèle. C'est un revers pour Moscou, qui se voit obligé de modifier sa politique tarifaire de transit en tenant compte de la perte de l'exclusivité qu'il détenait jusqu'alors. Peu à peu, les Chinois augmentent leur présence économique dans toute la région, y compris dans le domaine militaire, pourtant tacitement réservé à l'influence russe. Le lancement en 2013 de l'initiative chinoise *One Belt, One Road* (OBOR), destinée à restructurer les liaisons de transport en Eurasie, va encore accentuer cette disparité. Une grande partie des voies développées par les Chinois passent par l'Asie centrale sans pénétrer en Russie, qui est par ailleurs concernée au premier chef par les branches nord du projet (le réseau transsibérien et la voie maritime du Nord). Vladimir Poutine est néanmoins invité au premier forum d'OBOR, qui se tient à Pékin en mai 2017.

Ainsi, selon le souhait de Pékin, l'Organisation de coopération de Shanghai est devenue un des instruments de pénétration de l'influence chinoise en Asie centrale, longtemps chasse gardée de Moscou. Son élargissement va relativement contribuer à rééquilibrer les forces. Après l'adhésion de l'Ouzbékistan en 2001, l'OCS invite en effet plusieurs pays observateurs, dont la Mongolie puis l'Inde, le Pakistan et l'Iran. Moscou obtient que l'Inde, son autre partenaire majeur en Asie, devienne membre à part entière en dépit de la méfiance chinoise. Pékin insiste pour que le Pakistan le soit aussi, façon de corriger un autre déséquilibre à la frontière sud de la Chine. D'autres pays seront invités soit comme observateurs soit comme partenaires de dialogue. L'Iran en devient membre à part entière en 2022 et l'OCS prend peu à peu consistance dans un espace traversé par de multiples tensions. Sous la pression conjointe de Moscou et de Pékin, l'organisation cherche aussi à réduire l'influence américaine dans la région. Il est fixé un terme, en 2005 au sommet d'Astana, à l'utilisation des bases concédées aux États-Unis en 2001 lors de la crise afghane. Le dernier avion américain quitte la base ouzbèke de Karchi-Khānābād dès novembre 2005 et les Kirghiz font de même en 2009 pour la base de Manas[7]. Globalement, la Chine a plus profité de cette organisation que la Russie mais l'OCS a contribué à favoriser un dialogue plutôt réussi pour les cinq États d'Asie centrale, qui ont pu jouer de cette rivalité. Dans le même temps, c'est Moscou qui est à l'initiative d'un autre grand projet commun, celui des BRICS.

Les BRICS, la réunion des exclus du G7 ?

Contrairement à l'Organisation de coopération de Shanghai, celle des BRIC (acronyme des quatre membres fondateurs, Brésil, Russie, Inde, Chine) n'a pas de vocation régionale mais entend, dès sa création, en 2006, jouer un rôle mondial en pesant sur les équilibres économiques et politiques de l'après-guerre froide. Le terme BRIC est introduit dès 2001 par un expert de Goldman Sachs, qui souligne le rôle croissant de ces quatre pays en forte croissance économique[8]. Il préconise même leur entrée dans le G7, sans être entendu, en dehors de l'invitation de la Russie entre 1998 et 2014. Le premier forum réunissant les quatre présidents est organisé à Iekaterinbourg en juin 2009. À son issue, les quatre leaders appellent dans une déclaration commune[9] à un rôle accru du G20 et de l'ONU dans la résolution de la crise internationale de 2008. Défendant la conception d'un nouveau monde multipolaire, ils réclament une réforme des institutions financières internationales qui donnerait plus de poids aux pays émergents et assurerait une *« diversification du système monétaire »*, façon de critiquer la prééminence du dollar dans les échanges internationaux. Ils semblent être entendus par Barack Obama, qui donne son accord en 2010 pour une réévaluation de la quote-part des émergents – dont les BRIC – au sein du FMI, avec les droits de vote correspondants au sein de son conseil. Mais les républicains, majoritaires au Congrès, refusent de ratifier cet accord.

Comme l'OCS, le groupe des BRIC a suscité des commentaires contradictoires. Les uns soulignent le potentiel de ces pays émergents, qui peuvent s'épauler par la diversité de leurs ressources et la qualité croissante de leur main-d'œuvre et de leurs savoir-faire[10]. D'autres observateurs prévoient un avenir incertain au forum, dont ils soulignent les contradictions politiques internes (entre Chine et Inde) et la fragilité économique de plusieurs de ses membres face aux crises. L'admission de la république d'Afrique du Sud en 2011 (BRIC devient alors BRICS) confirme cependant les objectifs de cette organisation désormais réellement transcontinentale et qui apparaît comme une sorte d'anti-G7. Au cours de leurs réunions annuelles, les cinq leaders réclament avec insistance la réforme des institutions économiques internationales et mobilisent à cette fin de nombreux pays émergents. En 2013, les cinq leaders décident de créer la New Development Bank BRICS (Banque de développement des BRICS), qui se présente dans ses modalités de fonctionnement comme une alternative à la Banque mondiale. Inaugurée en 2015 avec son siège à Shanghai, elle est dotée d'un capital de 100 milliards de dollars plus un fonds de réserve en devises de 100 milliards également qui entend contester la prééminence du dollar. Le lancement par la Chine en 2015 de l'Asian Infrastructure Investment Bank, entièrement sous son contrôle, est toutefois un indice des réticences chinoises envers les structures collectives. La même année, des consultations commencent pour la création d'un système d'échanges interbancaires alternatif au système SWIFT.

L'une des forces de l'organisation est l'inclusion de partenaires autour des cinq États membres. Lors des réunions, chaque leader invite d'autres États de son continent dans une logique de développement de Global South (« Sud global »), qui offre la possibilité de partenariats Sud-Sud entre pays émergents. À partir de 2017, cette approche est systématisée selon la formule du BRICS Outreach ou BRICS +. Le dernier sommet, tenu en visioconférence en juin 2022, a discuté des nouvelles tensions survenues à la suite du conflit ukrainien et des moyens de s'y adapter. Poutine a souligné que son pays redirigeait son commerce extérieur vers des *« partenaires internationaux fiables dont les quatre autres membres du groupe »*. À la veille de ce 14e sommet, le ministre des affaires étrangères chinois a proposé de lancer le processus d'élargissement du groupe, d'en discuter les normes et les procédures, moyen selon lui de renforcer la représentativité et l'influence des BRICS auprès des pays émergents et en développement. Cinq États ont officiellement fait part de leur souhait de rejoindre le groupe : l'Argentine, l'Iran, la Turquie, l'Égypte et l'Arabie saoudite. Si cette jeune organisation demeure fragile

---

7. En 2022, à la suite du retour des talibans au pouvoir en Afghanistan, les États-Unis ont renouvelé leur présence en Asie centrale en proposant une aide au renforcement des bases aériennes ouzbèkes et tadjikes.

8. Jim O'Neill : https://www.goldmansachs.com/insights/archive/building-better.html. C'est la Russie, en 2006 à Saint-Pétersbourg, qui propose la création d'une organisation portant le nom de BRIC.

9. http://www.kremlin.ru/supplement/209/print

10. Julien Vercueil, *Les Pays émergents. Brésil – Russie – Inde – Chine... Mutations économiques et nouveaux défis*, Paris, Bréal, 2015. Christophe Jaffrelot, *Les BRICS : chronique d'une mort annoncée... mais sans cesse reportée*, note du CERI, novembre 2015.

L'ORGANISATION DES BRICS ET SES PARTENAIRES

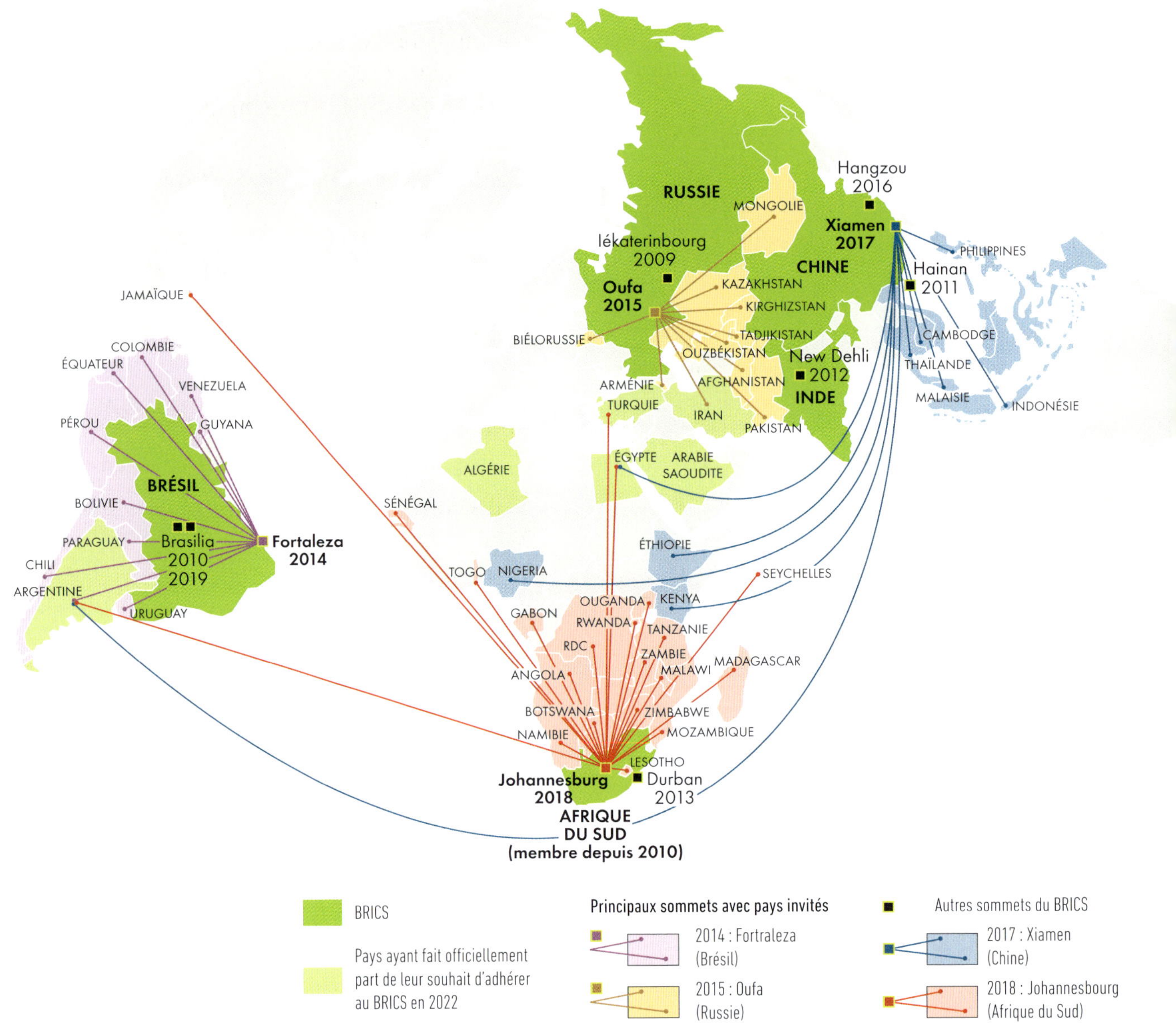

Sommet de Johannesbourg en 2018, pays représentant les organisations invitées

Rwanda : Union africaine (UA)

Sénégal : Nouveau partenariat pour le développement de l'Afrique (NEPAD)

Gabon : Communauté économique des États d'Afrique centrale (CEEAC)

Ouganda : Communauté d'Afrique de l'Est (CAE)

Éthiopie : Autorité intergouvernementale pour le développement (IGAD)

Togo : Communauté économique des États d'Afrique de l'Ouest (CEDEAO)

Zambie : Marché commun de l'Afrique orientale et australe (COMESA)

Namibie : Communauté de développement de l'Afrique australe (SADC)

Angola : présidence de l'organe de la SADC

Argentine : présidence du G20 et membre influent du Marché commun du Sud (MERCOSUR)

Indonésie : coprésidence du Nouveau Partenariat stratégique Afrique-Asie avec l'Afrique du Sud et membre influent de l'Association des nations de l'Asie du Sud-Est (ANASE)

Égypte : Groupe des 77 (G77) + Chine.

Jamaïque : Communauté des Caraïbes (CARICOM).

Turquie : Organisation de la coopération islamique (OCI).

11. Rappelons que tout le nord de l'Iran est majoritairement peuplé d'Azéris. Dans les deux cas, l'armée soviétique, qui devait quitter l'Iran en 1945 à la suite des accords avec les Alliés, reste sur place et favorise des mouvements insurrectionnels qui s'opposent au régime de Téhéran. Les pressions conjuguées de l'Iran et des puissances occidentales obligent Staline à faire évacuer ses troupes début 1946.

vis-à-vis du G7 et de la mainmise confirmée des États-Unis et de leurs alliés sur les échanges internationaux, les BRICS, comme l'Organisation de Shanghai, constituent pour la Russie un élément majeur de diversification de son commerce extérieur et la preuve qu'elle n'est pas aussi isolée que l'affirment certains observateurs occidentaux.

Turquie, un long voisinage tumultueux

Un autre vecteur de cette recherche russe de partenaires est la stratégie constante de relations renouvelées avec son autre grand voisin, la Turquie. L'Empire russe et l'Empire ottoman se disputent le Caucase et les pourtours de la mer Noire depuis quatre siècles. Sans même compter la guerre de Crimée (1853-1856), une dizaine de conflits et autant de traités ont été nécessaires entre 1568 et 1878 pour délimiter la frontière entre les deux empires. En 1945, Staline se préparait à empiéter sur son voisin, comme il l'a tenté en Iran avec l'éphémère « république démocratique d'Azerbaïdjan » et celle de Makhabad[11]. Ces tentatives échoueront, celle visant la Turquie n'ayant même jamais été lancée en dehors de la décision d'exiler les Turcs Meskhètes qui peuplaient la zone frontalière. La Russie n'a jamais caché son intérêt pour les mers du Sud et le contrôle (ou au moins le franchissement libre) des détroits[12], qui demeurent un enjeu crucial. De son côté, depuis la chute de l'Empire ottoman, la Turquie rêve de retrouver tout ou partie du rôle régional que le pays exerçait alors. L'éclatement de l'URSS en 1991 semble lui fournir une occasion rêvée : Ankara salue l'apparition de cinq États indépendants turcophones. L'aspiration des nationalistes turcs de créer un espace panturc continu allant de la Méditerranée jusqu'au cœur de l'Eurasie et au Xinjiang semble devenir possible[13]. Conscients de l'importance stratégique de la Turquie, les États-Unis proposent d'intégrer la Turquie dans l'OTAN dès 1952, et les relations entre l'URSS et Ankara demeurent limitées jusqu'à la *perestroïka*.

Le rapprochement entre les deux pays s'ébauche timidement dès l'époque soviétique par l'essor des relations commerciales et des échanges de crédit. En 1987, l'URSS commence à livrer du gaz à son voisin et les échanges commerciaux s'accroissent. La fin du régime soviétique favorise cet élan. C'est Ankara qui propose dès juin 1992 la création de l'Organisation de coopération économique de la mer Noire. La Turquie obtient que l'Azerbaïdjan (quoique non riverain) en soit membre mais doit en échange inclure l'Arménie, la Grèce et la Serbie ! En pleine bataille des tubes, Eltsine conclut en 1997 l'accord qui permet de construire un premier gazoduc, Blue Stream, sous la mer Noire (il entrera en exploitation dès 2003). Ankara favorise pourtant la réalisation du projet américain de l'oléoduc BTC (Bakou-Tbilissi-Ceyhan) et renforce les mesures de sécurité dans le Bosphore[14]. L'arrivée cette même année 2003 de Recep Erdogan au pouvoir accélère ce rapprochement semé de contradictions. Le volume d'échanges entre les deux États s'accroît et la Turquie passe dans les années 2000 à la septième place parmi les partenaires commerciaux de la Russie. En 2010, lors d'une

12. Les détroits des Dardanelles et du Bosphore sont régis par la convention de Montreux (1936), qui assure la libre circulation des navires de commerce mais introduit des conditions spécifiques pour les navires militaires ou les flottes d'États non riverains de la mer Noire.

13. Rappelons que les Ouïgours sont musulmans turcophones. Les 5 États sont l'Azerbaïdjan, le Kazakhstan, le Kirghizstan, l'Ouzbékistan et le Turkménistan. Histoire cocasse, en 1992, Ankara invite les cinq ministres de la culture de ces États mais oublie les interprètes. Or, loin de parler turc entre eux, les cinq parlent russe et il faut inviter de toute urgence des traducteurs du russe. Ces langues turciques sont aussi éloignées du turc que le français de l'italien ou du roumain.

14. Les gros tankers sont interdits de navigation la nuit et obligés de respecter des règles de passage plus strictes.

LA GUERRE AU KARABAKH, 2020-2022

Frontières internationales

Azerbaïdjan

Arménie

Territoire du Karabakh resté sous le contrôle des Arméniens

Déploiement de la force d'interposition russe (2022)

Territoires conquis par l'Azerbaïdjan entre le 27 septembre et le 10 novembre 2020

Territoires contrôlés par l'Azerbaïdjan après 1994 mais revendiqués par les Arméniens

Corridor de Latchine/ Berdzor placé sous l'unique contrôle des forces russes de « maintien de la paix »

Territoires occupés en 1994 et rétrocédés par les Arméniens à l'Azerbaïdjan selon l'accord de cessez-le-feu du 10 novembre 2020

Corridor arménien de laison Erevan-Stepanakert

Autres routes stratégiques pour les Arméniens

Corridor azéri de laison Nakhitchévan-Azerbaïdjan

Axe nord-sud Erevan-Iran bloqué depuis septembre 2020

Limites de l'ancienne région autonome du Haut-Karabakh officiellement dissoute par l'Azerbaïdjan en août 1990

Ancienne ligne de cessez-le-feu minée entre 1992 et 2020

Attaques azéries en territoire arménien, août-septembre 2022

Voies ferrées fermées depuis la guerre de 1991-1994

Gisements miniers dans les territoires anciennement occupés : or, mercure, cuivre, charbon

* Le traité de Tachkent de 1992 donnant naissance à l'Organisation du traité de sécurité collective (OTSC) stipule que les alliés doivent intervenir en cas d'agression d'un des membres.

2020, une nouvelle guerre au Karabakh

À l'issue de la première guerre, en mai 1994, les forces arméniennes contrôlent pratiquement toute l'ancienne région autonome du Haut-Karabakh et occupent aussi sept districts entre la région et les frontières de l'Arménie et de l'Iran. Au total, 13 % du territoire azéri est ainsi sous domination arménienne, ce que Bakou n'a jamais accepté. Impulsées au sein de la CEI et sous l'égide des présidents russes ou kazakhs, les nombreuses rencontres entre les présidents arméniens et azerbaïdjanais ne débouchent sur aucune issue diplomatique. Le conflit est gelé et l'on déplore chaque année des victimes d'escarmouches de part et d'autre de la ligne de cessez-le-feu. De son côté, l'Union européenne n'a guère d'influence et l'action du Groupe de Minsk est critiquée par Bakou. L'Union européenne a hypocritement proposé deux accords de coopération. L'un, signé avec Erevan, affirme la prééminence du droit à l'autodétermination des peuples ; l'autre, signé avec Bakou, assure la priorité à l'intangibilité des frontières. Pendant vingt ans, l'Arménie, dirigée par des hommes du Karabakh, se contente de gérer le statu quo. Pourtant, le président azéri Geidar Aliev et son fils Ilham, qui lui succède en 2003, n'ont jamais caché que, sans solution diplomatique, ils n'hésiteraient pas à employer la force pour recouvrer leur pleine souveraineté. La nomination de Nikol Pachinian comme premier ministre de l'Arménie en mai 2018 semble offrir une lueur d'espoir. Pachinian est d'abord partisan de la rétrocession de certains territoires occupés, solution préconisée en son temps par Ter Petrossian (président de la république d'Arménie de 1991 à 1998). Mais il prend finalement position pour le rattachement du Karabakh à l'Arménie, rendant caduc tout dialogue avec Bakou.

Le 27 septembre 2020, après des mois de tensions, Aliev lance une grande offensive au nord et au sud de la région. Profitant de la manne pétrolière, il a modernisé son armée et acheté des drones et d'autres armements sophistiqués à Israël et à la Turquie. Ankara soutient directement Bakou en envoyant des instructeurs mais aussi des mercenaires issus des groupes pro-turcs syriens. En quelques semaines, l'Azerbaïdjan reprend le contrôle de tout le sud et d'une partie du nord-est de la région, menaçant en octobre sa capitale, Stepanakert. Fin octobre, Poutine déclare qu'il soutient la restitution des sept districts azéris sous contrôle arménien en échange d'un statut particulier pour la région. Il confirme aussi que la Russie n'interviendra pas tant que le conflit ne touchera pas le territoire de l'Arménie proprement dite*. Toutefois, le 26 octobre, l'aviation russe bombarde en Syrie le camp d'entraînement d'un groupe rebelle pro-turc, faisant plus de 80 morts, action interprétée comme un message adressé à Ankara pour que la Turquie limite son aide militaire à Bakou (*Le Point*, 26 octobre 2020). Après la prise par les Azéris de la ville stratégique de Choucha, Moscou parvient à faire signer le 10 novembre un accord de cessez-le-feu sous l'égide de la Russie, qualifié de « capitulation des Arméniens » par Aliev. L'Azerbaïdjan reprend le contrôle d'un bon tiers du Haut-Karabakh et doit, à terme, récupérer celui des sept districts qui l'entourent. Il est prévu que les Arméniens bénéficient d'un droit de passage au nord du corridor de Latchine mais aussi qu'une communication terrestre sera rétablie entre l'Azerbaïdjan et le Nakhitchevan à travers le territoire arménien.

Les Arméniens paient lourdement les vingt années de refus de tout compromis et, fait inquiétant, la question du statut politique du Haut-Karabakh reste en suspens. De son côté, s'il a réussi à imposer un cessez-le-feu avant que Stepanakert tombe, Poutine ne sort pas grandi de cette opération. Moscou doit accepter une présence militaire turque dans un autre de ses anciens prés carrés : l'accord prévoit le déploiement d'une force d'interposition russe le long de la ligne de front mais aussi la création d'un centre d'observation russo-turc pour contrôler son respect. En septembre 2022, une attaque azérie sur le territoire arménien proprement dit vient confirmer l'affaiblissement russe, qui ne met pas en branle l'accord de défense pourtant prévu dans le cadre de l'OTSC. À Prague, en octobre 2022, ce sont les Européens et la France qui tentent d'esquisser les lignes d'un accord politique qui mènerait à la paix.

visite officielle de Medvedev à Ankara, les deux pays signent un accord pour la construction par le russe Rosatom d'une centrale nucléaire à Akkuyu (entamé en 2018, le chantier doit s'achever en 2023) et décident de la suppression des visas. La Turquie devient la première destination des touristes russes à l'étranger. Incontestablement, la proximité de vues entre Erdogan et Poutine en matière de valeurs familiales et d'exercice limité de la démocratie favorise un rapprochement consolidé par de multiples rencontres et le rejet commun des pressions américaines dans ces domaines.

Ce rapprochement, qui suscite un certain embarras au sein de l'OTAN, ne va pas sans de nombreuses péripéties. Dans le cadre de leur politique très active tout autour de la mer Noire, les Turcs avaient tissé d'importantes relations avec les Abkhazes et beaucoup investi en Adjarie dès 1991. En 2008, ils prennent nettement position pour l'intégrité territoriale de la Géorgie, condamnant la décision du Kremlin de reconnaître l'indépendance de l'Abkhazie et de l'Ossétie du Sud. Ils proposent même au président Saakachvili de l'aider à reconstruire les dommages subis par son pays. De la même façon, les Turcs se positionnent en défenseurs des Tatars de Crimée et condamnent l'annexion de la péninsule par Moscou en 2014 (tout en refusant d'appliquer les sanctions préconisées par l'OTAN). Plus sérieusement, peu après le début de l'engagement russe en Syrie, un chasseur turc abat en novembre 2015 un bombardier russe, ce qui provoque une crise majeure. Moscou réagit avec vigueur : le régime sans visa est suspendu ainsi que l'activité des tour-opérateurs russes en Turquie ; les firmes turques présentes en Russie sont renvoyées et un embargo est déclaré sur plusieurs denrées essentielles. Le projet de gazoduc sous-marin Turkish Stream, décidé en janvier 2015 après l'abandon de celui du South Stream, est suspendu[15]. Ce n'est qu'après des excuses officielles d'Erdogan que les relations commencent à se rétablir à partir de juin 2016. Le soutien russe au président turc lors de la tentative de coup d'État de juillet 2016 va faciliter ce regain de coopération et, en 2017, la Turquie provoque la fureur de Washington en annonçant l'achat par Ankara du système de défense antimissile russe S 400. Pour autant, chacun des deux États, soucieux de consolider sa propre influence régionale, n'hésite pas à tester les limites de l'autre tout en veillant à ne pas provoquer de rupture définitive. Car cette alliance de convenance permet de ménager une certaine latitude de négociations vis-à-vis d'autres partenaires stratégiques comme l'Union européenne, l'OTAN ou la Chine.

Le Kremlin n'hésite pas à soutenir les Kurdes quand des tensions apparaissent avec Ankara et donne des gages au président syrien en l'aidant à contrer les empiètements turcs à sa frontière nord. De son côté, Erdogan n'a jamais perdu de vue son désir d'établir une continuité territoriale entre son pays et l'Azerbaïdjan. La Turquie, frontalière avec la république autonome du Nakhitchevan, a fait reconstruire en 1992 le pont Umut (Espoir) sur l'Araxe[16], qui permet de désenclaver cette région de l'Azerbaïdjan qui demeure coupée du reste de l'État azéri par le sud du Syunik demeuré arménien. C'est certainement là un facteur majeur dans le soutien que le régime turc a accordé aux présidents Aliev père et fils dans leur combat pour récupérer le contrôle du Karabakh. Cette rivalité russo-turque apparaît au grand jour lors de la seconde guerre du Karabakh. Cet épisode a vu la Turquie jouer un rôle militaire direct dans le Caucase du Sud et permet à Erdogan de se prévaloir auprès de son opinion d'un rétablissement de son pays comme puissance régionale. La décision, dans le cadre de l'accord du 11 novembre 2020, de rétablir une voie de communication terrestre entre l'Azerbaïdjan et son enclave du Nakhitchevan passant à travers le territoire arménien est une victoire de la Turquie. C'est dans cet esprit que l'on peut interpréter les efforts d'Ankara pour servir d'intermédiaire dans la crise ukrainienne de 2022.

---

15. Suite aux sanctions européennes après l'annexion de la Crimée, Poutine annonce en décembre 2014 l'abandon du gazoduc South Stream lancé en 2007 et qui devait relier Novorossiisk au terminal de Varna, en Bulgarie. Début 2015, les Russes proposent de le remplacer par Turkish Stream, entre Novorossiisk et la Turquie européenne. Suspendu par l'affaire du bombardier russe abattu par la chasse turque, le chantier reprend en 2017 et le gazoduc est inauguré début 2020.

16. Le pont est historiquement connu sous le nom de pont de Boraltan.

17. https://www.dailysabah.com/politics/diplomacy/turkey-doesnt-never-will-recognize-illegal-annexation-of-crimea-erdogan-says

18. Igor Delanoë, *Russie. Les enjeux du retour au Moyen-Orient*. L'Inventaire, 2016.

19. Cette base est la seule dont les Russes disposent en Méditerranée à la suite des accords signés avec Hafez el-Assad en 1971. Sa location par l'armée russe a été prolongée en 2017 pour une période de 49 ans.

Erdogan n'a jamais cessé de rappeler sa défense de l'intégrité territoriale ukrainienne y compris la Crimée[17]. Recevant Zelensky en 2020, il signe un nouvel accord de coopération militaire avec l'Ukraine, et la Turquie est un des signataires de la Plateforme internationale criméenne. Après l'agression russe du 24 février, Erdogan suggère que la guerre aurait pu être évitée (*« Si tous les Occidentaux et le monde entier avaient élevé la voix contre l'invasion de la Crimée en 2014, aurions-nous une telle situation ? »*) mais se garde d'appliquer les sanctions décidées par les États-Unis et l'OTAN. Il préserve ainsi sa faculté d'exercer un rôle d'intermédiaire qui rehausse encore la place de son pays dans la région. Ankara est le lieu choisi pour les premières négociations directes entre les deux belligérants en mars 2022 et c'est dans la capitale turque qu'est signé l'accord sur les exportations de céréales en juillet. Le bilan de ces relations russo-turques est certainement contradictoire. Le président turc sort grandi de cette décennie d'une coopération semée de péripéties. Mais la Russie peut se prévaloir du maintien de cette collaboration avec un voisin capricieux, membre de l'OTAN et qui demeure un des principaux partenaires commerciaux du pays.

Syrie 2015… La Russie, puissance retrouvée ?

L'intervention russe dans le conflit syrien à partir du 30 septembre 2015 marque un tournant majeur dans la politique extérieure du pays. C'est la première action militaire russe en dehors de l'espace postsoviétique depuis la guerre en Afghanistan (1979-1989). Au-delà de la défense d'un des partenaires les plus fidèles de Moscou au Proche-Orient, Vladimir Poutine trouve là l'opportunité de réaffirmer le rôle de puissance mondiale qu'il réclame pour son pays depuis son accession au pouvoir[18]. Le régime dictatorial de Bachar el-Assad est confronté en 2011 à une révolte populaire qui, comme les autres révolutions arabes, est plutôt perçue positivement en Occident. Pourtant, le contrôle de cette insurrection passe rapidement de l'Armée syrienne libre, organisation nationaliste, aux mains de plusieurs mouvements salafistes, comme le Front al-Nosra, qui s'emparent d'une grande partie du territoire syrien et y proclament un État islamique. De leur côté, les dirigeants russes interprètent ces évènements comme une autre version des révolutions de couleur, qu'ils ont toujours considérées comme téléguidées de l'extérieur. Comme son père, Hafez el-Assad, l'avait fait lors du massacre de Hama en 1982, Bachar n'hésite pas à sacrifier son propre peuple pour tenter de reprendre le contrôle du pays. En août 2013, un bombardement à l'arme chimique dans la Ghouta orientale, à l'est de Damas, fait des centaines de victimes et suscite une indignation mondiale. Le président syrien a franchi la ligne rouge qu'avaient fixée les États-Unis mais, contrairement à son engagement, Barak Obama n'intervient pas, plongeant la France et le Royaume-Uni dans l'embarras. Poutine profite de ces atermoiements et propose un plan de démantèlement de l'arsenal chimique syrien, qui est approuvé par Damas et Washington.

Cependant, le régime de Bachar el-Assad continue de perdre du terrain. Le président syrien, invoquant le Traité d'amitié et de coopération signé en 1980 par son père, fait officiellement appel en 2015 à l'aide de Moscou. À partir du 30 septembre, l'aviation russe commence à bombarder l'opposition au régime, ciblant davantage (selon les observateurs occidentaux) l'opposition démocratique à Bachar que les positions des radicaux islamistes. Tout en affichant leur soutien aux chrétiens d'Orient, abandonnés selon eux par les Occidentaux, les Russes défendent ainsi un des principaux clients de leur industrie d'armement et la présence de la base aéronavale stratégique de Tartous[19]. Pendant près de trois ans, l'armée russe s'engage pleinement au côté du président syrien et de ses alliés, le Hezbollah et les milices

LA RUSSIE AU PROCHE-ORIENT

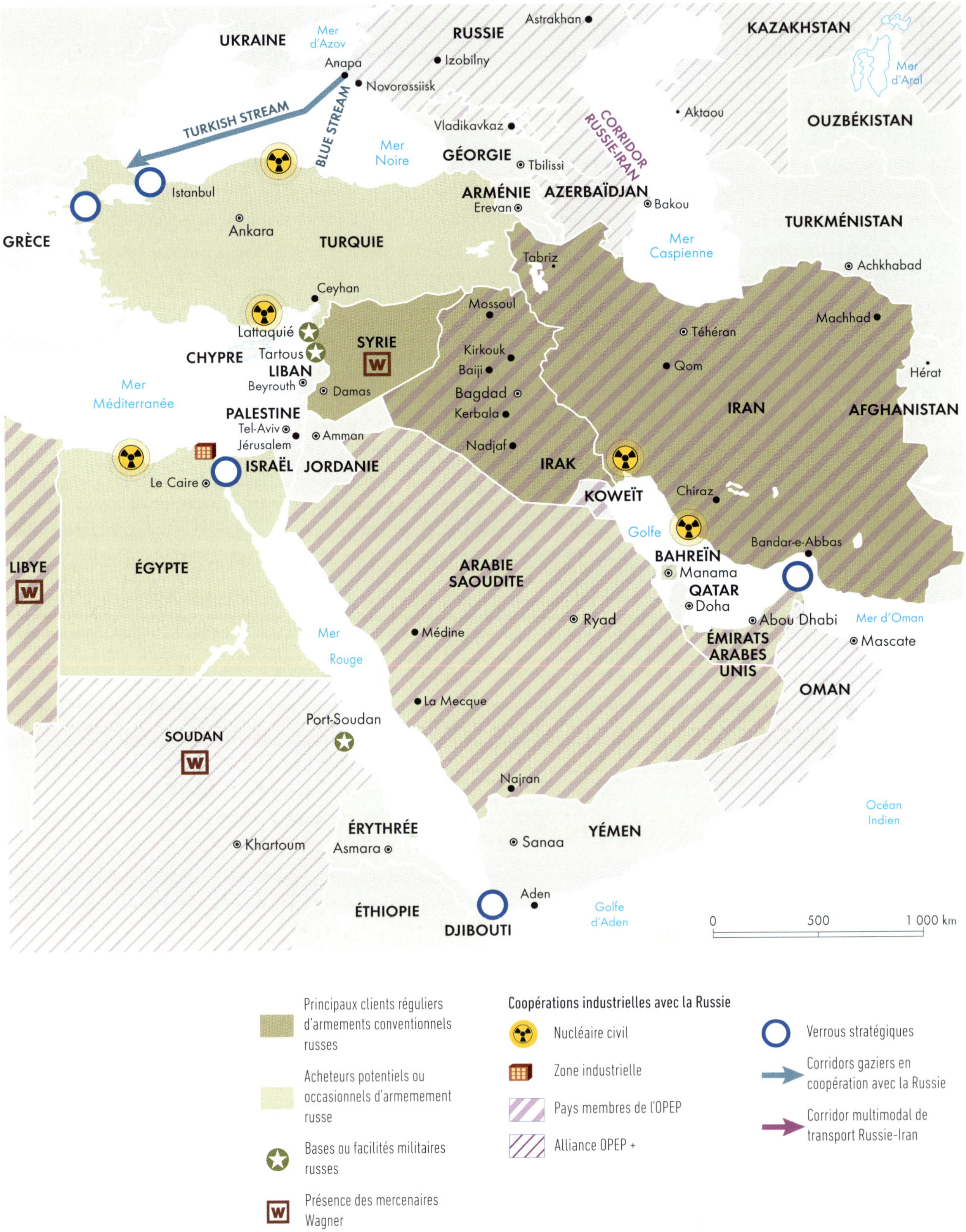

chiites. Elle se trouve ainsi complice et actrice des nombreuses atrocités que l'autocrate de Damas inflige à son peuple. Palmyre, Alep, Deir ez-Zor sont reprises, non sans l'intervention de milices russes (comme celles du groupe Wagner ou des combattants tchétchènes) et au prix de nombreuses victimes civiles. Amnesty International et d'autres observateurs accusent l'armée de Damas et ses alliés russes de bombarder sans discernement des bâtiments civils, hôpitaux ou écoles.

Outre l'influence décisive qu'elle a eue pour sauvegarder le régime autoritaire et brutal du président syrien, cette intervention a permis à l'armée russe en pleine mutation d'acquérir une nouvelle expérience de terrain : selon le ministre de la défense Choïgou, les rotations pratiquées ont permis à 95 % des officiers et à 90 % des équipages d'avions de combat de participer à ces opérations. En outre, de nombreux nouveaux types d'armement ont pu être testés en conditions réelles comme les missiles de croisière Kalibr tirés vers la Syrie depuis des navires en mer Caspienne. Contrairement aux prédictions des observateurs qui annonçaient que Moscou s'enliserait dans ce conflit, comme les Américains en Afghanistan, la Russie a pratiquement réussi à sortir de ce guêpier. Fin 2018, Choïgou annonce que l'essentiel des troupes engagées sur le terrain syrien s'étaient retirées, en dehors des unités nécessaires au fonctionnement des bases de Tartous et Khmeimim. On peut toutefois estimer que cette expérience acquise a créé aussi un excès de confiance dans l'état-major russe lors de la préparation de l'agression en Ukraine. Or la nature de l'engagement aussi bien que la résistance ukrainienne se sont avérées fort différentes de l'exemple syrien.

Russie-Afrique : un activisme contesté

Les 23 et 24 octobre 2019, Vladimir Poutine organise à Sotchi, en collaboration étroite avec le président égyptien El-Sissi, un premier sommet russo-africain. Selon le président russe, les 54 pays africains membres de l'ONU sont représentés, dont plus de 40 par leur chef d'État ou leur premier ministre. Ce succès de la diplomatie russe rappelle d'abord l'ancienneté des rapports entre Russes et Africains. Sans remonter à l'intervention russe qui rapprocha les tsars et le négus éthiopien à la fin du XIXe siècle, on connaît le rôle qu'a joué Moscou au temps de la décolonisation, puis de la guerre froide, en Égypte, en Algérie, en Angola ou au Mozambique. Après la chute de l'URSS, les coopérations se raréfient mais plusieurs sociétés russes continuent d'investir dans le secteur minier de divers pays. Le forum de 2019 marque une tout autre étape. Les rapports paternalistes entretenus par les anciennes puissances coloniales sont en pleine crise. Les États africains sont soumis à une interminable guérilla salafiste au Maghreb et au Sahel et à la présence croissante des intérêts américains ou chinois. Sans avoir les moyens de Washington ou de Pékin, les Russes ne sont pas en reste.

Si la plupart des dirigeants africains restent prudents, les débats du forum de Sotchi reflètent bien le tournant en cours. Marie-Noëlle Koyara, ministre de la défense de la République centrafricaine, le résume ainsi : *« La grave crise qu'a connue notre pays tient au fait qu'on nous propose toujours des solutions de l'extérieur, sans tenir compte de nos valeurs traditionnelles*[20]. » La déclaration finale appelle à consolider la coopération avec les BRICS afin de *« renforcer les mécanismes collectifs de gestion globale dans le cadre d'un système de relations multipolaires où le rôle des États en développement serait accru*[21] ». Le règlement des conflits sur le continent doit suivre le principe *« aux problèmes africains, une solution africaine »*, et la déclaration

20. Cité par Benoît Vitkine, « À Sotchi, la Russie se pose en défenseure des souverainetés africaines », *Le Monde*, 24 octobre 2019.

21. Déclaration finale du sommet de Sotchi, http://www.kremlin.ru/supplement/5453

LA PRÉSENCE RUSSE EN AFRIQUE

Principales firmes russes présentes en Afrique

Dans les hydrocarbures (Gazprom, GazpromNeft, Lukoil, Novatek, Rosneft, Tatneft)

Dans l'extraction minière : Alrosa (diamants), Evraz (vanadium), Norilsk Nickel, Renova (manganèse), Russkii Aliuminii, Severstal.

États africains au sommet Russie-Afrique des 23-24 octobre 2019

Représentés par le président ou le premier ministre

Représentés par un ministre ou une autre personnalité officielle

Sources :
Runet, RIA Novosti et Daily Maverick.

Pays ayant un accord de coopération militaire avec la Russie

W Présence du groupe paramilitaire Wagner

Centrale nucléaire en projet

appelle à *« s'opposer au diktat politique, au chantage monétaire »*, à refuser *« l'application extraterritoriale par certains États de leur droit national en violation du droit international »*. Le forum appelle à *« soutenir les grandes firmes russes présentes sur le marché africain »*. Comme le déclare un participant marocain : *« La Russie peut être pour nous un partenaire qui rétablit un équilibre, plus attentif à nos spécificités, et qui nous sorte d'un huis clos avec l'Occident ou la Chine*[22]. *»* En clair, les pouvoirs africains ne supportent plus le ton paternaliste néocolonial que continuent de tenir certains dirigeants occidentaux, à l'exemple du discours prononcé à Dakar par Nicolas Sarkozy en 2007. Il avait notamment déclaré : *« Le drame de l'Afrique, c'est que l'homme africain n'est pas assez entré dans l'Histoire [...]. Jamais il ne s'élance vers l'avenir. »* Quand bien même son action concrète d'aide au développement et d'investissement demeure bien modeste en Afrique, le pouvoir russe sait parfaitement jouer sur les exaspérations et les plaies de ces pays émergents marqués par les séquelles de la colonisation.

Les organisateurs russes du forum prennent un malin plaisir à donner la parole à de tout autres voix, comme celle de l'Ivoirienne Nathalie Yamb : *« L'Afrique francophone est encore sous le contrôle de la France, qui avance masquée. [...] Nous sommes contre le franc CFA, pour le démantèlement des bases militaires françaises, qui ne servent qu'à piller nos ressources, entretenir des rébellions et entraîner des terroristes*[23]. *»* Sur le terrain, la situation est de plus en plus tendue car les moyens déployés par la France ou d'autres partenaires traditionnels ne parviennent pas à enrayer la pression des groupes salafistes, et plusieurs États de la région font appel à la Russie pour sécuriser leurs territoires et leurs régimes. Un film de guerre russe récent[24] montre de façon complaisante l'action des mercenaires du groupe Wagner, chargés officiellement de former l'armée de la République centrafricaine. Le pouvoir russe est critiqué en Occident pour ses interventions multiples en soutien à des gouvernements africains autoritaires et pour les pratiques discutables de ses agents. Il est évident que cette présence russe est plus active là où les firmes russes trouvent des intérêts miniers ou commerciaux, mais les acteurs de la Françafrique agissaient-ils autrement ? Ces critiques laissent un peu dubitatif venant de pays qui n'ont cessé de soutenir des régimes notoirement corrompus et qui ont rarement réussi à y développer des cercles démocratiques vertueux.

Les enjeux d'un nouveau monde multipolaire

Comme le montrent les cartes des voyages du président Poutine à l'étranger et l'implication croissante de la Russie dans des institutions internationales comme l'Organisation de coopération de Shanghai ou les BRICS, Moscou a multiplié ses interventions bien au-delà de l'espace postsoviétique. Le Kremlin n'hésite pas, en Afrique ou ailleurs, à utiliser des instruments occultes, des agents d'influence (comme les journalistes de la chaîne de télévision Russia Today ou des trolls délivrant une propagande ciblée en plusieurs langues) – méthodes qu'utilisent largement les États occidentaux dans ces mêmes régions. Toutefois, cette volonté de puissance russe s'inscrit dans un combat plus fondamental, celui de la réforme du système de valeurs et des normes de l'après-guerre froide au nom d'un nouveau monde multipolaire. Sans avoir les moyens économiques de Pékin, Poutine s'est fait le plus ardent défenseur de ces

22. Article cité, *Le Monde*, 24 octobre 2019.

23. Article cité, *Le Monde*, 24 octobre 2019.

24. *Le Touriste*, d'Andreï Batov (2021), a été entièrement tourné en RCA. Selon plusieurs sources, il aurait été financé par l'oligarque russe Evgueni Prigojine, présenté comme le parrain du groupe Wagner. Les trois journalistes russes assassinés en RCA en 2018 enquêtaient sur ce groupe.

mesures, qui trouvent un large écho auprès des États en développement. Cette bataille qui tend à contester plusieurs des fondements de l'hégémonisme américain ou atlantique est le plus souvent occultée par les médias occidentaux ou critiquée comme un des éléments de la dérive autoritaire du régime poutinien. Pourtant, si l'on consent à sortir de l'européocentrisme dominant, qui façonne nos approches souvent à notre insu, on s'aperçoit rapidement que cette question est en passe de devenir un des enjeux cruciaux du XXIe siècle.

Réformer les règles du système international ?

Cette bataille des valeurs est engagée sur deux fronts. Le premier concerne les normes et règlements qui régissent depuis les années 1940 les échanges financiers, monétaires et commerciaux. Ces derniers sont toujours soumis aux décisions prises lors de la conférence de Bretton Woods en juillet 1944. Les 44 nations représentées alors ont fondé les grandes lignes du système financier international organisé autour du dollar américain et créé la Banque internationale pour la reconstruction et le développement (BIRD), devenue partie de la Banque mondiale, ainsi que le Fonds monétaire international (FMI). Ces deux institutions sont complétées en 1995 par la création de l'Organisation mondiale du commerce (OMC). Profitant de l'hégémonie économique incontestable dont ils disposent à l'issue du second conflit mondial, les États-Unis ont réussi à maintenir leur pouvoir d'arbitrage sur leur fonctionnement. Ils l'ont même accru à la fin de la guerre froide en application de ce qu'on appelle le consensus de Washington, un ensemble de mesures néolibérales décidées sous Reagan pour relancer la croissance économique. À ces règles[25] largement appliquées dans tous les États est-européens et postsoviétiques s'est ajoutée, à l'échelle mondiale, l'imposition extraterritoriale du droit américain, de plus en plus fréquente dans de nombreuses transactions.

Depuis des années, Moscou réclame sans l'obtenir une réforme profonde de ce système, qui donnerait un rôle plus large aux nouveaux États indépendants (on compte aujourd'hui 193 États membres de l'ONU et 164 inscrits à l'OMC). Russes et Chinois ont fait de cette exigence un des éléments clefs de leur remise en cause de l'hégémonie américaine tant au sein des BRICS ou de l'OCS que dans tous les forums auxquels ils participent. Si ce processus a jusqu'à présent marqué le pas, on peut imaginer que les sanctions décidées contre la Russie en 2022, en particulier l'exclusion des banques russes du système SWIFT, vont marquer un tournant. Les propositions de Moscou et de Pékin pour le recours à des systèmes alternatifs, non dominés par Washington, risquent de trouver un écho grandissant après de nombreux partenaires.

Une bataille mondiale des valeurs

Le second front de cette bataille est plus complexe puisqu'il s'agit du système de valeurs sur lequel reposent l'ensemble des échanges et des coopérations au niveau mondial. C'est tout naturellement qu'en décembre 1948 l'Assemblée générale de l'ONU réunie à Paris vote la Déclaration universelle des droits de l'homme. L'ONU compte alors 58 membres et, au sortir du second conflit mondial, la légitimité de ce texte paraît évidente. Sans qu'aucune mesure de contrainte soit nécessaire, l'attractivité réelle des modèles sociaux et culturels occidentaux – sans négliger leur soutien commercial – assure leur large diffusion. La multiplication des États membres lors de la décolonisation et la diversité de leurs situations génèrent toutefois de nouveaux débats. Si aucun État ne remet frontalement en cause le texte de 1948, de nouvelles exigences apparaissent alors que se diversifient les acteurs de cette contestation[26]. Plusieurs facteurs en modifient profondément le cadre. L'éclatement de l'URSS et la fin de l'opposition binaire caractéristique de la guerre froide modifient sensiblement les rapports de force.

Contrairement aux attentes du modèle de la « transition démocratique », des régimes autoritaires s'installent dans plusieurs pays, Chine, Russie, Inde, Turquie pour ne citer que les plus importants. Dans plusieurs cas, ils favorisent la montée de tensions inter-religieuses et intercommunautaires qui bafouent les droits élémentaires des minorités. Ils sont rejoints sur certains plans par des États européens adeptes des « démocraties illibérales ».

En effet, dans le même temps, le pouvoir d'attractivité du modèle occidental est profondément affaibli par ses propres évolutions internes. Des questions comme le droit à l'avortement et la place des femmes, la peine de mort ou le statut des homosexuels sont remises en cause par des législations rétrogrades aux États-Unis et dans plusieurs États de l'Union européenne. Les interventions militaires en Afghanistan, en Irak ou en Libye sont condamnées dans de nombreux États, et l'emprise croissante des GAFA (Google, Apple, Facebook et Amazon) pour conforter le pouvoir politique et économique des États-Unis défraie la chronique internationale.

Les États à majorité musulmane sont parmi les premiers à exprimer leurs critiques sur les modes d'affirmation de l'universalisme. Lors de la préparation de la Conférence mondiale sur les droits de l'homme de l'ONU, à Vienne en 1993, plusieurs pays asiatiques et arabes se réunissent à Bangkok et déclarent : *« Si les droits de l'homme sont par nature universels, ils doivent être envisagés dans le contexte du processus dynamique et évolutif de fixation des normes internationales, en ayant à l'esprit l'importance des particularismes nationaux et régionaux comme des divers contextes historiques, culturels et religieux*[27]. » En 2004, Boutros Boutros-Ghali affirme de son côté : *« L'impératif d'universalité ne saurait venir alimenter cette critique selon laquelle l'universalité des droits de l'homme ne serait que l'universalisation des droits occidentaux. Il ne peut y avoir de véritable mise en œuvre des droits de l'homme que dans le respect du contexte régional*[28]. »

Très vite, l'attention mondiale va être concentrée sur les actions sanglantes des divers groupes d'inspiration salafiste qui attaquent frontalement ces valeurs universelles et les pays qui les défendent. En Russie, si les deux guerres tchétchènes ont favorisé l'activation de groupes islamistes locaux, un tout autre processus, beaucoup moins étudié car essentiellement pacifique, met en alerte les autorités religieuses et politiques. Les religions dites traditionnelles de Russie (orthodoxie, islam, bouddhisme et judaïsme) ne sont pas les seules à profiter de la très libérale « loi sur la liberté de conscience et les organisations religieuses » votée sous Gorbatchev en 1990. Dans toutes les villes, petites et grandes, on observe l'ouverture de missions des différentes religions et sectes américaines, pentecôtistes, baptistes et autres. Outre un prosélytisme religieux actif, elles disposent d'importants moyens et multiplient les actions sociales et culturelles, allant jusqu'à proposer des manuels scolaires en russe ou en anglais dans une période de déficit chronique de nouveaux manuels.

Craignant pour son hégémonie ecclésiale, le patriarcat de Moscou réagit sur plusieurs plans. Il obtient tout d'abord de Boris Eltsine qu'une nouvelle loi soit votée en 1997. Plus précise, elle permet de favoriser les religions

25. Ces règles de libéralisation économique proposaient en particulier une stricte discipline fiscale, la réduction des dépenses publiques, la déréglementation des marchés et des privatisations massives.

26. Sur ces questions, lire Bertrand Badie, *Quand le Sud réinvente le monde*, La Découverte, 2018, et *L'Hégémonie contestée*, Odile Jacob, 2019.

27. Cité par Moise Jean, « La conciliation de l'universalité avec la diversité culturelle. Un enjeu majeur du droit international », *Europe des droits & libertés*, n° 5, mars 2022.

28. Maria Linda Tinio, *Les Droits de l'homme en Asie du Sud-Est*, L'Harmattan, 2004, préface de Boutros Boutros-Ghali.

traditionnelles, en particulier la religion orthodoxe, et de créer les conditions limitant les activités des nouvelles religions. Dans le même temps, le patriarcat développe tout un discours sur les dangers que représentent ces influences étrangères. Intervenant au Concile mondial du peuple russe en avril 2006 à Moscou, le patriarche Cyrille affirme : « *Les concepts de droits de l'homme cachent aussi le mensonge et l'insulte aux valeurs religieuses et nationales. Car dans le complexe des droits et libertés on introduit des idées contraires non seulement aux valeurs chrétiennes mais aux traditions morales de l'homme. [...] On dit que les droits de l'homme sont une norme universelle. [...] Le problème est que cette conception est née et s'est développée dans les pays occidentaux avec leur propre destin culturel et historique.* »

Bientôt, à la croisade pour la défense des démocraties lancée par George W. Bush après les attentats du 11 septembre 2001, s'oppose une autre croisade emmenée par Vladimir Poutine. Tout en s'opposant à ce qu'il décrit comme la volonté de soumettre le monde entier à l'acceptation des valeurs propres à un groupe de pays, l'Occident « global » dirigé par les États-Unis, il présente son pays comme une sorte de Troisième Rome, prêt à défendre les vraies valeurs que les démocraties occidentales à la dérive auraient abandonnées. Avec le ton direct qu'il affectionne, il lance en 2012 : « *Comme le montre notre expérience historique, l'identité culturelle, les valeurs spirituelles et morales, les codes de valeurs font l'objet d'une concurrence féroce. [...] Les tentatives d'influer sur la vision du monde de peuples entiers, l'effort pour les soumettre à sa volonté, pour leur imposer son système de valeurs et de concepts sont une réalité absolue comme la bataille pour les ressources naturelles*[29]. » Il revient sur ces propos en 2013 : « *Nous voyons comment de nombreux pays euro-atlantiques ont dans les faits pris le chemin du rejet de leurs propres racines, y compris les valeurs chrétiennes composant le fondement de la civilisation occidentale. Ils refusent les principes éthiques et toute identité traditionnelle : nationale, culturelle, religieuse et même de genre. Ils mènent une politique mettant au même niveau famille nombreuse et partenariat d'un même sexe, la foi en Dieu ou la foi en Satan [...] et on essaye d'imposer* ce *modèle à tous, au monde entier*[30]. »

Cette croisade fait certainement partie de la dérive autoritaire du régime poutinien et de son tournant conservateur bien décrit par Michel Eltchaninoff. La façon dont Poutine a engagé la guerre en Ukraine et son déroulement peuvent écarter certains segments de l'opinion mondiale de ces propositions. Mais ne nous berçons pas d'illusions. La nature des enjeux de cette bataille est loin d'être dépassée. Lors d'un passage à New York en 2017, le président du Rwanda, Paul Kagame, rejette « *les leçons de démocratie occidentale* ». Certes, dit-il, « *la démocratie est un principe auquel chacun de nous veut être associé, du moment que le contexte, l'histoire et la culture d'un pays le permettent. Mais l'Occident dit à tout le monde de rentrer dans le moule de la démocratie occidentale, or ce n'est pas possible* ». Et il ajoute : « *L'Occident parle beaucoup de liberté et donne des leçons sur ce sujet, mais le fait d'imposer aux gens la façon dont ils devraient vivre leur vie revient justement à nier la liberté des peuples*[31]. »

C'est bien là un des atouts que la Russie de Poutine cherche à valoriser dans sa quête de nouvelles alliances. Il n'y a aucune clause politique, ni aucun terme de conditionnalité exigés par Moscou en échange de ses aides militaires ou de ses programmes de coopération civile ou économique. Toutefois, si les questions posées par les pays émergents représentent des enjeux bien réels qu'il

29. Discours au forum de la jeunesse, Krasnodar, 12 septembre 2012. Cité par Michel Eltchaninoff, *Dans la tête de Vladimir Poutine*, *op. cit.*

30. Intervention au Club Valdaï, 19 septembre 2013.

31. *Jeune Afrique*, 20 septembre 2017.

32. *Le Monde*, 19 mars 2022.

faudra bien affronter, il est clair que Poutine (et Xi Jinping) utilisent ces différends et ces revendications de façon parfaitement cynique. Pour eux, ce sont autant d'instruments utiles dans leur volonté de déstabiliser la puissance américaine et l'espèce d'hégémonie que les États-Unis ou « l'Occident collectif » continuent d'exercer dans de nombreux domaines. Sur ce plan comme pour bien d'autres aspects, la stratégie russe demeure d'abord une stratégie de déstabilisation plutôt que de proposition d'alternatives positives.

Il reste cependant que la position russe est fort mal perçue y compris parmi ses alliés traditionnels. Le ministre des affaires étrangères de l'Ouzbékistan a énoncé clairement la position de son pays, qui *« reconnait l'indépendance de l'Ukraine, sa souveraineté et son intégrité territoriale »*. Tachkent refuse de reconnaître l'annexion des républiques séparatistes au Donbass. *« En ces temps difficiles, nous allons fournir une aide humanitaire à l'Ukraine*[32]. » Les tensions sont apparues jusqu'au sein de l'OTSC (l'Organisation du traité de sécurité qui associe plusieurs États de la CEI autour de la Russie) : lors du récent sommet tenu à Erevan le 23 novembre 2022, le premier ministre arménien a mis son veto à toute résolution finale. Son pays n'a pas admis que la Russie ne vienne pas à son secours en septembre 2022 quand l'armée azérie a attaqué son territoire.

Le sommet du G20 de Bali, les 15 et 16 novembre 2022, apporte aussi plusieurs leçons. Ceux des pays occidentaux qui auraient souhaité exclure la Russie du G20 – certains l'avaient déjà proposé en 2014 – ont dû reculer. De son côté, Poutine qui, après avoir envisagé d'être présent, a préféré envoyer son ministre des affaires étrangères Sergueï Lavrov, façon d'éviter des critiques frontales. La déclaration finale, difficilement mise au point, constate l'effet négatif de la guerre sur l'économie globale mais témoigne des désaccords entre les membres. Elle rappelle le vote de l'Assemblée générale du 2 mars 2022 condamnant l'agression, mais entérine l'existence de points de vue différents sur cette situation et sur les sanctions. En marge de ce sommet, on a cependant entendu les dirigeants chinois et indiens critiquer la durée de ce conflit et les menaces russes envisageant l'usage d'armes nucléaires.

La Russie n'est pas aussi isolée qu'on le présente souvent dans les médias occidentaux mais on est loin de mesurer toutes les perturbations que l'épreuve de cette guerre entraîne dans un monde de plus en plus fragmenté.

CONCLUSION
Les premières leçons d'une erreur stratégique

Aucune des motivations avancées par Vladimir Poutine pour justifier sa décision d'envahir militairement l'Ukraine ne tient face à l'ampleur des ruines, des crimes de guerre et de la désolation qu'il a infligés à son voisin, un pays démocratique indépendant avec un président légitimement élu. Celui qui se voulait le successeur de Pierre le Grand, de Catherine II et même de Staline, comme grand rassembleur des terres russes, restera dans l'histoire comme un destructeur, d'abord de l'Ukraine, mais aussi, sans doute, de la puissance et du rayonnement de son propre pays. À l'heure où nous écrivons ces lignes, si le conflit armé n'est pas terminé, les signes du désastre prévisible sont déjà patents. Les bombardements russes ont frappé indifféremment les infrastructures (en partie détruites) et la population civile, entraînant des milliers de victimes et des déplacements massifs de population. Fin décembre 2022, le HCR estimait les pertes humaines civiles ukrainiennes à près de 7 000, auxquelles s'ajoutent 11 000 blessés. Près de 140 000 bâtiments ont été détruits et, malgré son héroïsme dans l'épreuve, la population ukrainienne est dispersée, plus de 14 millions ont dû se déplacer dont près de 8 millions à l'étranger.

La façon dont l'armée russe mène cette guerre a provoqué une indignation planétaire. Outre les frappes de missiles provoquant la destruction d'hôpitaux, d'écoles ou de marchés, la libération des territoires occupés un temps par les forces russes a révélé un tableau horrifique. Selon les multiples enquêtes internationales publiées, les occupants ne se sont pas contentés de piller systématiquement les maisons des villes et des villages qu'ils contrôlaient mais ils ont terrorisé la population en pratiquant éliminations, viols et tortures. En multipliant les crimes de guerre et les exactions, l'armée russe a renouvelé au XXIe siècle l'image de la barbarie qui restera longtemps accolée à la Russie.

En Russie même, si l'économie ne s'est pas effondrée comme certains experts occidentaux l'espéraient, elle connaît une régression sensible, autant dans son fonctionnement que dans l'enfermement qu'induit, sur tous les plans, la politique du pouvoir russe. Depuis le mois de mars, des centaines de milliers de Russes ont fui le pays afin d'éviter les effets de cette guerre ainsi que, en septembre, la mobilisation partielle. La perte en population jeune et qualifiée est considérable et pèsera longtemps sur les capacités de rebond du pays.

Le conflit pèse aussi fortement dans le camp des alliés de Kiev. L'Union européenne s'est certes ressoudée pour condamner les agissements de Moscou et accorder son aide à l'agressé mais cette apparente unanimité dévoile bien des évolutions négatives : perte de souveraineté dans le domaine économique et sécuritaire en faveur d'une Amérique plus présente que jamais ; renforcement des courants populistes et souverainistes dans plusieurs États de l'Union ; montée des tensions sociales et renforcement des courants dits « illibéraux », qui remettent en cause une partie des valeurs fondatrices de la Communauté européenne. Plus préoccupant pour l'avenir du monde, la Russie s'est mise dans l'orbite de l'autre grande puissance de ce XXIe siècle, la Chine, dont les volontés hégémoniques ne font de doute pour personne. Cette alliance inégale de deux pouvoirs autocratiques a de quoi inquiéter.

Pouvait-on éviter cette évolution funeste ? En récusant toute vision rétroactive de l'histoire, cet ouvrage s'efforce, par une analyse aussi systématique que possible, de dégager les lignes de force qui ont caractérisé les quatre dernières décennies. Pendant des années, et ce dès l'époque soviétique sous Mikhaïl Gorbatchev, au moment où il lance la *perestroïka,* les dirigeants russes ont proposé une discussion ouverte, cartes sur table, avec l'Occident, dans le but de définir une refonte complète du système de sécurité en Europe. Ces propositions seront renouvelées, non sans d'évidents calculs politiques, aussi bien par Boris Eltsine dans les années 1990 que par Vladimir Poutine dès son premier mandat, jusqu'à son célèbre discours de Munich en février 2007. La réponse des Occidentaux fut au mieux ambiguë et, sur le fond, plutôt négative. De ce point de vue, juste après Munich, la conclusion du sommet de l'OTAN à Bucarest en avril 2008 est exemplaire. Si la France et l'Allemagne mettent leur veto au déclenchement immédiat de la procédure d'adhésion de la Géorgie et de l'Ukraine à l'Alliance atlantique, la déclaration finale, bravant l'une des lignes rouges clairement énoncées par Moscou, affirme qu'à terme ces deux pays sont bien destinés à y entrer. Il est facile de dénoncer l'usage de ces « lignes rouges » par la Russie comme moyen de justifier sa politique extérieure agressive. Encore faut-il rappeler que les États-Unis y font aussi constamment référence. Le fait que Barack Obama n'ait pas sanctionné la Syrie et son dictateur quand celui-ci a fait usage d'armes chimiques en est un contre-exemple paradoxal. Poutine a vu dans l'atermoiement américain un signe de faiblesse lui donnant l'occasion d'entrer pleinement dans le rapport de force au Moyen-Orient et de soutenir un dictateur en difficulté.

Le pouvoir russe n'a jamais hésité à user de la force militaire la plus brutale. Les exemples ne manquent pas au cours de ces quarante dernières années, depuis la répression sanglante des velléités d'indépendance des peuples de l'URSS sous Gorbatchev, le bombardement du Parlement russe par Eltsine puis les deux guerres tchétchènes jusqu'aux interventions russes en Géorgie et en Syrie. Bien des commentateurs accusent les gouvernements occidentaux de faiblesse face à ces manquements évidents de Moscou envers les processus démocratiques. Selon eux, une condamnation plus ferme, des sanctions plus fortes et plus précoces auraient peut-être permis d'enrayer cette spirale négative. Si l'on ne refait pas l'histoire, rappelons que, dans ces mêmes années, les Occidentaux alimentaient la méfiance de Moscou en menant leurs propres actions de guerre (en Yougoslavie, en Libye, en Afghanistan et en Irak) avec dans tous ces pays des conséquences catastrophiques pour des peuples et des régions entières. Ces interventions successives vont en tout cas accroître la méfiance réciproque entre Russes et Occidentaux jusqu'au point de non-retour que représente cette guerre ouverte sur le sol européen.

La guerre russe contre l'Ukraine modifie profondément le tableau d'ensemble de l'état du monde. Incapable de prendre le contrôle du pays, Poutine a décidé de le dépecer et d'en détruire méthodiquement les infrastructures. Pour autant, les massacres systématiques n'entament ni le courage de ce peuple ni la détermination de son président. Au contraire, face à la violence sans limite d'un ennemi dont ils n'attendent que le pire, les Ukrainiens forgent sous nos yeux une nation ukrainienne construite contre la volonté russe et ses velléités d'hégémonie impériale. La destruction systématique par la propagande russe de l'image de l'autre – présenté voici peu encore comme un frère et réduit aujourd'hui à la figure extravagante de l'ennemi néonazi – crée une fracture symbolique sans doute irréversible. Ces destructions, à la fois matérielles et symboliques, séparent radicalement et pour longtemps deux peuples assez proches pour avoir pu parfois se penser complémentaires.

La Russie elle-même sortira affaiblie par ce choix injustifiable. Les sanctions occidentales vont peser sur la croissance russe sans parvenir à l'abattre. Les principaux organismes financiers prévoient plutôt une longue période de stagnation. L'économie russe demeure une économie de rente, spécialisée dans la production et l'exportation de produits de base, miniers et agricoles, et peu sensible à l'importation d'intrants sophistiqués. Depuis des années, les dirigeants russes envisageaient la possibilité que les États-Unis en viennent à couper leur pays des principaux marchés financiers, ils s'y sont donc préparés. Contrairement aux prévisions qui suivirent les premières vagues de sanctions, en particulier l'exclusion des principales banques russes du système SWIFT, le système bancaire russe et le rouble ne se sont pas effondrés et les citoyens sont appelés à soutenir le combat de leur pays contre des menaces aussi floues qu'obsédantes.

Le pouvoir russe a mis en place de longue date une redoutable machine de propagande afin de mobiliser l'opinion en lui dissimulant les ressorts réels et les conséquences humaines de cette guerre. Depuis le système scolaire, marqué par un patriotisme militariste lancinant, jusqu'aux médias, où toute contestation est bannie, tout est fait pour renforcer l'emprise que les dirigeants tentent d'imposer à toute la société. La durée de cette guerre et son issue pèseront de façon déterminante sur le degré d'adhésion des citoyens russes au maintien de cette emprise. D'autant que d'autres facteurs d'affaiblissement se profilent, en particulier la rupture démographique que va nécessairement provoquer cette guerre, approfondissant les effets de la pandémie de Covid. Indépendamment de la brusque remontée du déficit naturel (l'écart entre une faible natalité et une mortalité en hausse), la fuite des cerveaux, accélérée par la décision de mobilisation partielle en septembre 2022, ne peut qu'enrayer les efforts de diversification de l'industrie du pays. Les multiples projets de modernisation esquissés depuis trente ans et appliqués avec plus ou moins de succès vont être structurellement freinés, ce qui confirmera la Russie dans le rôle de grenier à matières premières dont elle cherchait à sortir depuis des décennies.

La résistance relative de la Russie à un ensemble de sanctions absolument sans équivalent dans l'histoire récente tient aussi à son activisme international largement occulté par la vision eurocentrée du monde qui reste le schéma de base de la réflexion en Occident. Comme le montrent les cartes des voyages officiels de Poutine depuis son accession au pouvoir, la Russie n'a cessé de mettre en place un réseau d'alliances très souples qui explique en partie sa résilience. La plupart des analystes ont sous-estimé le rôle des diverses organisations multinationales que Moscou a parrainées, seule comme dans le cas de la CEI et de l'Union économique eurasienne ou avec Pékin, comme l'Organisation de coopération de Shanghai et les BRICS. On mesure aujourd'hui l'importance concrète de ces réseaux. La majorité des États membres de l'ONU a certes condamné l'agression russe de février 2022 mais, symptôme évident d'un malaise planétaire, nombre d'États (africains, asiatiques ou d'Amérique latine) refusent, tout en condamnant la guerre, d'appliquer les sanctions occidentales. Ils mettent sur un pied d'égalité les actions de toutes les grandes puissances, qu'ils assimilent au maintien de stratégies impériales de domination postcoloniale qui ne font qu'accroître l'écart de développement entre le Sud global et l'Occident collectif.

Moscou doit cependant affronter les conséquences négatives de son agression jusque chez ses plus proches alliés. Des États membres de la CEI, comme le Kazakhstan ou l'Ouzbékistan, ont critiqué ouvertement l'agression russe alors que la Chine ou l'Inde, partenaires essentiels de la Russie, en rejetaient publiquement la logique et appelaient à un cessez-le-feu rapide. Ces pays qui critiquent plus ou moins directement la guerre russe ne passeront sans doute pas dans le camp de ceux qui appliquent les sanctions occidentales. Mais l'image de la Russie est sensiblement dégradée, tout comme le prestige accordé jusqu'ici à son armée et à ses matériels militaires, un élément majeur de ses exportations dans le monde. Selon toutes probabilités, et quels que soient les scénarios sur le devenir du régime coercitif mis en place par Vladimir Poutine, son pays va entrer dans une phase de retranchement, combinant stagnation économique et diminution de ses capacités d'action extérieure[1].

La guerre cependant ne devrait pas affecter sérieusement le partenariat que Moscou et Pékin ont scellé depuis le début des années 2000. S'il ne masque pas une certaine méfiance réciproque (ni des écarts de croissance évidents), ce partenariat repose sur la convergence d'intérêts communs fondamentaux qui ne s'affaibliront pas de sitôt tant ils s'inscrivent dans la redéfinition globale du jeu des forces et des alliances à l'échelle planétaire. Les deux pays sont complémentaires en matière économique (un grenier de matières premières pour Pékin, des aides technologiques et financières pour Moscou) et se retrouvent sur le terrain stratégique (un partenariat militaire renforcé), idéologique (la dénonciation commune de l'hégémonisme américain) et politique (une commune préférence pour des pouvoirs de plus en plus autoritaires). L'échec du projet initial russe de renversement du gouvernement à Kiev au terme d'une guerre éclair aura cependant des conséquences négatives pour Moscou.

1. Ivan U. Klyszcz, « Prepare for Russia's Coming Retrenchment », Ponars Eurasia Policy Memo, november 2022.

Quelle que soit l'issue du conflit, Pékin devrait profiter de l'affaiblissement relatif de son partenaire et pourra plus facilement dicter ses conditions, aussi bien dans les relations bilatérales que dans les équilibres régionaux, par exemple en Asie centrale, longtemps chasse gardée de l'Empire russe. Les stratèges chinois devraient également tirer des leçons de cet échec russe dans le combat, essentiel pour eux, qui se profile avec les États-Unis afin de redéfinir le partage des influences de ces deux puissances dans le monde.

Les États-Unis sont présentés comme les grands bénéficiaires de ce drame. Sans engager de troupes sur le terrain, ils jouent un rôle décisif dans la capacité de résistance de l'Ukraine (on a pu parler de *proxy war* ou guerre par procuration). Ils espèrent ainsi affaiblir durablement la puissance russe, qu'ils ont longtemps considérée comme leur adversaire principal. Au passage, ils ne sont sans doute pas mécontents de confirmer leur influence dans l'Union européenne, qui n'a jamais réussi à construire sa souveraineté sécuritaire, ayant délégué ce rôle à l'OTAN depuis la fin de la Seconde Guerre mondiale. Les propos du président français sur « la mort cérébrale » de l'Alliance atlantique semblent aujourd'hui définitivement oubliés alors que les nouveaux membres orientaux (les États baltes et la Pologne) sont en première ligne dans le soutien à l'Ukraine avec leur allié américain tandis que deux nouveaux États (la Finlande et la Suède) ont exprimé leur volonté de rejoindre l'OTAN. S'ils ont un coût qui sera peut-être critiqué par une partie de l'opinion aux États-Unis, ces succès stratégiques américains promettent d'importants bénéfices économiques tant dans les industries d'armement aux États-Unis que dans leur nouveau rôle de fournisseur d'hydrocarbures. L'application élargie, depuis au moins deux décennies, des législations américaines à l'ensemble des échanges internationaux complète ce tableau, en confortant la prééminence des États-Unis dans le jeu mondial.

Il convient toutefois de se garder de toute illusion. Outre les péripéties potentielles du jeu politique américain, le déroulement même de ce conflit et les réponses qui lui ont été apportées par les États-Unis et leurs alliés sont des instruments à double tranchant. Les stratèges chinois, comme ceux de plusieurs autres puissances régionales, vont analyser minutieusement les sanctions occidentales frappant la Russie, leur amplitude et le détail de leur application. On doit s'attendre à une accélération de toutes les recherches visant à échapper à l'application extraterritoriale du droit américain. Dans le domaine financier, la volonté de limiter le recours au dollar va s'élargir et la tendance à séparer les systèmes mondiaux, le plus souvent créés et contrôlés depuis les États-Unis, va se renforcer dans les réseaux de communication comme Internet ou même dans les domaines universitaires et culturels. Justin Vaïsse s'alarme à juste titre des deux fossés qui s'élargissent dans un monde de plus en plus polarisé[2]. L'un, traditionnel, sépare un Ouest apparemment ressoudé et un Est où la Chine remplace de plus en plus une Russie perdue par ses rêves de reconquête. L'autre, moins reconnu, s'élargit sur un axe Nord-Sud avec une dénonciation de plus en plus vive de l'aveuglement des pays riches (principalement au Nord) sur la vulnérabilité des pays du Sud sur le plan sanitaire, alimentaire et aujourd'hui énergétique, les pays riches se préoccupant davantage de tenter d'empêcher l'afflux des migrants que de s'interroger sur les causes qui les poussent au départ. Ces deux axes de tension se croisent. Pékin, mais aussi Moscou, entendent bien profiter de ces contradictions.

L'Union européenne peut-elle jouer un rôle dans l'évolution de cette crise ? En mars 2022, elle a finalisé l'adoption de sa nouvelle Boussole stratégique, un texte supposé préciser les contours d'une défense commune de sa sécurité et définir le rôle qu'elle peut jouer dans le nouveau monde multipolaire. Mais comment ne pas douter de sa mise en œuvre réelle alors qu'elle n'a jamais réussi à définir une véritable politique extérieure commune et que plusieurs de ses membres, les États baltes et la Pologne en particulier, ont déjà clairement fait savoir qu'ils n'entendaient pas confier leur sécurité à une autre instance que l'OTAN ? À cela s'ajoute la préférence (en partie contrainte !) donnée par plusieurs États à l'achat d'armes américaines, qui freine le développement des projets collectifs des industries de défense communautaires.

2. Justin Vaïsse, « Vents contraires sur la diplomatie mondiale », *Le Monde*, 10 novembre 2022.

De plus, la crise énergétique liée au boycott des importations d'hydrocarbures russes ne peut que renforcer les tensions sociales et économiques qui se sont accumulées pendant la crise du Covid. Dès lors, et en dépit de l'accord unanime pour l'adhésion prochaine de l'Ukraine à l'UE, les débats qui s'annoncent vont être particulièrement difficiles et risquent de réduire encore un peu plus la capacité de l'Union à agir de façon autonome.

En Occident, des voix se font entendre appelant à un démembrement de la Russie elle-même. Le politologue américain Michel Casey n'hésite pas à affirmer : *« L'Occident doit achever le projet qu'il a initié en 1991. Il doit chercher à décoloniser complètement la Russie*[3]. » De son côté, l'ex-président polonais Lech Walesa souhaitait cet été que les peuples colonisés par la Russie se révoltent de façon à réduire la population du pays autour de 50 millions au lieu des 145 actuels[4]. Certes, il n'y aura pas de sécurité à long terme en Europe tant que les visions néo-impériales et révisionnistes prônées par le régime de Vladimir Poutine ne seront pas remises en cause. Il n'est toutefois pas certain qu'une Russie fragmentée et revancharde soit propice à ce dessein[5].

« Tout empire périra. » En 1981, Jean-Baptiste Duroselle titrait ainsi un de ses livres les plus remarqués[6]. À notre connaissance, aucun livre de Duroselle n'a jamais été traduit en russe. Poutine, que l'on dit grand amateur d'histoire, a-t-il eu connaissance de cet ouvrage ? Lui qui, dans le grand article de lancement de sa première campagne présidentielle[7], affirmait fin 1999 : *« La Russie a besoin d'un pouvoir étatique fort et elle doit en bénéficier. Ce n'est pas un appel à un système totalitaire. [...] La société russe contemporaine n'identifie pas un gouvernement fort et efficace avec le totalitarisme. [...] Un pouvoir d'État fort en Russie, c'est un État de droit démocratique, fédératif et efficace.* » Si l'on en juge par ce que l'on sait des conditions de la prise de décision d'envahir l'Ukraine, le président russe a oublié les préceptes qu'il semblait s'être lui-même fixés. La verticale du pouvoir qu'il a inaugurée dès son premier mandat a conduit à la suppression de toutes les

3. Michel Casey, « Decolonize Russia », *The Atlantic*, 27 mai 2022.

4. « Guerre en Ukraine : Lech Walesa suggère de "ramener" la Russie à "moins de 50 millions d'habitants" », *Le Figaro*, 10 juillet 2022.

5. Marlène Laruelle, « Putin's War and the Dangers of Russian Disintegration », *Foreign Affairs*, 9 décembre 2022.

instances de discussion libre et de tous les contre-pouvoirs en Russie. Quant aux supputations sur sa maladie, son remplacement ou sa destitution, elles reposent sur des séries de rumeurs. Le système paraît sous contrôle et, jusqu'à présent, l'assentiment populaire à son action largement acquis. Pour autant, l'issue de cette guerre demeure incertaine et la stabilité du pouvoir actuel dépendra d'abord de sa durée, du nombre de victimes, que les dirigeants tentent de masquer, et des réactions des mères de soldats tout autant que de l'état de l'économie. Ce conflit, voulu et initié par Vladimir Poutine dans son vertige de puissance, est loin d'être terminé. Pourtant, on constate déjà que, plutôt que de renforcer la puissance russe, cette guerre atroce est en train de l'affaiblir durablement tant sur le plan intérieur que dans son rayonnement extérieur. Elle invite en outre chacun d'entre nous à réélaborer son cadre de pensée, à se départir d'un européocentrisme délétère, face au nouveau grand jeu des puissances à l'échelle du monde.

6. Jean-Baptiste Duroselle, *Tout empire périra. Une vision théorique des relations internationales*, Publications de la Sorbonne, 1981.

7. Vladimir Poutine, « La Russie au seuil du millénaire », *Rossiiskaïa Gazeta*, 31 décembre 1999.

ANNEXES

INDEX DES NOMS

TABLE DES CARTES

TABLE DES SIGLES

ABM (traité)
Anti-Ballistic Missile

ALECA
Accord de libre-échange complet et approfondi de l'Union européenne

APEC
Coopération économique Asie-Pacifique

BBC
British Broadcasting Corporation

BERD
Banque européenne pour la reconstruction et le développement

BRIC (puis BRICS)
Association d'États en développement. Acronyme des membres (Brésil, Russie, Inde, Chine puis Afrique du Sud)

CECA
Communauté économique centre-asiatique, devenue Organisation de la coopération centre-asiatique

CAEM
Conseil d'assistance économique mutuelle (Comecon en anglais)

CEI
Communauté des États indépendants

CIA
Central Intelligence Agency (États-Unis)

DNR
République populaire de Donetsk

FCE (traité)
Traité sur les forces armées conventionnelles en Europe

FMI
Fonds monétaire international

FNI (traité)
Traité sur les forces nucléaires à portée intermédiaire

FORPRONU
Force de protection des Nations unies créée en 1992 pour surveiller le cessez-le-feu en Yougoslavie

FSB
Sigle russe pour *Federalnaya Slujba Bezopasnosti* (Service fédéral de la sécurité)

G7/G8
Groupe des 7 (ou 8) pays réputés les plus puissants du monde

GAFA
Désigne les quatre plus grandes entreprises technologiques (Google, Apple, Facebook et Amazon)

GKTchU
sigle russe pour Comité d'État à l'état d'urgence, organe des putschistes en août 1991

GUAM
Organisation régionale. Acronyme des membres (Géorgie, Ukraine, Azerbaïdjan et Moldavie)

KGB
Sigle russe pour *Komitet Gosoudarstvennoï Bezopasnosti* (Comité de la sécurité d'État, ancêtre du FSB)

KTK
Consortium de tubes de la Caspienne

LNR
République populaire de Louhansk

NACC
North Atlantic Cooperation Council (Conseil de partenariat euro-atlantique de l'OTAN)

NKVD
Sigle russe pour *Narodnyi Komissariat Vnoutrennykh Del* (Commissariat du peuple aux affaires intérieures), ancêtre du KGB et du FSB

OBOR
One Belt, One Road. Projet chinois de Nouvelle Route de la soie

OCE
Organisation de la coopération économique (avec l'Iran, le Pakistan et la Turquie)

OCS
Organisation de coopération de Shanghai

OMC
Organisation mondiale du commerce

OMON
Sigle russe pour *Otriad Mobilny Ossobogo Naznatchénia*. Détachement mobile à vocation particulière. Sorte de CRS

ONG
Organisation non gouvernementale

ONU
Organisation des Nations unies

OSCE
Organisation pour la sécurité et la coopération en Europe

OTAN
Organisation du traité de l'Atlantique nord

OTSC
Organisation du traité de sécurité collective

PCUS
Parti communiste de l'Union soviétique

PECO
Pays d'Europe centrale et orientale

PEV
Politique européenne de voisinage

PIB, produit intérieur brut

PHARE
(Pologne Hongrie Aide à la reconstruction économique), aussi appelé Programme d'aide communautaire aux pays d'Europe centrale et orientale

Politburo
Bureau politique (du PCUS). Cœur du pouvoir à l'époque soviétique

PPP
Partenariat pour la paix de l'OTAN

RIA
Novosti Russian Information Agency. Une des agences de presse officielles russes

RSFSR
République socialiste fédérative soviétique de Russie

TACIS
Technical Assistance to the Commonwealth of Independent States

TRACECA
Transport Corridor Europe-Caucase-Asie centrale

TSC
Traité de sécurité collective signé à Tachkent en 1992 (voir OTSC)

UE, Union européenne

UNOMIG
Mission d'interposition de l'ONU en Géorgie

URSS
Union des républiques socialistes soviétiques

VTOTs
Sigle russe pour Centre public pan-tatar

ZCEMN
Zone de coopération économique de la mer Noire

BIBLIOGRAPHIE

Alexievitch, Svetlana, *La Fin de l'homme rouge,* Actes Sud, 2013.

Badie, Bertrand, *Quand le Sud réinvente le monde,* La Découverte, 2018.

Badie, Bertrand, *L'Hégémonie contestée,* Odile Jacob, 2019.

Blum, Alain, Daucé, Françoise, Elie, Marc et Ohayon, Isabelle, *L'Âge soviétique. Une traversée de l'Empire russe au monde postsoviétique,* Armand Colin, 2021.

Brzezinski, Zbigniew, *Le Grand Échiquier,* Fayard, 1997.

Brubaker, Rogers, *Nationalism Reframed: Nationhood and the National Question in the New Europe,* Cambridge University Press, 1996.

Cabestan, Jean-Pierre, *La Politique internationale de la Chine,* Presses de Science Po, 3e édition, 2022.

Cheterian, Vicken, *War and Peace in the Caucasus: Ethnic Conflict and the New Geopolitics,* Columbia University Press, 2008.

Colin Lebedev, Anna, *Jamais frères ? Ukraine et Russie : une tragédie postsoviétique,* Seuil, 2022.

Connoly, Richard, *Russia's Response to Sanctions,* Cambridge University Press, 2018.

De Tinguy, Anne, *Le Géant empêtré. La Russie et le monde de la fin de l'URSS à l'invasion de l'Ukraine,* Perrin, 2022.

De Waal, Thomas, *Black Garden: Armenia and Azerbaijan through Peace and War,* New York University Press, 2013.

Delanoë, Igor, *Russie. Les enjeux du retour au Moyen-Orient,* L'Inventaire, 2016.

Eltchaninoff, Michel, *Dans la tête de Vladimir Poutine,* Babel Actes Sud, 2e édition, 2022.

Facon, Isabelle, *La Nouvelle Armée russe,* L'Inventaire, 2021.

Facon, Isabelle et Marangé, Céline, « L'Ambivalence de la puissance russe », dossier spécial de la *Revue Défense nationale,* 2017.

Foucher, Michel, *Ukraine-Russie. La carte mentale du duel,* Tracts n° 39, Gallimard, 2022.

Foucher, Michel, « Ukraine. Les échelles d'une guerre de libération nationale », *in Ramses 2023,* Dunod.

Gorbatchev, Mikhaïl, *Mémoires,* Éditions du Rocher, 1997.

Goujon, Alexandra, *L'Ukraine. De l'indépendance à la guerre,* Le Cavalier bleu, 2021.

Gratchev, Andreï, *Le Jour où l'URSS a disparu,* Éditions de l'Observatoire, 2021.

Guriev, Sergei et Treisman, Daniel, *Spin Dictators: The Changing Face of Tyranny in the 21st Century,* Princeton University Press, 2022.

Kappeler, Andreas, *Russes et Ukrainiens, les frères inégaux du Moyen Âge à nos jours,* CNRS Éditions, 2022.

Koposov, Nikolay, *Memory Laws, Memory Wars: The Politics of the Past in Europe and Russia,* Cambridge University Press, 2017.

Laruelle, Marlène, *La Quête d'une identité impériale. Le néo-eurasisme dans la Russie contemporaine,* Éditions Pétra, 2007.

Laruelle, Marlène, *Le Nouveau Nationalisme russe. Des repères pour comprendre,* Éditions de l'Œuvre, 2010.

Laruelle, Marlène et Peyrouse, Sébastien (dir.), *Éclats d'empires. Asie centrale, Caucase, Afghanistan,* Fayard, 2013.

Le Huérou, Anne, Merlin, Aude, Regamey, Amandine et Serrano, Silvia, *Tchétchénie : une affaire intérieure ? Russes et Tchétchènes dans l'étau de la guerre,* CERI/Autrement, 2005.

Limonier, Kevin, *Ru.net. Géopolitique du cyberespace russophone,* L'Inventaire, mai 2018.

Marchand, Pascal, *Atlas géopolitique de la Russie,* Autrement, 2020.

Nekritch, Alexandre,
Les Peuples punis,
Maspéro, 1982.

Nérard, François-Xavier, Rey, Marie-Pierre, Suss, Cyrille,
Atlas historique de la Russie d'Ivan III à Vladimir Poutine, Autrement, 2e édition, 2019.

Papin, Delphine (dir.),
Atlas géopolitique de la Russie, Le Monde/ Les Arènes, 2022.

Piketty,Thomas et *al.*,
Rapport sur les inégalités mondiales 2018,
Le Seuil, 2018.

Radvanyi, Jean (dir.)
Les États postsoviétiques,
Armand Colin, 3e édition, 2011.

Radvanyi, Jean et Beroutchachvili Nicolas,
Atlas géopolitique du Caucase,
Autrement, 2010.

Radvanyi, Jean et Laruelle, Marlène,
La Russie entre peurs et défis, Armand Colin, 2016.

Raviot, Jean-Robert (dir.),
Russie, vers une nouvelle guerre froide ?
La Documentation française, 2016.

Raviot, Jean-Robert,
« Le "poutinisme" : un système prétorien ? », Notes de l'IFRI, n° 106, 2018.

Rousselet, Kathy,
La Sainte Russie contre l'Occident, Salvator, 2022.

Sabitov, Richat,
Le Fédéralisme russe contemporain et la République du Tatarstan, Fondation Varenne, 2013.

Sarotte, Mary Elise,
Not one Inch. America, Russia, and the Making of Post-Cold War Stalemate, Yale University Press, 2021.

Shukan, Ioulia,
Génération Maïdan. Vivre la crise ukrainienne, Éditions de l'Aube, 2016.

Snyder, Timothy,
La Reconstruction des nations. Pologne, Ukraine, Lituanie, Bélarus, 1569-1999, Gallimard, 2017.

Sokoloff, Georges,
La Puissance pauvre. Une histoire de la Russie de 1815 à nos jours,
Fayard, 1993.

Sokoloff, Georges,
1933, l'année noire. Témoignages sur la famine en Ukraine, Albin Michel, 2000.

Soljénitsyne, Alexandre,
Comment réaménager notre Russie ?, Fayard, 1990.

Tagliavini, Heidi,
Independent International Fact-Finding Mission on Georgia, 2009.

Timothy Snyder,
Terre de sang. L'Europe entre Hitler et Staline,
Galllimard, 2012.

Toal, Gerard,
Near Abroad: Putin, the West, and the Contest over Ukraine and the Caucasus,
Oxford University Press, 2017.

Vercueil, Julien,
Économie politique de la Russie (1918-2018), Le Seuil, 2019.

Vercueil, Julien,
Les Pays émergents. Brésil – Russie – Inde – Chine... Mutations économiques et nouveaux défis, Bréal, 2015.

Werth, Nicolas,
Les Crimes de masse sous Staline (1930-1953),
SciencePo.fr, 2009.

Werth, Nicolas,
Le Cimetière de l'espérance, Perrin, 2019.

Wilson, Andrew,
The Ukrainians: Unexpected Nation, Yale University Press, 2015.

Zygar, Mikhaïl,
Les hommes du Kremlin. Dans le cercle de Vladimir Poutine,
Le Cherche-Midi, 2018.

Dépôt légal : février 2023
Achevé d'imprimer en février 2023 sur les presses d'Estimprim à Autechaux. Imprimé en France